在线零售企业社会责任研究：
测量维度、影响因素及消费者响应机制

沈鹏熠 著

吉林大学出版社
·长春·

图书在版编目(CIP)数据

在线零售企业社会责任研究：测量维度、影响因素及消费者响应机制 / 沈鹏熠著. — 长春：吉林大学出版社，2020.10
ISBN 978-7-5692-7392-2

Ⅰ. ①在… Ⅱ. ①沈… Ⅲ. ①零售企业－企业责任－社会责任－研究 Ⅳ. ①F713.32

中国版本图书馆 CIP 数据核字(2020)第 206749 号

书　　名：	在线零售企业社会责任研究——测量维度、影响因素及消费者响应机制 ZAIXIAN LINGSHOU QIYE SHEHUI ZEREN YANJIU——CELIANG WEIDU、YINGXIANG YINSU JI XIAOFEIZHE XIANGYING JIZHI
作　　者：	沈鹏熠　著
策划编辑：	邵宇彤
责任编辑：	邵宇彤
责任校对：	付晶淼
装帧设计：	优盛文化
出版发行：	吉林大学出版社
社　　址：	长春市人民大街 4059 号
邮政编码：	130021
发行电话：	0431-89580028/29/21
网　　址：	http://www.jlup.com.cn
电子邮箱：	jdcbs@jlu.edu.cn
印　　刷：	定州启航印刷有限公司
成品尺寸：	170mm×240mm　16 开
印　　张：	12.75
字　　数：	226 千字
版　　次：	2020 年 10 月第 1 版
印　　次：	2020 年 10 月第 1 次
书　　号：	ISBN 978-7-5692-7392-2
定　　价：	49.00 元

版权所有　　翻印必究

前　言

随着电子商务在我国的快速发展，其逐渐暴露出一些社会责任问题，如我国大型在线零售企业价格战和淘宝商城卖家集体抗议事件，都曾引起了市场热议和消费者、政府以及供货厂商的关切，侵害了利益相关者的利益。在线零售企业社会责任问题应引起学界和业界的高度重视。其中，以阿里巴巴为代表的一批电子商务网站的上市加快了国际化的进程，并日益重视企业社会责任建设，如阿里巴巴集团专设社会责任部门，发表年度社会责任报告。然而，从整个行业看，在线零售企业社会责任意识仍比较欠缺，很多在线零售企业主动履行社会责任的积极性不高。一些企业较少考虑环境保护，将利润建立在破坏和污染环境的基础之上；缺乏提供公共产品的意识，对公益事业不管不问；一些企业唯利是图，自私自利，提供不合格的服务产品或虚假信息，与消费者争利或欺骗消费者，为富不仁等。有些在线零售企业虽然履行了一定的社会责任，但主要是迫于媒体的压力、政府的压力、公众社会监督的压力，或者出于提升品牌和公司形象的考虑，甚至很多是为了沽名钓誉，促进企业营销。一些中小在线零售企业对企业社会责任的概念相对模糊，或是根本不知道何为企业社会责任。我国数量众多的中小在线零售企业群体成为履行社会责任的盲点和难点，由此带来一些相应的社会问题。在线零售企业在关注经营、追逐利润的同时，需注重对社会责任的承担，未来能够长远发展的在线零售企业必须走品牌化路线，而社会责任是其中必不可少的一环。要促使在线零售企业勇于承担和履行社会责任，就必须明确在线零售企业责任的概念范畴、构成、动因、效应和策略等问题，然而这些问题在现有研究中还没有得到很好的解答。因此，本研究对促进电子商务产业以及在线零售商业市场的社会责任建设具有重要的理论和实践意义。从理论层面看，不仅有助于丰富和促进企业社会责任的基础理论研究，进一步拓展在线零售企业社会责任影响因素的研究范畴和理论，还有利于明确消费者对在线零售企业社会责任行为产生响应的复杂机制和条件；从实践层面看，不仅有助于明确在线零售企业社会责任行为的实践范畴和衡量标准，还有利于从社会、政府、企业和消费者多个层面推进在线零售企业社会责任建设。

 在线零售企业社会责任研究：测量维度、影响因素及消费者响应机制

本书以 B2C 在线零售企业为研究对象，综合运用文献法、访谈法、扎根理论研究法、多案例研究法、结构方程建模法、实验研究法全面、系统、深入分析在线零售企业社会责任行为的内涵、测量、驱动机制、影响后果和管理策略。全书的主要研究内容共分为 8 章，主要研究内容和结论如下：

第 1 章为绪论。本章首先明确了研究背景、研究目标和研究意义，然后详细介绍了研究思路、研究方法、研究对象、内容结构安排以及创新点。

第 2 章为国内外研究现状述评。本章主要对企业社会责任的内涵、结构和评价，企业社会责任影响因素，企业社会责任与消费者响应关系，线下零售企业社会责任，线上零售企业社会责任和营销道德的相关研究进行了回顾，并提出了现有研究的缺憾和不足。

第 3 章主要分析了在线零售企业社会责任的基本内涵、理论基础和责任边界。本章具体对在线零售企业社会责任的基本内涵、履行必要性及动因进行剖析，并提出了在线零售企业社会责任的理论基础，进一步对在线零售企业社会责任内容边界进行了确认。

第 4 章从消费者预期视角测量和验证了在线零售企业社会责任行为。本章从综合责任说的角度对在线零售企业社会责任的内涵进行界定，并形成适用于在线零售企业的社会责任的特定概念体系和操作定义，从而揭示在线零售企业社会责任的本质属性及其概念范畴，为在线零售企业社会责任测量维度的构建提供理论借鉴。为了获取有效测量维度，本研究将基于中外学者关于企业社会责任概念及测量维度构建的文献，并结合电子商务专家和消费者访谈，提炼出在线零售企业社会责任的维度结构和测项，并以 B2C 在线零售企业为研究对象，针对核心利益相关者——消费者进行问卷调查，测量在线零售企业的社会责任表现。

第 5 章基于扎根理论的多案例研究分析了在线零售企业社会责任行为的影响因素及驱动机制。本章试图通过扎根理论的多案例探索性研究，归纳和提炼在线零售企业社会责任行为的影响因素维度及其构成要素，具体明确在线零售企业社会责任建设的内外部动因，从中寻找决定中国在线零售企业社会责任行为的关键变量，构建在线零售企业社会责任行为影响因素及其驱动机制理论框架，探讨中国在线零售企业社会责任建设的有效途径。

第 6 章对在线零售企业社会责任促进在线顾客忠诚的被调节的中介效应模型进行检验。本章根据社会认同理论和声誉理论，引入企业声誉和顾客认同两个重要构念作为中介变量，并将企业社会责任匹配和期望一致性两个变量作为调节变量，构建一个被调节的中介效应模型，从而理解在线零售活动中社会

属性的建立对经济功能实现的过程、机理及策略。不仅深入探讨在线零售企业社会责任感是否有助于建立在线顾客忠诚，还探讨了企业声誉和顾客认同是否在在线零售企业社会责任的影响机制中扮演中介变量的角色，并探讨社会责任匹配和期望一致性是否会改变在线零售企业社会责任对消费者认同和企业声誉感知的影响效力。

第 7 章基于中国背景构建并检验了在线零售企业社会责任行为与消费者响应之间的调节效应模型。本章将构建一个基于在线零售企业社会责任行为与消费者响应关系的研究框架，并实证检验消费者信任、消费者支持、消费者感知动机三个消费者个体特征因素和在线零售企业网络店铺形象对这种关系的调节效应，从而揭示在个体差异和网络店铺形象差异条件下在线零售企业社会责任行为对消费者响应的影响机理。

第 8 章为在线零售企业社会责任管理模式、实现机制与推进路径。本章主要对在线零售企业社会责任管理的内涵、模式和系统框架以及在线零售企业社会责任的实现机制和推进路径进行深入分析。

本书的研究成果得到了国家自然科学基金项目（71362002、71762011）的资助，在此表示衷心的感谢。同时，对参与本研究调研过程中的各位受访者也表示衷心的感谢，没有您的支持和参与，是很难完成研究任务的。由于笔者的学术水平有限，书中难免有不当和值得商榷之处，诚恳地邀请各位同行和专家提出宝贵意见。

沈鹏熠

2020 年 6 月

目 录

第 1 章　导论 / 001

　1.1　研究背景和意义 / 001
　1.2　研究目标 / 004
　1.3　研究方法和研究思路 / 005
　1.4　主要研究内容和章节安排 / 007
　1.5　本研究的特色和创新 / 012

第 2 章　国内外研究现状综述 / 013

　2.1　关于企业社会责任的内涵、结构和评价研究 / 013
　2.2　关于企业社会责任影响因素的研究 / 015
　2.3　关于企业社会责任与消费者响应关系的研究 / 017
　2.4　关于线下零售企业社会责任的相关研究 / 018
　2.5　关于线上零售企业社会责任的相关研究 / 022
　2.6　现有研究述评 / 029

第 3 章　在线零售企业社会责任的基本内涵、理论基础和责任边界 / 031

　3.1　在线零售企业社会责任的基本内涵、履行必要性及动因 / 031
　3.2　在线零售企业社会责任的理论基础 / 036
　3.3　在线零售企业社会责任内容边界的动态演变 / 039

第 4 章　在线零售企业社会责任行为的测量与验证 / 041

　4.1　问题的提出 / 041
　4.2　理论背景和文献回顾 / 043
　4.3　预备性研究 / 048
　4.4　数据与样本 / 051
　4.5　结果分析 / 052
　4.6　结论与启示 / 060

I

第5章 在线零售企业社会责任行为的影响因素及驱动机制 / 063

    5.1 问题的提出 / 063
    5.2 文献回顾 / 065
    5.3 研究设计 / 072
    5.4 数据分析与研究发现 / 074
    5.5 模型阐释和研究发现 / 084
    5.6 结论、启示和展望 / 089

第6章 在线零售企业社会责任能促进在线顾客忠诚吗？ / 093

    6.1 问题的提出 / 093
    6.2 理论背景、模型和假设 / 095
    6.3 研究设计 / 110
    6.4 数据分析 / 111
    6.5 结论与讨论 / 125

第7章 在线零售企业社会责任行为与消费者响应 / 129

    7.1 问题的提出 / 129
    7.2 文献回顾和假设推演 / 131
    7.3 研究设计 / 137
    7.4 数据分析和假设检验 / 139
    7.5 结论与讨论 / 144

第8章 在线零售企业社会责任管理模式、实现机制与推进路径 / 149

    8.1 在线零售企业社会责任管理的内涵、模式和系统框架 / 149
    8.2 在线零售企业社会责任的实现机制 / 154
    8.3 在线零售企业社会责任的推进路径 / 158

附录1：在线零售企业社会责任行为测量问卷 / 164

附录2：在线零售企业社会责任行为对在线顾客忠诚影响的调查问卷 / 167

参考文献 / 171

第 1 章　导论

企业社会责任无论在学界还是实务界一直都是热点,但是过去的研究明显存在重视线下传统企业社会责任研究而忽略线上企业社会责任研究的现象。在经济转型和消费升级的促进下,中国在线零售商业市场进入了规模扩大和快速发展的时期,但也面临日益严峻的企业社会责任失范现象,因此有必要对在线零售企业社会责任进行专门、深入和系统的研究。

1.1　研究背景和意义

1.1.1　研究背景

20 世纪 90 年代以来,随着以高科技产业与信息产业为基础的新经济的发展,旧的商业模式受到冲击,以互联网为基础的新商业模式——电子商务及在线零售发展迅速。根据中国互联网络信息中心 (CNNIC) 发布的第 43 次《中国互联网络发展状况统计报告》显示,截至 2018 年 12 月,我国网民规模为 8.29 亿,互联网普及率达 59.6%,较 2017 年底提升 3.8%。我国网络购物用户规模达 6.10 亿,较 2017 年底增长 14.4%,占网民整体比例达 73.6%。可见,网络购物已成为网民使用比例较高的应用。并且,根据商务部的数据显示,2018 年,我国 B2C 网络购物市场规模已达 5.66 万亿元,在中国整体网络购物市场交易规模中的占比达到 62.8%,较 2017 年提高 4.4 个百分点;B2C 零售额同比增长 34.6%,增速高于 C2C 零售额 22.1 个百分点。未来 B2C 市场交易规模与 C2C 市场交易规模的差距会进一步拉大,B2C 将占据电子商务零售市场的主导地位。在未来,B2C 市场占比仍将持续增加。随着网络零售市场的发展,其中一些社会责任问题也日益暴露出来,如我国大型在线零售企业价格战和淘宝商城卖家集体抗议事件,都曾引起了市场热议和消费者、政府以及供货厂商的关

切，侵害了利益相关者的利益。随着在线零售商业市场规模的扩大，在线零售企业社会责任问题应引起学界和业界的高度重视。随着网购市场的成熟，产品品质及服务水平逐渐成为影响用户网购决策的重要原因，未来这一诉求将推动B2C市场继续高速发展，成为网购行业的主要推动力。未来随着企业大规模进入电商行业、移动互联网快速发展促使移动购物日益便捷，中国网络购物市场整体还将保持较快增长速度，而这意味着在线零售商业市场的社会责任建设将变得日益重要。

近年来，随着淘宝、拍拍等购物网站从C2C向B2C转型，各大互联网巨头（如谷歌、百度等）和家电领域的公司（如创维、海信等）以及实体渠道商（如苏宁、国美）纷纷进军B2C市场，有实力的个人网站转向企业运作，B2C将成为我国在线购物的主要趋势。B2C网站的集体快速成长使市场中涌现出一大批电子商务渠道品牌。阿里巴巴、京东等大型电子商务企业通过海外上市推进国际化经营，并且这些企业越来越注重承担和履行企业社会责任，为企业树立积极的社会形象和品牌形象。例如，阿里巴巴集团在企业内部专门成立了企业社会责任职能部门，每年都发表阿里巴巴的社会责任报告，积极履行电商企业应该承担的社会责任。但是，企业社会责任并没有在在线零售行业中得到普遍重视，一些中小型电子商务企业的社会责任意识仍然较为淡薄，企业主动积极承担社会责任的意识并不强烈，甚至对企业社会责任的概念认知都不清晰。比如，有一些在线零售企业将利润的获取建立在牺牲和破坏自然环境基础上，不注重营销过程中对环境的保护；一些在线零售企业缺乏对公益事业的关心，不能积极主动关爱弱势群体，从不进行慈善捐赠；还有一些在线零售企业甚至向消费者提供不合格的假冒伪劣产品和虚假营销信息等等。尽管一些在线零售企业也在部分履行一定程度的社会责任，但并非出自利他动机，而是出于利己动机，比如为了拉动营销和获取利润。由于存在许多在线零售商不能积极主动承担和履行企业社会责任，导致在线购买情境中产生了一系列的社会问题。因此，为了在线零售行业的持续、健康发展，在线零售企业必须在经营过程中加大企业社会责任建设力度，积极主动履行社会责任。从理论层面看，现有研究并没有明确在线零售企业社会责任的内涵、构成、动因、结果和策略等议题。因此，通过本文的研究，对构建在线零售企业社会责任理论体系以及推进在线零售企业社会责任实践具有重要价值。

1.1.2 研究意义

1. 理论意义

第一，丰富和促进了企业社会责任的基础理论研究。随着中国企业社会责任研究和实践发展的不断深入，概念内涵和外延的不统一和语境上的歧义正成为阻碍企业社会责任理论和实践获得新突破的巨大障碍。国内外直接针对在线零售企业社会责任的文献较少，已有文献集中在互联网企业社会责任和在线零售商道德的表述上。本研究基于传统企业社会责任理论，结合在线零售特征，对在线零售企业社会责任内涵进行研究，构建适合中国情境的在线零售企业社会责任测量模型，有助于增强在线零售企业社会责任解释能力和应用图景，对推进和完善企业社会责任基础理论研究具有重要学术价值。

第二，拓展了在线零售企业社会责任影响因素的研究范畴和理论机制。企业社会责任经历了从股东至上主义到利益相关者理论和制度理论的发展，而企业社会责任与营销的结合推动了社会营销、整合营销、公益营销和公司营销概念的提出，并且促使企业社会责任与营销战略的整合（卢东，2009），但是从理论上对在线零售企业如何履行社会责任进行的研究却相对不足。在线零售企业履行社会责任的动机源自哪里？影响其开展社会责任活动的因素有哪些？如何促进在线零售企业履行社会责任？这一系列问题的研究将极大地推动在线零售企业社会责任与营销战略的整合，从战略层面完善了对在线零售企业社会责任影响因素的范畴和机制的研究。

第三，明确了消费者对在线零售企业社会责任行为产生响应的复杂机制和条件。虽然学界一直在不断强调从消费者视角考察企业社会责任的作用机制，但是企业社会责任对消费者的影响却几乎没有定论（Sen 和 Bhattachary, 2001），消费者是否因企业履行社会责任而产生了直接响应行为？企业社会责任对消费者响应究竟产生多大影响？关于企业社会责任与消费者响应之间的关系和微观作用机理还需要做进一步探讨。本研究通过探寻消费者对在线零售企业社会责任行为的响应机制，有助于明确在线零售企业社会责任影响消费者响应的中介机制和调节机制。这对学界更深入地理解在线零售企业社会责任行为的重要性及其消费者心理反应机制有重要的理论意义。

2. 实践意义

第一，有利于明确在线零售企业社会责任行为的实践范畴和衡量标准。本研究通过探讨在线零售企业社会责任内涵和结构，帮助在线零售企业对社会责任的实践范畴形成一个正确、科学的认识，有助于提升在线零售企业社会责任意识和行动水平，促使在线零售企业明白企业社会责任活动的轻重缓急，并根据实际情况，合理协调不同社会责任类型和要素之间的关系。同时，根据在线零售企业社会责任的内涵和成分，可以建立科学的在线零售企业社会责任衡量标准，运用该标准体系可以有效判断企业社会责任建设的现状和问题，并据此帮助企业加以改进，有助于提升在线零售企业社会责任建设的能力和水平。

第二，有利于从社会、政府、企业和消费者多个层面推进在线零售企业社会责任建设。本研究弥补了单一影响因素在企业社会责任驱动机制研究中解释力不足的缺陷，从制度环境、资源基础、组织特征和高管特征四个层面深入挖掘了在线零售企业社会责任的影响因素及其驱动机制，明确了在线零售企业履行社会责任的不同动因，有助于在线零售企业更好地理解履行社会责任的实际意义，为在线零售企业制定相关的推动策略提供了新的思路，为政府制定有效的干预政策，引导在线零售企业履行社会责任提供了政策借鉴。同时，本研究对在线零售企业社会责任的消费者响应机制进行了科学的分析，将有利于在线零售企业有针对性地制定社会责任营销策略，进一步维护消费者的权益。

1.2 研究目标

第一，通过深刻剖析在线零售企业社会责任的内涵，确定在线零售企业社会责任的维度结构以及开发相应测量量表，为在线零售企业社会责任行为的科学评价提供理论依据和工具，增强在线零售企业社会责任的解释能力和应用图景。

第二，从多因素整合的角度分析在线零售企业社会责任的驱动机制，明确在线零售企业履行社会责任的行为背后的不同动因及其差异性，为政府和在线零售企业制定相关的推动政策提供思路。

第三，通过分析在线零售企业社会责任行为与消费者响应关系的中介机制和调节机制，深入理解在线零售企业社会责任行为的消费者心理反应机制，明确消费者对在线零售企业社会责任行为产生不同响应结果的原因，为针对不同消费者响应行为提升在线零售企业社会责任建设水平提供参考和启示。

1.3 研究方法和研究思路

1.3.1 研究方法

1. 文献研究法

基于对相关文献的收集与分析，围绕相关文献和理论，对在线零售企业社会责任的内涵、测量维度、影响因素和消费者响应机制进行理论分析，并构建相应的理论模型和研究假设。通过深化理论构架、优化假设模型、明确变量界定、积累理论基础，全程为本研究的推进提供理论上的保证。

2. 访谈法

运用深度访谈和焦点小组访谈相结合的方法，对在线零售企业社会责任的测量维度和影响因素进行挖掘，开发出在线零售企业社会责任的测量量表。

3. 扎根理论研究法

本研究将运用扎根理论研究法对在线零售企业社会责任的影响因素及驱动机制进行质化研究。首先，收集文献资料和访谈资料，从中产生构念，对资料进行逐级登录；其次，对获得的资料和构念进行比较，询问与构念有关的生成性理论问题；再次，发展理论构念，建立构念之间的联系，对资料进行编码；最后，建构在线零售企业社会责任影响因素理论框架，对其驱动机制进行分析。

4. 多案例研究法

基于多案例研究的科学设计，进行多个在线零售企业实际案例的调查分析，对在线零售企业社会责任的影响因素及驱动机制进行验证和分析。

5. 结构方程建模法

构建在线零售企业社会责任行为与在线顾客忠诚关系的中介机制模型，运用结构方程建模法检验企业声誉、消费者认同在在线零售企业社会责任与消费者响应间的中介效应。

6. 实验研究法

针对研究内容和相关概念，构建在线零售企业社会责任与消费者响应关系的调节机制模型，通过情景模拟实验研究方法检验消费者感知动机、消费者支持、消费者信任、消费者网络专长对在线零售企业社会责任行为与消费者响应关系的调节效应。

1.3.2 研究思路

本研究从在线零售企业社会责任建设的现实问题出发，对相关文献进行系统回顾，并结合一定的理论基础，对在线零售企业社会责任的内涵、理论基础、内容边界、测量维度、影响因素、影响效果、管理模式、实现机制和推进路径进行理论与实证分析。首先，本研究对在线零售企业社会责任的概念和结构维度进行分析，并结合访谈研究，开发出在线零售企业社会责任的测度量表。其次，利用该量表对在线零售企业社会责任行为进行测评。再次，对在线零售企业社会责任行为的影响因素及驱动机制进行扎根理论分析，明确制度压力、企业社会责任态度和意识、企业战略驱动和利益相关者驱动因素对在线零售企业社会责任行为的作用机制。最后，对在线零售企业社会责任的影响效果进行分析，分别运用结构方程建模、Bootstrap、实验研究法对其中介机制和调节机制进行检验。综合上述分析，最终提出相关的建议和对策。本研究的具体研究思路如图1-1所示。

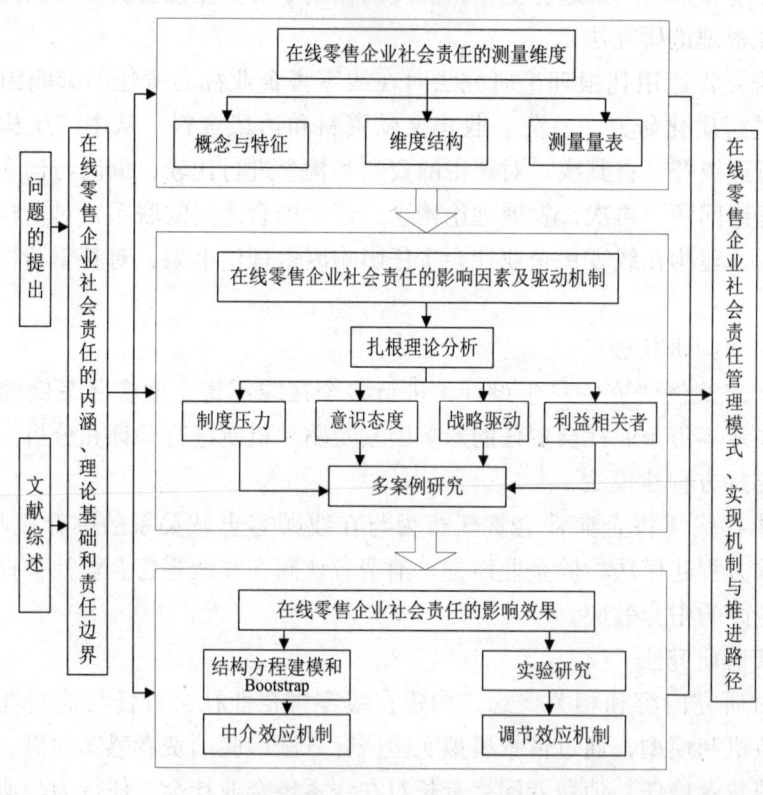

图1-1 本研究的研究思路

1.4 主要研究内容和章节安排

本书从在线零售企业社会责任内涵界定出发，对在线零售企业社会责任测量维度及量表进行分析，并基于相关理论基础，运用扎根理论研究方法和多案例研究法建构和检验在线零售企业社会责任的影响因素框架，然后对在线零售企业社会责任行为的消费者响应机制进行理论和实证分析，具体内容框架如图1-2所示。

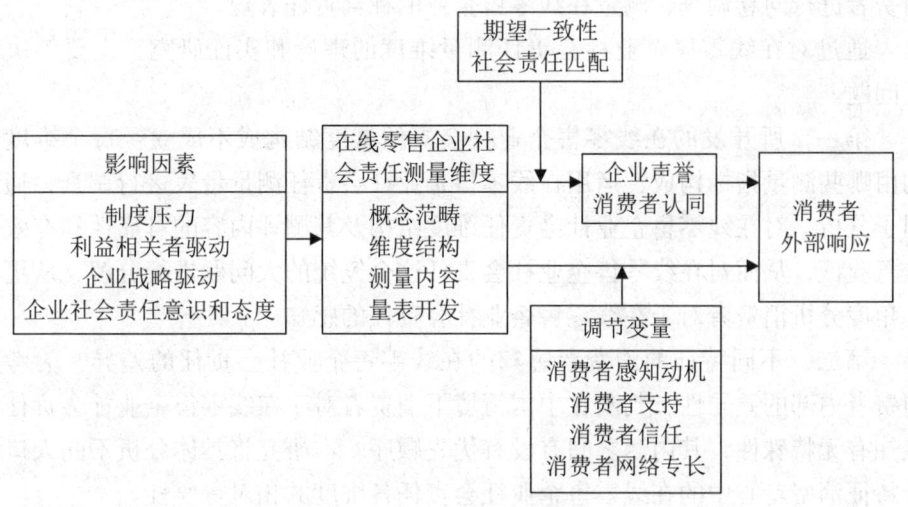

图1-2 本研究的内容框架

1.4.1 在线零售企业社会责任的测量维度研究

本研究从综合责任说的角度对在线零售企业社会责任的内涵进行界定，把在线零售企业社会责任视为在线零售企业对社会承担的综合责任，并形成适用于在线零售企业的社会责任的特定概念体系和操作定义，从而揭示在线零售企业社会责任的本质属性及其概念范畴，为在线零售企业社会责任测量维度的构建提供理论借鉴。在线零售企业社会责任的测量可以通过若干维度和相应量表来完成，以便检查在线零售企业社会责任的建设成效。但由文献综述可知，目前并没有专门的研究在线零售企业社会责任的测量问题的文献，一些相关的维度研究主要集中在非在线零售情境中。因此，还不能直接用现有变量对在线

零售企业社会责任进行测量，因为一方面，这些变量所基于的研究情境不一样，测量内容需要重新界定，并且部分变量存在过高的相关性，直接测量容易重复；另一方面，变量不够全面，需要进一步完善。为了获取有效测量维度，本研究将基于中外学者关于企业社会责任概念及测量维度构建的文献，并结合电子商务专家和消费者访谈，提炼出在线零售企业社会责任的维度结构。该纬度结构主要涉及经济责任、环境责任、消费者责任、员工责任、法律责任、伦理责任和慈善责任等，每个维度下面需要开发3～8个测量项，以形成一个在线零售企业社会责任测量量表。为了解社会对在线零售企业社会责任建设的感知和预期，本研究将以B2C在线零售企业为研究对象，对核心利益相关者——消费者进行问卷调查，测量在线零售企业的社会责任表现。

通过对在线零售企业社会责任测量维度的理论和实证研究，主要解决如下问题。

第一，所开发的在线零售企业社会责任维度结构成不成立？每个维度结构由哪些测量指标构成？运用在线零售企业社会责任测量量表进行调查，通过因子分析，对在线零售企业社会责任维度结构及其测评内容的可靠性和有效性进行验证，从而对在线零售企业社会责任这个笼统的大问题进行分解，从更小的角度分析消费者对于在线零售企业社会责任的感知。

第二，不同特征的消费者感知的在线零售企业社会责任的差异？为考察消费者内部的差异性，判断在中国情境下消费者对于在线零售企业社会责任的认知有无特殊性，其内涵之间有没有优先顺序？本研究将具体分析不同人口统计特征消费者心中的在线零售企业社会责任各维度的相对重要性。

第三，在线零售企业社会责任的消费者感知差异是否是因为企业类型的不同？以不同类型B2C在线零售企业为调查对象，分析在线零售企业社会责任的测量维度与消费者认知度的关系是否根据在线零售企业类型（多渠道零售商、纯电子商务企业）的不同而有差异。

1.4.2 在线零售企业社会责任的影响因素及驱动机制研究

在线零售企业从不同层面进行社会责任行动抉择时，会考虑所有而非某项单独动因。因此，对在线零售企业社会责任行为产生驱动作用的因素很复杂，在这些影响因素的共同作用下，在线零售企业才能更好地承担和实施社会责任行为。然而，目前学界针对企业社会责任影响因素的研究较为零散和重复，主要涉及一些外部影响因素和内部影响因素，没有一项研究将这些影响因素综合起来全面解释的，而且这些影响因素在在线零售情境中是否存在并没得到理论解释和实证检验。因此,现有研究关于在线零售企业社会责任影响因素的具体构成及其作用机理并没有形成明晰的结论,并没有解释清楚在线零售企业为什么会实施社会责任行为;各种因素对在线零售企业社会责任的影响有多大;如何促进和引导在线零售企业的社会责任行为。对于这些关键性问题目前还缺乏深入的研究。本研究将采用扎根理论研究方法和多案例研究方法,以利益相关者理论、制度理论、高阶管理理论和资源基础理论为依据,进一步探讨在线零售企业社会责任的影响因素,从多因素整合的角度来研究在线零售企业社会责任的驱动机制问题,在深入分析的基础上研究在线零售企业社会责任行为影响因素,并构建其驱动机制理论框架。

1.4.3 在线零售企业社会责任对在线顾客忠诚影响的被调节中介效应研究

由于在线顾客忠诚是在线零售企业的重要无形资产,更是企业绩效和竞争优势的来源,本文采用在线顾客忠诚反映在线零售的经济功能,而社会责任强调了在线零售企业对社会利益的满足和实现,体现的是在线零售的社会属性。但是,关于在线零售活动的经济功能和社会属性之间的关系究竟相互矛盾和相互冲突,还是相互融合和相互促进,还缺少从整合视角,采用实证方法进行回答。因此,本研究将根据社会认同理论和声誉理论,引入企业声誉和顾客认同两个重要构念作为中介变量,并将社会责任匹配和期望一致性这两个变量作为调节变量,构建一个被调节的中介效应模型,从而理解在线零售活动中社会属性的建立对经济功能实现的过程、机理及策略。具体而言,本研究试图回答以下问题:探讨在线零售企业社会责任感是否有助于建立在线顾客忠诚;探讨企业声誉和顾客认同是否在在线零售企业社会责任的影响机制中扮演中介变量的角色;探讨社会责任匹配和期望一致性是否会改变在线零售企业社会责任对消费者认同和企业声誉感知的影响效力。因此,本书不仅进一步丰富了在线零售企业社会责任的消费者心理和行为反应理论,还在实践层面促使在线零售企业明确承担社会责任的方向和着力点,为在线零售企业实施社会责任行为提供了指导。

1.4.4 在线零售企业社会责任对消费者响应的调节机制研究

在线零售企业社会责任与消费者响应之间并非只是简单的相关关系。不同类型的消费者对在线零售企业社会责任的响应不完全相同。现有研究还没有回答清楚两个问题:在线零售企业社会责任行为对消费者响应的影响受到哪些因素的制约；这一影响的机制是怎样的。因此，本研究将进一步分析在线零售企业社会责任对消费者响应产生影响的具体调节机制及效应。具体而言，将消费者感知动机、消费者支持、消费者信任、消费者网络专长作为调节变量，分析这些调节变量对在线零售企业社会责任与消费者外部响应关系的作用机理。其中，消费者感知动机是指消费者对企业从事社会责任行为的动机的感知，分为利他动机和利己动机；消费者支持反映了消费者对企业社会责任的支持程度，分为高支持和低支持两类。消费者信任是指消费者对企业社会责任与企业能力的信任程度，反映了消费者在多大程度上相信企业的社会责任贡献是对发展企业能力的减损还是强化。目前，学界还缺乏在在线零售情境中实证检验和分析消费者感知动机、消费者支持和消费者信任对在线零售企业社会责任及其结果变量的调节效应。并且，网络专长涉及消费者的网络知识和体验经验，在一定程度上可以缓解消费者的信息不足，有助于消费者对在线零售企业社会责任行为作出正确判断，但具有不同网络专长的消费者对在线零售企业社会责任行为的响应程度是否不同并没有得到理论和实证的合理解释。因此，本研究将通过构建调节效应模型，运用情境模拟实验法，实证检验消费者感知动机（利他动机 VS 利己动机）、消费者支持（高支持 VS 低支持）、消费者信任（高信任 VS 低信任）、消费者网络专长（高网络专长 VS 低网络专长）对在线零售企业社会责任与消费购买意愿、口碑推荐之间关系的影响机制及差异，并根据实证分析结果，从消费者个体层面提出在线零售企业社会责任机制培育的对策建议。

本书的研究内容具体分为8章：

第1章主要对研究背景、目标和意义进行阐述，明确了本书的研究价值，并且具体介绍了本研究采用哪些研究方法，遵循什么研究思路，来开展具体的研究工作，然后，对本书的具体研究对象、范围和主要内容进行了概述，明确了本研究的主要创新点。

第2章是对国内外企业社会责任文献进行回顾、梳理和评价。本研究首先从企业社会责任的内涵、结构维度和测评体系进行系统回顾，并进一步综述了企业社会责任的影响因素及其与消费者响应之间的关系，围绕线下零售企业社会责任以及在线零售商营销道德等文献也进行了综述，最后系统提出了本领域研究的不足和局限，为本研究提供切入点。

第3章对在线零售企业社会责任的内涵、理论基础和责任边界进行了分析，从理论层面明确了在线零售企业社会责任的内容结构和范围。其中，本研究对在线零售企业社会责任的基本内涵、必要性和动因进行了分析，明确了在线零售企业社会责任的理论基础和内容边界。

第4章对在线零售企业社会责任行为的结构维度及测量量表进行开发和分析。本章基于综合责任说的观点，从消费者预期视角确立了在线零售企业社会责任的特定概念体系和操作定义，科学揭示了在线零售企业社会责任的本质属性及其概念范畴，从而为在线零售企业社会责任的测量提供了理论借鉴。本章在借鉴国内外企业社会责任概念、维度和测量量表的基础上，基于专家和消费者访谈，开发出在线零售企业社会责任的结构维度和测量题项，并针对B2C在线零售企业的消费者进行问卷调查，以验证在线零售企业社会责任的测量量表。

第5章是构建在线零售企业社会责任行为的影响因素及驱动机制理论框架。本章运用扎根理论研究方法和多案例研究方法，提取在线零售企业社会责任行为的影响因素维度及其构成要素，从而明确了影响在线零售企业社会责任行为的主要内部因素和外部因素，并形成决定中国在线零售企业社会责任行为的关键变量，最后通过分析各种关键因素对在线零售企业社会责任行为影响的路径和关系，构建出在线零售企业社会责任行为的影响因素及其驱动机制理论框架。

第6章构建并实证分析了在线零售企业社会责任影响在线顾客忠诚的被调节的中介效应模型。本章将企业声誉和顾客认同作为重要的中介变量，并将企业社会责任匹配和期望一致性作为重要的调节变量，构建出一个被调节的中介效应模型，通过实证检验进一步明确在线零售企业社会责任对在线顾客忠诚的心理影响过程和机制。

第7章在中国背景下进一步构建并实证检验在线零售企业社会责任行为与消费者响应之间的调节机制。本章采用了情境模拟实验法，实证分析了消费者信任、消费者支持、消费者感知动机、在线零售企业网络店铺形象四个变量对在线零售企业社会责任行为与消费者响应之间关系的调节效应，从而明确不同消费者特征和企业特征条件下在线零售企业社会责任行为对消费者响应的影响差异。

第8章基于上述各章的理论和实证分析，形成对在线零售企业社会责任管理模式、实现机制与推进路径的系统总结和分析，从而促进中国情景下在线零售企业社会责任的培育和提升。

1.5 本研究的特色和创新

1.5.1 特色之处

1. 研究对象和内容有特色

本研究不是探讨传统线下制造企业和服务企业的社会责任问题,而是聚焦在线零售企业,对在线零售企业社会责任的测量维度、影响因素和消费者响应机制进行分析。

2. 研究问题的视角和方法多样化

本研究不仅仅从消费者的角度探讨了在线零售企业社会责任与消费者认识之间的关系,还综合运用结构方程模型法和实验研究方法分析了在线零售企业社会责任的消费者响应机制,综合运用扎根理论研究法和多案例分析法,从宏观层面、微观层面和制度层面分析了在线零售企业社会责任的影响因素及驱动机制。

1.5.2 创新点

第一,提出在线零售企业社会责任的测量维度及测量量表。国内外还缺乏直接针对在线零售企业社会责任的测量量表,本研究在对在线零售企业社会责任的内涵和构成进行深入理论分析和访谈研究的基础上,构建了在线零售企业社会责任测量模型,并开发出相应量表,为在线零售企业社会责任建设提供了评价工具。

第二,对在线零售企业社会责任的影响因素进行扎根理论的质化研究。现有研究缺乏从多因素整合的角度全面、系统理解在线零售企业社会责任的驱动机制,本研究引入扎根理论的质化研究方法,从制度压力、企业社会责任意识和态度、利益相关者驱动和企业战略驱动四个方面拓展了在线零售企业社会责任影响因素的研究范畴,并完善了其理论机制。

第三,构建了在线零售企业社会责任行为影响效果的中介机制和调节机制模型。运用结构方程建模、Bootstrap,实证分析了期望一致性、企业社会责任匹配、企业声誉和消费者认同等变量构成的被调节的中介效应,运用实验法分析了消费者感知动机、消费者支持、消费者信任和消费者网络专长等变量的调节效应。

第 2 章 国内外研究现状综述

传统企业社会责任的研究由来已久，但关于线上企业社会责任的研究还相对薄弱。为了对在线零售企业社会责任的研究基础和现状进行全面掌握，本章系统回顾了传统企业社会责任的内涵、结构、评价、影响因素和后果，以及线下零售和线上零售企业社会责任及营销道德的相关研究，从而找到本研究的切入点。

2.1 关于企业社会责任的内涵、结构和评价研究

关于企业社会责任的研究由来已久，虽然 Sheldon 早在 1924 年就首次提出了企业社会责任的说法，但直到 1953 年，Bowen 在其出版的《商人的社会责任》中才正式提出"企业社会责任"这一术语，并将"企业社会责任"定义为"按照社会的目标和价值观的要求，制定政策、做出决策以及采取行动"，强调承担企业社会责任的主体是作为机构的公司，尤其是大公司，企业社会责任的实施者是公司管理者，企业社会责任从属于自愿原则。在此之后，企业社会责任的讨论逐渐深入，不少学者在其基础上进一步发展与完善了企业社会责任的概念。企业社会责任前期学术研究的努力方向也主要体现为试图构建较为明确的企业社会的责任概念。其中，Davis（1960）认为企业社会责任具有两面性，即经济型与非经济性。美国经济发展委员会（1971）将企业社会责任类比为三个同心圆：企业社会责任的内圈包括产品、就业机会和经济增长等有效履行企业经济功能的最基本责任，中圈包括对环境的关心、员工关系等，外圈则是指公司应承担的新出现的与未明确的责任。Carroll（1979）提出，完整的企业社会责任是公司经济责任、法律责任、伦理责任与自愿责任（慈善责任）之和。这四个方面覆盖了向利益相关者所承担的各种责任（Carroll，1991），其中经济责任是企业最基本的社会责任，慈善责任是最高层次的企业社会责

任。Carroll 的企业社会责任概念也成为使用最久、文献引用最多的企业社会责任理论（Eranc&Matten，2004）。有许多学者验证了 Carroll 的研究，并将其作为研究基础和框架（Burton et al.，2000；Acar et al.，2001；Black& Hartel，2002；Angelidis&Ibrahim，2004；Dahlsrud，2008）。但 Carroll 关于企业社会责任的观点也存在诸多局限，其对伦理责任与慈善责任的界定是不清晰的，各类责任间有很多交叉重叠之处，所划分的企业社会责任类别显得比较抽象，不利于研究的操作及实际应用，理论模型没得到实证研究的有力支持。近年来，一些学者又对企业社会责任的要素构成进行了进一步的归类及阐述。Basu 和 Palazzo（2008）从过程视角把企业社会责任的要素构成分为认知层面、释义层面和行为层面，Geva（2008）把企业社会责任要素构成模式分为金字塔模式、交互圆环模式和同心轴模式三类。国外关于企业社会责任的评价标准先是由政府部门提出，如各种公约和宣言等；接着由非政府组织提出，现广为应用的 SA8000 就是由美国的社会责任国际组织（Social Accountability International，SAI）提出的，然后发展到由个别大型跨国公司自行制定其社会责任准则。虽然社会责任的标准很多，但内涵基本一致，其差别只在于侧重点有所不同。SA8000"社会责任标准"是全球第一个可以用于第三方认证的道德规范国际标准，具有通用性，不受地域、行业、公司规模等限制，现已得到社会的广泛认可，其提出的宗旨是确保所在公司及其供应商能够尊重其工人的权利（李洪彦，2006）。

国内对企业社会责任的定义的研究主要从 20 世纪 90 年代开始。所谓公司社会责任是指公司不能仅仅以最大限度地为股东们赚钱作为自己的唯一存在目的，而应当最大限度地增进股东利益之外的其他所有社会利益（刘俊海，1999）。企业社会责任是指企业通过企业制度和企业行为所体现的对员工、商务伙伴、消费者、社区、国家履行的各种积极的义务和责任，是企业对市场和相关利益群体的一种良性反应，也是企业经营目标的综合指标。既有法律、行政等方面的强制义务，也有道德方面的自愿行为，包括经济责任、法律责任、生态责任、伦理责任、文化责任（屈晓华，2003）。近年来，一些学者从企业或消费者的视角对企业社会责任维度进行了实证研究。其中，徐尚昆和杨汝岱（2007）基于企业总经理或所有者的调查，总结出中西方企业共有的六个维度，包括经济责任、法律责任、环境保护、顾客或客户导向、员工或以人为本、社会捐赠、慈善或公益事业。金立印（2006）基于对消费者感知的调查，提出中国企业社会责任包括回馈社会、赞助教育文化等社会公益事业、保护消费者权益、保护自然环境、承担经济方面的责任五个维度。谢佩洪和周祖城

（2009）也基于对消费者感知的调查开发了中国背景下企业社会责任行为测量量表，包括企业积极保护消费者权益，企业积极回馈社会的慈善捐赠及公益事业，企业爱护环境、投身环保事业，企业切实关心员工的权益。邓德军和蒋侃（2011）则基于对消费者期望的调查，提出企业社会责任包括承担社会公益责任、员工责任、法律责任、消费者责任和经济责任。另外，学者们还针对具体行业构建了相应的企业社会责任评价指标体系，涉及石油企业（张明泉和陈佳靖，2008）、农药企业（王林萍等，2007）、煤炭企业（赵红等，2012；许延明和吴丽梅，2008）、银行（华立群和朱蓓，2009）、实体零售企业（刘文纲等，2010；孙乃娟和由莉颖，2011）等，并针对企业社会责任中的营销道德问题（甘碧群，2004；曾伏娥，2006；寿志钢，2008；甘碧群，2008；等等）进行了分析。

总体来说，自社会责任这一概念产生以来，学界对于企业是否应承担社会责任已基本上取得了共识，企业社会责任界定的主流观点是综合责任说，即把企业社会责任视为企业对社会承担的综合责任。但是，企业社会责任的倡导者们根据其各自判断或各自理论建构的需要，为企业社会责任一词注入各种不同的内涵，对于企业社会责任概念的界定和企业社会责任的范围仍有争议，在企业社会责任的评价指标上也没有形成统一的认识，所选定的特定维度缺乏普适性和理论依据。造成这种状况的原因除了大家分析企业社会责任的视角及行业不同外，更重要的是企业社会责任的内涵和外延随着社会经济的发展而不断变化。

2.2 关于企业社会责任影响因素的研究

2.2.1 内部因素

企业社会责任的内部影响因素及驱动机制主要聚焦于高管特征和组织特征两个方面。影响企业社会责任表现的企业高管的基本特征主要包括高管的人口统计变量、职业背景、任职期限、薪酬结构等（Brown，2003；Mahoney & Thom，2006）。企业高管伦理承诺可以推动企业更好地履行社会责任（Wood & Jones，1995；Swanson，1995）。Mudrack（2007）认为管理者的个性、态度、价值观和思维模式会影响其企业社会责任态度。其中，企业高管价值观对企业社会责任表现的影响一直受到学者的关注（Agle et al.，1999；

Hemingway&Mactagan，2004），管理者的个人价值观一致被视为影响企业社会责任行为表现和实施的重要因素。Angelidis等（2008）发现，组织层级中的地位影响员工的社会责任导向，基层员工不如中层管理者那样认为经济责任很重要，但不同组织层级的员工在法律责任、伦理责任、慈善责任取向上没有明显差异。另外，也有学者从宗教信仰（Rashid & Ibrahim，2002；Brammer et al.，2007）和企业董事的性质与类型（Ibrahim & Angelidis，1995；Ibrahim et al.，2003）等因素上对影响管理者企业社会责任态度的因素进行了研究。从组织特征对企业社会责任的影响看，大公司比小公司受到更多的公众关注，公司规模对社会责任信息披露有正向影响（Purushothaman et al.，2000）。针对不同行业特征，企业社会责任的研究中可划分为"消费者接近"型（Clarke et al.，1999；Campbell，2006）和"环境敏感"型（Patten，2002；Archel，2003）。另外，一些研究发现企业财务绩效对企业社会责任表现与信息披露有积极作用（Baucus & Near，1991；Waddock & Graves，1997），并且股权结构（Haskins，2000）、公司治理（Simon，2001；Eng&Mark，2003）也是影响企业社会责任的因素。

2.2.2 外部因素

外部影响因素及驱动机制主要包括来自利益相关者群体的压力。企业承担社会责任是因为日益增强的关键利益相关者——消费者对承担社会责任的企业更多、更持续的支持所驱动（Baden，2009）。Weaver等（1999）研究了外部压力对企业履行社会责任方式的影响，其中的外部压力来自政府、媒体以及企业道德行为的标准制订者。在中国经济转轨阶段，政府是企业面临的最大利益相关者，关注政府事项及政策变化是企业有效经营的前提条件（田志龙等，2005）。在市场环境条件下，如果任由企业自愿选择，没有政府发挥强制作用，消费者的社会责任意识也不强，那么在企业社会责任问题上肯定会出现"搭便车"的现象（杜兰英等，2007）。企业承担企业社会责任的主要目的是为了与政府建立一个良好的关系，提升企业的公众形象，以避免更为麻烦的政府管制（Givel，2007）。

企业所处竞争环境直接决定了企业社会参与的倾向，但这种直接作用还受到制度条件的调节作用（Campbell，2007）。企业外部的制度环境是影响企业社会责任表现的重要因素。Jones（1999）从社会文化体系、国家经济发展水平、行业结构、企业属性和个体价值体系的角度，分析了创造有利于企业承担社会责任的制度条件的途径，但并没有围绕这一主题展开实证研究。

Gonzalez 和 Martinez（2004）的研究强调了政府规制在企业社会责任实践中的重要意义。周中胜等（2012）考察了制度环境中的政府对经济的干预程度、法律环境的完善程度以及要素市场的发育程度等对中国企业社会责任履行情况的影响。沈奇泰松等（2012）讨论了企业外部制度环境、企业社会战略反应和企业社会绩效之间的内在驱动机制。李彬等（2011）对制度压力作为影响旅游企业社会责任履行情况的重要前因变量开展了实证研究。另外，学界也将企业社会责任纳入了战略管理研究领域。Strike 等（2006）将资源基础论应用到跨国多元化经营与企业社会责任之间的关系研究，认为跨国多元化与社会责任表现之间呈正相关关系。也有一些学者将资源基础理论与其他理论结合起来，考察企业社会责任的前置因素。Bansal（2005）的研究发现，比对制度压力的影响，资源基础对企业社会责任实践的影响作用较为稳定。Husted 和 Allen（2007）结合应用资源依赖理论和资源基础论，认为持续创新资源、社会责任导向以及公司价值观和文化都是影响企业社会战略定位的重要因素。

虽然学界对企业社会责任的影响因素及驱动机制进行了一定程度的理论和实证探讨，但是现有文献侧重于揭示某一类影响因素对企业社会责任的驱动机制，还缺乏从内外结合的视角对企业社会责任的影响因素及其相互之间的关系进行综合分析，并且对各种因素之间的相互关系及其对企业社会责任产生影响的程度和条件还缺乏细致、深入的解释。

2.3 关于企业社会责任与消费者响应关系的研究

消费者视角的企业社会责任是个重要的学术议题，多数研究都同意消费者是推动企业承担社会责任的最主要动力。现有文献大多从消费者视角去考察企业社会责任的微观后果，涉及企业社会责任对消费者对企业和产品的评价（Brown & Dacin，1997）、消费者公司认同（Sen & Bhattaeharya，2001）、消费者态度（Berens et al.，2005）、企业声誉（Fombrun & Shanley，1990；Brown & Dacin，1997）、消费者满意（Luo & Bhattacharya，2006）、消费者忠诚（董伊人，2010）和消费者的购买意愿（Mohr & Webb，2005；周祖城和张漪杰，2007；周延风等，2007；张广玲等，2010）等消费行为变量的影响作用。另外，邓新明、田志龙和陈璐（2011）的研究还分析了消费者是如何响应企业的伦理行为以及形成不同消费者响应结果的深层次影响因素。卢东（2010）的研究表明企业社会责任的感知绩效和期望以及对企业社会责任归因显著影响企业社会责任满意度。但是，这些研究只考察了企业社会责任与消费者响应的直接或间接相关影响。企业社会责任与消费者的响应之间的关系并不只是简单的相关关系，不同类型的消费者对企业社会责任的响应不完全相同。

企业社会责任与消费者购买意向的关系受到消费者个人特征、消费者对企业社会责任与企业能力的信任程度（简称"消费者信任"）、消费者对企业社会责任行为的支持程度（简称"消费者支持"）的调节（Sen & Bhattacharya, 2001），这一结论也在我国学者马龙龙（2012）的研究中得到证实。另外，周延风（2007）的研究表明，企业社会责任高支持的消费者在评价公司声誉时，对企业社会责任更加敏感。刘凤军（2012）证实消费者信任对企业社会责任与品牌影响力之间的关系有调节作用。郭晓凌和陈可（2011）的研究表明，消费者的企业社会责任支持对于"顾客中心"的企业社会责任的消费者响应具有正向或反向调节作用。另外，常亚平等（2008）的研究表明，产品价格对企业社会责任与消费者购买意愿有调节作用。田志龙等（2011）的研究发现，消费者企业社会责任反应因产品类别差异而不同。Becker（2006）的研究表明，当消费者认为企业社会责任行为的动机是利他动机时，则会增加对企业的正面评价，并产生更高的实际购买意愿；反之，当消费者认为企业社会责任行为的动机是利己动机时，则会降低对企业的喜爱感觉，并降低即时购买意愿。

虽然现有研究证实，企业社会责任对消费者的购买意向确实存在显著影响，但是对企业社会责任在消费者层面的影响机制、消费者对企业社会责任的心理反应等方面的研究仍十分有限。现有文献主要是将企业社会责任作为一个整体变量去分析对消费者响应的作用机制，缺乏对不同类型企业社会责任与消费者响应的关系机理进行深入分析，比较不同类型企业社会责任对消费者响应的影响差异。并且，对企业社会责任与消费者响应关系间的中介机制和调节机制的分析并不全面，对各种中介变量和调节变量在企业社会责任与不同消费者响应行为之间所发挥的影响作用还缺乏深入分析。

2.4 关于线下零售企业社会责任的相关研究

随着针对企业社会责任的研究不断深入，国外学者们开始将企业社会责任问题引入零售领域，分析社会责任建设对于零售企业的重要作用（Girod, 2003），探讨零售企业社会责任的动因和营销沟通策略（Jones, 2005）。Wagner等（2008）进一步在前人研究的基础上，将零售企业社会责任的内涵概括为零售企业对社会的责任、对雇员的责任、对顾客的责任和对所有者的责任四大方面。针对我国零售企业的社会责任问题，我国学者也开始展开研究，其中，顾宝炎等（2004）针对我国大型品牌零售企业的自身特点，总结了零售企业社会责任的复杂性和枢纽性。赵勍升（2008）提出了我国零售企业社会责任的概念框架，并讨论了我国和谐社会环境下零售企业社会责任建设的内涵与意义。在零售企业社会责任研究中，赵勍升（2008）、由莉颖和韩丹凤（2010）等将零售企业社会责任划分为三个层次：核心责任——对股东、债权人、员工和消费者负责；中级责任——对供应商、配送商、金融机构和社区公众负责；外延责任——对政府等其他利益相关者负责。孙永波和李振国（2011）提出了构建以政府为主导的零售企业社会责任管理模式，把促进首都社会公平正义、社会稳定、社会和谐作为首要考虑的因素。为客观评价企业社会责任绩效情况进而推动我国企业社会责任活动的开展，需要建立完善的企业社会责任指标体系。刘文纲等（2010）首先基于对企业社会责任构成体系的一般性讨论和对我国经济社会及零售行业发展现状的分析，构建了我国零售行业企业社会责任指标体系，该体系由经济责任、法律责任、环境责任、文化伦理责任和社会公益责任五大类责任和20小项构成。然后，通过采用层次分析法对企业社会责任指标体系进行定量研究，给出了各指标的权重，为进一步研究零售企业社会责任问题指明了方向。钟宏武等（2011）通过社会责任发展指数定量研究了中国商业企业社会责任发展水平，通过将商业企业与非商业企业从责任管理、市场责任、社会责任以及环境责任四个方面进行对比，认为中国商业企业应树立社会责任意识、加强社会责任管理。姜云（2012）则从内部责任与外部责任的角度，通过8个方面、29个指标构建了我国零售企业社会责任评价体系。李振国和经立（2012）通过8种评价指标，把主成分分析方法与人工打分法相结合确定各指标的权重，构建了适合首都地区零售企业的社会责任评价指标体系。黄益方和孙永（2015）认为，零售企业社会责任包括经济责任、法律责任、环境责任、伦理责任、慈善责任五个基本方面，它们同时交叉存在于零售企业的经营活动当中。零售企业社会责任评价以具体的利益相关者为维度，可将企业对投资者、员工、消费者、供应商、政府、环境、社区和公众的责任细化为21个具体指标。他们基于所构建的零售企业社会责任评价指标体系，收集了苏宁电器的相关资料，经过加工整理，计算相应的社会责任评价指标数值。经由模糊综合评价发现，苏宁电器社会责任履行状况较好，对利益相关者的社会责任履行得最好的是对政府的社会责任，其次是对供应商、员工、投资者的社会责任，而对环境和消费者的社会责任履行最差，因此要进一步加强对消费者的社会责任的履行。并且，与能源企业相比，零售企业在履行社会责任方面还需要不断加强。此外，朱林（2013）从CSR的四个维度分析了世界领军零售企业沃尔玛在不同国家（中国、巴西和美国）CSR的不同活动项目，发现同一个跨国零售企业在不同地区，即处于不同经济发展状态以及不同文化背景的国家所实施的CSR项目会存在一定的差异。这种差异是为了迎合不同国家的政府以及消费者对CSR行为不同的感受、看法以及反应。因此，零售企业在策划和实施CSR活动时一定要充分考虑当地的具体情况，如政府政策、人口特点、地理特征、历史概况、教育水平以及经济发展水平等诸多因素。

关于零售企业社会责任影响效果的研究也逐渐得到了学界的重视，主要的研究包括了员工响应、顾客响应、企业绩效三种视角。从员工响应视角的研究看，吕英和王正斌（2009）对IT和零售企业员工进行了问卷调查，采用多元回归分析和方差分析来检验企业社会责任表现与员工满意度之间的相关关系。研究结果表明，企业对员工的责任与员工对企业整体的满意度和员工对工作回报的满意度存在正相关，企业对顾客的责任与员工对企业整体的满意度存在正相关，企业对环境的责任与员工对企业整体的满意度和员工对工作回报的满意度存在正相关，行业不同的企业对社会的责任与员工满意度存在显著性差异。从顾客响应视角来进行的研究得到了更多的实证分析。郭晓凌和陈可（2011）以零售企业所面临的环境保护主题为背景，探讨了"顾客中心"和"利润中心"两种战略性企业社会责任的消费者响应。结果表明，"顾客中心"的企业社会责任与"利润中心"的企业社会责任相比，能够使顾客对企业产生更积极的企业社会责任联想，形成更好的态度，并提高其惠顾意愿。同时，从顾客价值的不同角度，消费者的企业社会责任支持对于"顾客中心"的企业社会责任的消费者响应具有正向或反向调节作用。笔者（沈鹏熠，2012）将企业形象、感知价值和顾客满意纳入零售企业社会责任驱动顾客忠诚的影响机制模型中，并以大型百货商店和综合超市消费者为调查对象，通过结构方程模型法进行实证检验。研究发现，零售企业的经济责任、环境责任、消费者责任、员工责任、法律责任和慈善责任对企业形象均有积极影响，而对感知价值有积极影响的只有经济责任、消费者责任、员工责任和法律责任。企业形象和感知价值不但对顾客忠诚产生直接影响，而且通过顾客满意对顾客忠诚产生间接作用。相比企业形象，感知价值对顾客满意和顾客忠诚的影响作用更大。另外，不同零售业态和消费群体特征对零售企业社会责任行为的影响有差异。笔者（沈鹏熠，2012）还从企业社会责任视角构建了零售公司品牌权益驱动模型，

第2章 国内外研究现状综述

并以消费者为调查样本,采用结构方法模型进行实证分析。结果表明,零售公司品牌权益由零售公司品牌质量、品牌信任、品牌认知、品牌关系和品牌忠诚构成,它们之间呈现有次序的因果联系。零售企业社会责任行为对零售公司品牌权益产生了重要的前置驱动作用,其中经济责任、环境责任、消费者责任、员工责任、法律责任和慈善责任分别通过零售公司品牌质量或品牌信任对零售公司品牌认知、品牌关系和品牌忠诚产生积极影响。胡保玲(2014)的研究发现,顾客责任、公益责任、环境责任与员工责任四个零售企业社会责任维度都对消费者情感依恋有着显著的正向影响。消费者情感依恋对商店态度忠诚与商店行为忠诚均有正面作用,在顾客责任、环境责任与商店态度忠诚之间起着部分中介效应,也在公益责任、员工责任与商店行为忠诚之间发挥着部分中介效应。汪旭晖等(2015)运用准实验研究方法,考察在不同类型负面网络口碑情境下,零售企业的社会责任行为对品牌权益的影响作用。研究发现,在产品型负面网络口碑情境下,善因营销和企业赞助会对零售企业品牌权益产生相同程度的负向影响作用,慈善捐赠却起到修复作用;而在道德型负面网络口碑情境下,善因营销和慈善捐赠可以相同程度地修复零售企业品牌权益,企业赞助对其却无显著的影响作用;且慈善捐赠在产品型和道德型负面网络口碑下对零售企业品牌权益的修复程度是相同的。王勇和李文静(2016)在国内外理论研究的基础上,选择物美和家乐福两家零售企业作为实证研究对象,通过建立结构方程模型,从消费者角度分析了零售企业社会责任的消费者认知和响应的相互关系。实证分析模型显示,消费者对于零售企业的社会责任认知过程和认知结构之间存在显著的相关关系,消费者对零售企业的认同对消费者的购买意愿产生显著影响。从企业绩效视角看,王勇(2011)在前人研究的基础上,利用我国上市零售企业的相关统计数据,对零售企业社会责任建设和披露的现状、影响因素和绩效进行实证研究。结果显示,我国零售企业的社会责任披露仍然停留在较低的层次和水平;零售企业是否披露自身的社会责任对企业的绩效并没有显著影响,但是一旦披露,其社会责任建设水平和信息披露质量将显著影响其资本市场表现,但并不影响其消费市场表现。孙乃娟和由莉颖(2011)基于零售行业的独特性构建的零售企业社会责任与企业竞争力关系模型表明,大型零售企业履行社会责任,最终将通过两个中介变量——企业绩效和企业形象的提升,正向影响结果变量——企业竞争力。这也意味着大型零售企业履行社会责任不但不会造成企业成本的浪费,反而会通过绩效和形象的提升,最终提高企业的竞争能力。

由以上文献关于我国传统零售企业社会责任的实证结果来看，我国零售业在履行社会责任方面存在很大的不足，而关于电商零售企业在履行社会责任方面的表现和影响的研究则较为匮乏。因此，在线下零售企业社会责任研究的基础上，基于线上零售特点，进行在线零售企业社会责任的专门研究非常必要。

2.5 关于线上零售企业社会责任的相关研究

2.5.1 电子商务企业社会责任研究

电子商务零售企业在经历十几年的飞速发展后，在我国消费市场中的作用和地位越来越重要，但在这一成果的背后，电子商务零售企业的社会责任缺失问题显得突出。近年来，我国电子商务产业快速发展，电子商务企业能否有效地履行社会责任，对促进电子商务产业健康发展至关重要。学术界直接针对电子商务企业社会责任研究的文献非常少，有少量的研究针对电子商务企业社会责任评价和影响进行了初步探讨，但研究并不系统和深入。其中，在互联网企业社会责任的研究中，阿里巴巴2007年发布了首份互联网行业的《社会责任报告》，称随着企业规模越来越大，需要承担的社会责任越来越广泛，主要有对客户、合作伙伴、员工、股东、社会和国家的责任，其中至少包含社会公益层面、环境保护层面和普遍服务层面三个层次，并认为企业的社会责任应内生于商业模式，并与企业发展战略融为一体，只有使社会责任成为企业内在的核心基因，才能具备恒久性和可持续性。马云（2007）认为一个企业也有"三个代表"，第一个是代表客户利益，第二个是代表员工的利益，第三个才是代表股东利益。先客户，再员工，最后才是股东，这三个次序不可以颠倒。何俊（2011）对电子商务企业社会责任的内涵、履责的重要性等做了简单的论述。解砾（2011）在对我国电子商务企业社会责任现状及缺失原因的剖析基础上，从政府层面、企业层面和社会层面提出了适合我国电子商务企业社会责任的约束机制。刘聪粉等（2014）从电子商务零售企业的利益相关者角度出发阐明了电子商务零售企业社会责任的内涵，重点探讨了电子商务零售企业履行社会责任对企业自身、对行业以及对社会的重要意义，最后从企业层面的营销实践上、国家社会层面的"硬约束"及"软约束"上分别提出了促进电子商务零售企业履行社会责任的对策建议。另外，电子商务企业社会责任指标体系的建立，有助于更加有效地评价电子商务企业履行社会责任的状况，引导电子商务企业以更正确的态度和更加有效的方式履行社会责任。余慧敏（2015）以现有文献为基础，运用实地调研、问卷调查、专家咨询等方法，结合电子商务行业特征，建立了一套针对电子商务企业的社会责任评价体系，并运用层次分析法（AHP），确定企业社会责任指标体系的权重，对更清晰地认识电子商务企业社会责任体系建设现状，促进电子商务企业可持续发展，具有现实意义。然而，由于某些主客观因素的影响，人们对社会责任指标体系的评价标准、侧重点不一致，很难得出完全一致的评价标准和指标。层次分析法把研究对象作为一个系统，按照分解、比较判断、综合的思维方式进行决策，从评价者对评价问题的本质、要素的理解出发，在降低定量计算难度的同时，提高了计算结果的准确性。他们构建的电子商务企业指标体系，从组织职能划分的角度出发，建立一个相对简单、可操作的评价模式，并运用层次分析方法计算评价指标的权重，可为电商企业社会责任的履行和管理提供一些参考。周佳（2016）基于北京地区电子商务企业的企业社会责任表现和消费者网购满意度的实证调查，发现电子商务企业社会责任的履行状态会直接影响到消费者的选择行为，良好的社会责任表现能够优化环境，促进消费，而良好的顾客体验又是电商企业发展壮大的保证。并提出，促进电子商务企业社会责任表现，提升消费者网购满意度，需要电商企业设计出有助于降低消费者度量成本和社会交易成本的制度，加强履行社会责任的内驱力，同时需要政府监管、第三方评价和消费者维权的综合作用力。但上述研究关于电子商务企业社会责任具体评价内容和影响机理并不全面和清晰，相应理论基础和操作启示也较为缺乏。

由以上文献可以看出，学术界对于在线零售行业企业社会责任的研究还不多，考虑到电子商务企业相较于传统零售企业在履行社会责任方面又存在一定的差距。因此，本研究将对在线零售企业社会责任的内涵、测量、驱动机制、影响效果等一系列问题进行系统、全面和深入分析，以期能够促进我国在线零售企业建立新的商业文明、遵循商业伦理。

2.5.2 在线零售商道德研究

国内外直接对在线零售企业社会责任进行全面、系统研究的文献较少，已有文献主要集中在互联网企业对社会责任的表述、企业网络营销的道德分类（甘碧群，2004；时刚强等，2006）和在线零售商道德问题。互联网企业侧重于从事互联网行业的企业集合，而在线零售企业则强调是运用互联网信息化平台从事网上零售交易的企业，主要包括 B2B 和 B2C 企业。其中，在线零售商道德问题得到了较多关注和专门研究。

（1）在线零售商道德的内涵和测量研究

随着新经济的发展，电子商务及在线零售发展迅速。由于互联网的广泛性、开放性和隐蔽性，将营销和消费者服务转移到网络上面临巨大挑战，包括道德问题的出现及由此导致的负面消费者反应（Wirtz et al., 2007）。在线零售营销活动日益引起道德实践问题（Roman, 2010），这已成为消费者在线购物的最大挑战。由于许多在线零售商的营销行为突破了传统道德的规范，发生了一些新的违背道德的行为。因此，在线零售商道德失范行为的规范和有效治理面临网络新时代的挑战。尽管以甘碧群为代表的国内营销道德研究学者通过较长时间的探索，较系统地阐述了营销道德的概念和基本理论体系，并从消费者角度开发了适合中国市场情景的营销道德评价量表和基本框架，但这些研究均是基于实体企业的营销道德研究。关于在线零售商业情境中的道德问题还缺乏系统和深入探讨。

企业网络营销中的道德问题涉及面广，贯穿于整个网络营销活动全过程（甘碧群，2004）。然而，判断企业某一营销行为是否合乎道德，无论是国内还是国外，至今都没有统一的普遍适用的准则。企业营销道德是企业为了自身发展的目的而制定的行为准则，理智的企业应把利益诉求控制在合理的范围内，并以消费者利益作为确定善恶的标准。在现有的研究中，学者主要从消费者视角对在线零售商营销道德的内涵、构成维度及测评体系进行界定，并在此基础上分析消费者感知的在线零售商营销道德的形成机理。对在线零售商营销道德构成维度的相关研究主要从企业认知和消费者感知两个视角展开，研究对象涵盖了实体企业和网络企业所面临的在线营销道德问题。一些研究从企业认知的视角，对电子商务道德的表现和范围进行了界定，涉及的道德维度包括隐私、安全、垃圾邮件、域名抢注、面向儿童的在线营销、利益冲突、制造商和网络中介商的竞争、诚实/真实性、产品担保、虚假广告等（Bette Ann Stead et al., 2001; Kracher & Corritore, 2004; Wu et al., 2006; Radin et al., 2007），另外，国内的甘碧群（2004）和时刚强等（2006）也从企业角度分别对网络营销的道德问题进行分类。但上述这些道德问题的研究主要停留在理论分析的层面，缺乏实证测评，而且所涉及的道德内容较为广泛，部分内容超越了在线零售商营销道德的边界。国外基于企业视角对在线零售营销道德的相关定性研究还有：Mason 提出了信息时代的四个道德问题——隐私、准确性、所有权和可访问性（PAPA）。这些信息道德问题至今仍被讨论，但是它们必须从不同的角度被检验和分析（Freeman et al., 2005; Jackson et al.,

1997；Mason，1986）。Conger 等（1995）检验了 Mason 的 PAPA，并且发现这些问题比他们以前考虑的更为复杂。对于未来的研究，他们提出了一些问题，包括计算时间的所有权、访问路径、个人信息和专业知识、隐私权利和准确性、及时应用、利益相关者识别方法、权利和责任。Turban 等（2008）指出，电子商务实施涉及许多法律和道德问题，法律问题包括隐私、知识产权、言论自由、税收、计算机犯罪、消费者保护及其他。道德问题，基于 Mason 的研究，被归类为 PAPA 以及其他的诸如垃圾邮件、审查制度、儿童保护等。Radin 等（2007）列出了电子商务中的道德问题包括隐私、安全关注、无标签网络广告、域名抢注、面向未成年人的在线营销、利益冲突、制造商与中间商的在线竞争。根据网络道德问题的一些研究，网络营销中最常提及的道德问题是交易安全、非法活动（如欺诈和黑客）、隐私、诚实/真实、同样标准判断其他媒体、色情、产品担保、剽窃、针对儿童、垃圾电子邮件、虚假广告（Bhattacherjee，2002；Peslak，2006；Ryker et al.，2002）。Wu 和 Wu（2006）的研究检验了影响电子商务道德问题的因素，使用测量电子商务道德问题的指标包括隐私、交易安全、知识产权、信息的完整性和准确性。

　　同时，从消费者感知视角分析在线零售商营销道德的内容也变得日益重要。一些研究分析了消费者在线购物时最担心的道德问题是财务信息的隐私、网络安全、欺诈、零售商可靠性、质量（Grabner-Kraeuter，2002；Miyazaki & Fernandez，2001；Koehn，2003；Milne & Culnan，2004；Ward et al.，2005），并且这些研究较为分散，其中，隐私和安全（Bush et al.，2000；Miyazaki & Fernandez，2001；Singh & Hill's，2003）多被视为在线消费者最重要的道德问题。Bush 等（2000）采用开放式问卷调查发现，美国在线消费者从交易安全、网站非法行为、隐私保护、网络信息真实性等四个方面评价网络企业营销道德。Miyazaki 和 Fernandez（2001）发现在线消费者对隐私保护、系统安全性和欺诈行为这3个方面的道德问题比较敏感。Ranganathan 和 Ganapathy（2002）发现在线 B2C 消费者比较关注网站所提供的信息内容、网站设计、安全性和隐私权这4个方面的内容，并且最关注的是安全性和隐私权。Roman（2007）的一项研究提出了捕获消费者感知的在线零售商道德的具体测量框架和内容，结果显示在线零售商营销道德由安全、隐私、非欺诈、履行/可靠性四个维度构成，这一研究有效拓展和丰富了消费者感知的网络零售商道德内容。不过，尽管经过信度和效度检验显示量表有好的心理测量特性，但他认为需要通过在其他消费者样本中的进一步跨文化检验。Nardal 和 Sahin（2011）运用 Roman 的量表对土耳其在线消费者感知的网络零售道德进行测量和检验，结果显示，网络安全、隐私、可靠性和非欺诈是影响在线零售增长的重要问题。Cheng 等（2014）基于交易过程的角度构建了电子商务网站道德模型，该模型表明，消费者主要从销售行为、安全、隐私、可靠性、服务补救五个方面感知和评价电子商务企业的道德水平。还有些学者聚焦于分析在线零售商在网站上披露隐私和安全政策以及对消费者在线购物感知风险的影响。例如，Miyazaki 和 Fernandez（2000）研究发现，网站上的隐私和安全陈述的百分比与消费者在线购买意愿积极相关。后来，Milne 和 Culnan（2004）调查了在线消费者为什么在各种情况下阅读隐私声明，他们发现阅读隐私声明是消费者使用的仅有措施，去管理披露个人在线信息的风险。Pollach（2005）从语义学的角度检验了在线零售商的隐私政策，他们的研究突出了公司隐私政策的障碍，增强和减轻不道德数据处理实践，并且使用有说服力的呼吁增加在线零售商的可信度。最近，Meinert 等（2006）的研究发现，消费者提供信息给在线零售商的意愿随着隐私担保陈述的增加而增加。他们的研究揭示，绝大部分消费者意识到隐私政策陈述，只有不到一半的消费者曾经阅读过隐私陈述。

国内的研究方面，甘碧群和廖以臣（2004）将网络不道德现象归纳为四大类：不正当收集和使用消费者个人信息、网上发布虚假和不健康甚至违法的信息、使用垃圾邮件营销方式、网上交易的欺诈行为。时刚强等（2006）通过定性研究将企业网络营销道德归纳为隐私保护、信息欺诈、数字化产权、信息污染、信息安全和其他问题等六类问题。王俊（2006）总结了 10 种与网上购物有关的不道德行为，如交货延迟甚至在交款后没有收到商品、网上标注低价的商品永远缺货等。阎俊和陈丽瑞（2008）认为网站营销道德是指网络企业的营销活动符合人们道德规范的程度，即网络企业在交易活动中体现的道德水平，并通过问卷调查构建了一个中国本土文化环境下的 B2C 网站营销道德评价模型，数据分析发现，交易结果的可靠性、交易过程的安全性、促销的诚信性、竞争的公平性和广告的适度性 5 个因子显著影响着在线消费者对 B2C 网站营销道德的评价。蒋侃（2012）在文献研究的基础上，将在线零售商道德归纳为交易过程安全性、隐私保护、交易可靠性、公平、非欺骗性五个方面。交易过程的安全性反映了消费者对在线交易账户信息、支付方式的安全性感知。隐私保护反映了消费者对个人信息收集、使用方式的合理性感知。交易可靠性是对产品信息描述的真实程度与交易结果的感知，在线零售商必须提供清晰的、准确的以及足够的信息，保证订单准确无误地被执行，这样消费者才有可能作出正确选择，得到他们所需要的商品。公平是指在何种程度上消费者认为获得了公平交易条件，如质量保障、价格歧视、退换货方式。非欺骗性是指在何种程度上消费者认为网上零售商不使用欺骗性或操纵行为来说服消费者购买该网站的产品，这一维度侧重于消费者对网上零售商的欺骗/误导手法的感知，而不是欺骗行为本身。综上所述，由于在线零售商道德问题涉及面广，判断在线零售商某一行为是否合乎道德，无论是国内还是国外，至今都没有统一的普遍适用的准则。

（2）在线零售商营销道德的形成机理研究

尽管多数研究文献涉及的是探讨在线零售商营销道德构成要素在消费者道德感知和评价中的作用，但也有少量研究进一步分析了部分人口和心理统计特征变量在在线零售商营销道德感知形成中的作用机理。Mitra 等（2008）关于在线广告对消费者信念形成的影响研究中，基于学生样本的实验研究发现，当消费者介入越低，欺诈的影响越大。Roman 和 Cuestars（2008）分析了消费者的网络专长对网络零售商营销道德感知的影响。Shergill 等（2005）基于新西兰在线购物者调查分析发现，不同类型在线购买者（尝试者、偶尔购物者、频繁购物者和定期购物者）对网站设计和网站可靠性有不同的评价，但是对网站安全/隐私问题的评价类似。Yang 等（2009）的研究发现，宗教信仰和性别与消费者感知的网站道德绩效显著相关。但上述研究并未全面、清晰地解读出不同类型消费者感知的在线零售商道德差异。

虽然学界对影响消费者感知的在线零售商营销道德水准高低的人口统计特征和心理统计特征因素进行了相关阐释，但消费者特征在消费者感知的购物网站道德绩效中的作用应被进一步研究，应考虑个人特征变量（如认知风格）、消费者个人价值（如道德意识）对消费者道德感知的影响（Cheung & Lee，2006；Freeman & Peace，2005；Steenhaut & Van Kenhove，2006），分析人口统计变量（如年龄、教育水平、种族、计算机水平）对在线零售商道德感知的影响（Arjoon & Rambocas，2012）。因此，未来研究趋势是进一步完善在线零售商营销道德的结构内容和测评体系，并进行不同人口统计特征的比较分析，增加在线零售商营销道德评价的实践性、针对性和操作性，为在线零售商营销道德行为的治理提供标准体系。

（3）在线零售商营销道德对消费者行为的影响研究

虽然传统零售情境中的研究已经在过去获得巨大进展，但关于消费者对在线零售商道德行为感知和反应的研究还处于起步阶段。在线消费者高度关注在线零售商营销道德的履行情况，并利用自己掌握的资源来支持企业的营销道德行为，如正面口碑、忠诚度、购买行为等。现有关于在线零售商营销道德维度及其结果变量关系的研究主要有：

第一，对满意、信任和忠诚的影响。信任是电子商务成功的关键因素，在电子商务情境下得到了广泛的研究和认同。Pollach（2005）的研究发现，公司隐私政策有助于增加在线零售商信任。Yang等（2009）调查了购物网站的感知道德绩效对消费者信任的影响，他们通过情境模拟的实验研究表明，购物网站感知道德绩效、信任信念、信任意图之间的假设关系被验证，信任信念中介购物网站感知道德绩效与信任意图的关系。同时，消费者特征变量（教育）对网站道德绩效与消费者感知的道德绩效有调节作用。由于消费者容易从一个网络商店转移到另一个网络商店，消费者对在线零售商的忠诚看起来很难维持（Bergeron, 2001），因此它已经成为在线零售商面临的一个主要问题（Kabadayi & Gupta, 2005）。Roman（2010）调查了单一的在线零售商欺诈行为维度对消费者满意和忠诚意图的消极影响，并且分析了产品类型（商品和服务）、消费者网络态度和消费者的人口统计特征对感知欺诈与关系结果的调节作用。Limbu等（2011）从整体视角检验了消费者感知的在线零售商道德对网站满意和忠诚的影响。结果发现，非欺诈、履行和安全对网站满意有显著影响，但只有隐私与忠诚积极直接相关。履行和非欺诈对忠诚的直接影响不显著，满意强化了消费者感知的网络零售商道德与网站忠诚的关系。Arjoon和Rambocas（2012）基于特立尼达和多巴哥消费者的研究，证实了消费者感知的在线零售商道德与消费者忠诚有直接的积极关系。

第二，对口碑的影响。口碑作为一种人际间自然扩散的传播方式，具有高可靠性、低传播成本的优点，在影响在线消费者的态度和行为中起着至关重要的作用（Wangenheim & Bayón, 2007）。研究发现网站道德要素（如安全、隐私）对口碑推荐有积极影响（Yang et al., 2009）。蒋侃（2012）在企业识别理论和社会认同理论的基础上，构建了在线零售商营销道德、企业道德识别、消费者－企业认同与口碑之间的关系模型。研究发现，在线零售商营销道德通过企业道德识别和消费者－企业认同对口碑产生正向影响。Roman和Cuestas（2008）基于357个在线购买者的抽样调查数据分析显示，消费者感知的在线零售商道德对消费者口碑推荐有积极影响。

第三，对感知风险和购买行为的影响。一些研究也检验了消费者对在线零售商安全线索的感知和反应，这些研究多数证明了网络安全线索降低了消费者的风险感知（Van Noort et al., 2008），并且相比离线环境更能降低在线环境中的感知风险（Biswas et al., 2004）。Miyazaki和Fernandez（2000）的研究显示，网站隐私和安全陈述的比重与消费者在线购买意图积极相关。隐私和安全影响了消费者从在线零售商处购买的意愿（Adam et al., 2007）。Adam（2006）的研究表明，在三个道德因子中，隐私和安全被认为对购买意愿有积极影响。Limbu等（2012）的研究表明，消费者感知的在线零售商道德显著影响消费者信任及其对零售网站的态度，消费者信任和对零售网站的态度积极影响重顾意愿和购买行为，态度和信任强化了感知道德对行为意图的影响。

但是，现有研究对在线零售商道德与消费者响应关系的解释仍不充分，尤其是为什么不同的消费者会对在线零售商道德行为产生不同的响应，还没有得到理论和实证上的应有关注和深入分析。并且，现有研究主要关注的是在线零售企业的道德责任，而没有对在线零售企业社会责任和其他责任内容进行全面分析。

2.6 现有研究述评

（1）在线零售企业社会责任的内涵和测量内容不清晰。从文献回顾可看出，并没有某个企业社会责任概念能够在过去的研究中占据学术的主流地位。由于学者们从不同角度对企业社会责任做出了不同的定义，并且企业社会责任包含丰富的内容，因此有关企业社会责任的维度划分存在多种方法。同时，现有企业社会责任内涵和测评的研究局限于实体情境中，没有考虑在线零售情境中企业社会责任的差异性。关于在线零售情境中的企业社会责任概念还缺乏深入探讨，尚未对在线零售企业社会责任的构成维度进行明确划分，没有相关的在线零售企业社会责任量表可以借鉴。由于缺乏测量工具，从而导致了对在线零售企业社会责任实践的评价缺乏科学、有效的标准和指标体系。

（2）现有文献缺乏对在线零售企业社会责任影响因素及驱动机制的探讨，对在线零售企业如何履行社会责任研究不足。尽管现有关于企业社会责任影响因素的研究已涉及高管的特征、企业的组织特征和外部的制度环境等方面，覆盖面较广，但总体来说，呈现零散、不系统的特点，没有系统考虑它们之间的相互作用、相互联系，缺乏一个影响企业社会责任表现的综合理论模型。并且这些影响因素及其作用机理在在线零售情境中的表现还缺乏理论和实证分析，不利于从社会、政府、企业和个人等不同层面推动在线零售企业社会责任决策和培养机制的构建。

（3）在线零售企业社会责任行为的消费者响应机理不清晰，缺乏有效的理论解释。现有研究对消费者感知的在线零售企业社会责任的差异性，消费者如何对在线零售企业社会责任行为进行响应及其深层次原因，这种响应又如何体现在消费者在线购买行为的变化上，还缺乏深入、有效的理论解释。由此，借鉴相关领域的理论，进一步厘清消费者对在线零售企业社会责任行为的响应过程及其调节机制是未来需深入探讨的方向。同时，文化被视为影响道德决策的最重要因素（Ferrell et al., 1989），中国作为全球重要的在线零售市场，有不同的文化特征，决定了中国情境下在线零售企业社会责任行为的消费者响应有不同表现，这还需要深入探讨和总结规律。

第3章　在线零售企业社会责任的基本内涵、理论基础和责任边界

线上虚拟社会是一个有机的构成整体，在线零售企业利益相关群体是构成这个有机整体的重要单元和元素。虽然在线零售企业利益具有一定的独立性，但在线零售企业作为网络社会的一个成员，其利益理应受到社会利益的约束，在线零售企业的目标应服从社会的整体目标，并积极承担社会责任。在线零售企业与社会的联系理应引起学术界和实务界对在线零售企业社会责任的深入关注与研究。与线下传统实体企业社会责任的研究不同，本章是基于在线零售情景探讨零售企业社会责任的内涵、特征、动因、理论基础、责任内容边界，这对正确和科学认识在线零售企业社会责任具有重要的理论价值和现实意义。

3.1　在线零售企业社会责任的基本内涵、履行必要性及动因

3.1.1　在线零售企业社会责任的基本内涵界定

美国学者 Maurice Clark 是最早提出企业社会责任的，他在 1916 年提出社会责任中有很大一部分是企业的社会责任。20 世纪初，随着现代企业和资本市场的发展，美国企业所有权与经营权的分离产生了"管理者控制"问题。对企业的管理者而言，利润最大化并不是唯一的理想目标，通过牺牲一部分利润换取"企业社会责任"，能使他们的管理地位更牢固。之后，被誉为"企业社会责任之父"的 Bowen（1953）在《商人的社会责任》一书中将企业社会责任（CSR）定义为"商人按照社会的目标与价值来推行政策、做出决策以及行动的义务"，并推动了企业社会责任理论的深入研究。尤其是 20 世纪 60 年代

以来,维护公民权利、妇女权利、消费者权利以及环境保护等的社会运动风起云涌,给企业发展带来了巨大的社会压力,迫使企业家们重视企业社会责任并采用新的企业社会责任观来推动活动与政策。McGuire(1963)认为,企业社会责任意味着企业不仅要履行经济责任和法律责任,还需要履行超出这些责任之外的责任。Davis(1973)认为,企业社会责任是一种超越法律责任的责任。国际标准化组织(2010)认为社会责任是指组织通过透明和合乎道德的行为,为其决策和活动对社会和环境的影响而承担的责任。另外,利益相关者理论的兴起进一步丰富了企业社会责任的内涵,关于企业社会责任的边界也逐渐清晰起来。一个负有社会责任的企业应同时关注所有利益相关者合法权益,平衡各利益相关者与企业利益的关系。此外,还有文献对企业社会责任的内容边界进行了实证探索。Dahlsurd(2006)的研究得出相对使用率最高的5种企业社会责任维度是利益相关者责任、社会责任、经济责任、自愿责任、环保责任。徐尚昆和杨汝岱(2007)基于我国企业经理的访谈分析发现,中国企业社会责任维度包括经济责任、法律责任、环境保护、客户导向、以人为本、公益事业、就业、商业道德以及社会稳定与进步。但是,由于各国的社会环境和文化差异,试图给出一个确定的企业社会责任内容体系和边界并没有在学界达成广泛的一致,对企业社会责任的认识必须基于不同的情景和自身的发展进行确定。

企业社会责任的经典研究包括了美国学者Carroll的研究,Carroll(1991)指出,"企业社会责任包含了在特定时期内社会对经济组织经济上的、法律上的、伦理上的和自行裁量的期望"。以此为基础,他建立了"企业社会责任金字塔模型",认为企业社会责任由经济责任、法律责任、伦理责任和以慈善捐赠为代表的自愿责任构成。这一经典研究也是本文对在线零售企业社会责任界定的理论基础。基于Carroll的观点,本研究认为,在线零售企业社会责任是在线零售企业为实现自身与社会的可持续发展,遵循线上线下运营中的法律法规、社会规范和商业道德,有效管理在线零售企业线上线下运营对利益相关方和自然环境的影响,从而追求经济、社会和环境的综合效益最大化的行为。从责任对象上来说,在线零售企业社会责任的内容包括对股东的责任、对员工的责任、对消费者的责任、对商业合作伙伴(供应商、物流商)的责任、对竞争对手的责任、对社区的责任、对政府的责任等。其中,对股东的责任强调在线上零售运营环境中,在线零售企业的股东来源日益多样化,尤其是对上市在线零售企业。实现股东财富的保值增值,是在线零售企业社会责任的核心以及履行其他社会责任的物质基础;对消费者的责任强调消费者是在线零售商业市场

第 3 章　在线零售企业社会责任的基本内涵、理论基础和责任边界

最核心的利益相关者，满足消费者的需求，并确保消费者获得优质的产品和零售服务是在线零售企业盈利的关键；对员工的责任是一种企业内部社会责任，强调员工是在线零售企业内部顾客，企业对员工的社会责任是一个系统工程，需要在软硬件设施上加强建设，坚持尊重员工人格责任、员工社会保障、工资待遇、培训和晋升等；对政府的责任是指在线零售企业要积极配合国家宏观调控政策，严格遵纪守法和依法纳税，维护在线零售商业市场秩序的安全平稳运行，促进消费升级和繁荣；对环境保护的责任认为在线零售企业要树立绿色零售、生态零售的观念，通过信息技术升级和大数据处理能力，减少零售、包装和物流环节对环境的污染，促进经济社会可持续发展；对社区的责任强调在线零售企业应与社区建立和谐共荣的关系，加强与社区沟通并积极参与社区建设，参与社区慈善事业，普及新零售知识，针对社区特征提供个性化的优质零售服务，满足消费者最后一公里的消费；对经营伙伴的社会责任是指对供应商要讲究信用，按时付款，互惠互利，寻求共同利益最大化的责任，保持长期稳定协作关系的责任等；对竞争对手的责任是指要营造多元共生、相互促进的健康竞争环境的责任等。从责任内容上来说，在线零售企业社会责任的内容包括经济责任、合法经营责任、消费伦理责任、员工责任、环境保护责任、公益慈善责任等。

在线零售企业要认真面对并积极履行除获得经济利益以外的对社会所负有的全面责任。从广义上讲，在线零售企业社会责任包含企业对内部的社会责任与对外部的社会责任。并且，可以进一步地将在线零售企业的社会责任概括为经济责任、法定责任、道义责任三个层次。第一，经济责任。判断一个在线零售企业社会责任大小，贡献多少，首先看其利润多少，如果利润多，说明其更加有效地利用了社会资源，并能承担越来越多的社会责任。在线零售企业的经济责任反映了在线零售企业在经济活动中应承担的与其经济职责相对应的责任，主要包括为消费者提供质量合格、价格公正的商品，通过先进的经营管理参与公平的市场竞争获得经济利润等。第二，法定责任。现代市场经济是法制经济，在线零售企业必须依法经营，讲究诚信。在线零售企业作为社会零售市场的主要承载体，其市场份额在社会零售总额中不断增加，这又决定了其行为具有重要先导性，所以应该承担起法定的社会责任。在线零售企业的法律责任主要包括在国家法律框架内从事经商活动，依法治企，积极纳税，减少污染，不欺骗和侵害消费者权益，不歧视和虐待员工等。第三，道义责任。在缺少法律约束的行为范围内，在线零售企业的行为调节的依据是伦理规范，在线零售企业应当坚持公平、正义的原则，自觉约束自己的行为。同时，按照社会成员

的期望方向和准则从事活动。在线零售企业的道义责任主要包括使企业在合乎道德的范围内活动，不做社会成员禁止的、尚未形成法律条文的活动和做法，积极参与社区公益活动以及济困救助、扶贫助学等慈善事业。经济责任、法定责任和道义责任三方面并不是矛盾的，三者相辅相成，缺一不可。在线零售企业社会责任管理就是要把这三个方面统一起来，追求企业社会责任目标的全面实现。

3.1.2 在线零售企业履行社会责任的必要性

（1）企业经营面临的外部性和道德风险促使在线零售企业重视社会责任建设。在线零售企业是现代社会生活中的组织形式，必然与社会其他组织和个人发生大量互动。在互动过程中，由于存在外部性问题以及信息不对称所引起的道德风险，在线零售企业的某些行为可能会伤害利益相关者利益。比如，当企业为了追求利润，把原来应该由自己承担的成本向外界转嫁的时候，就产生了负外部性。另外，在线零售企业与消费者之间还会出现在产品、服务、促销等方面信息不对称的现象。一些在线零售企业可能利用这种信息不对称来侵害消费者权益，获取不当的收益。负外部性和信息不对称产生的道德风险都可能导致企业逐利行为与利益相关者利益之间产生矛盾，这就需要在线零售企业积极履行社会责任加以克服。

（2）在线零售企业具有经济组织和社会组织的双重身份，决定了自身必须具备强烈的社会责任意识。在线零售企业作为法人存在于社会当中，既具有民事行为能力，也负有民事行为责任。在线零售企业存在于社会生活当中，作为一种社会主体，自然有着与这一主体相应的社会责任。社会对在线零售企业的评判标准已由单纯传统的注重产品、技术和服务转向同时注重人的因素，不仅关注企业的经济效益，而且越来越关注企业的社会效益。作为社会组织的在线零售企业在努力追求自身利润最大化的同时，还应对自然、人类、社会、经济的协调发展负有责任，应积极参与社会公益事业，主动承担起应尽的社会责任。这样，在线零售企业才能更好地营造良好的外部发展环境，实现长远的可持续的发展。

（3）履行社会责任是在线零售企业推行现代企业制度，提高在线零售企业治理水平的要求。在线零售企业的发展需要建立现代企业制度。由于公司的经营行为影响到了众多利害关系人乃至整个社会的利益，其经营决策绝非单纯是少数几个董事乃至股东的事情。决策主体的单一化与行为后果的社会化极不相称的矛盾，就要求现代企业更多地强调"治理"，即更加注重从内部和外部共同对在线零售企业的公司结构进行调整，健全企业经营决策机制，让投资者、债权人、员工、消费者、合作伙伴等更多地参与到公司治理中来，体现利益相关者的意愿。因此，建立现代在线零售企业制度和提升公司治理水平，离不开企业社会责任的培育和履行。

3.1.3 在线零售企业履行社会责任的动因

企业能否积极地履行社会责任还要受到其内因与外部条件的影响，本研究把影响在线零售企业履行社会责任的动因划分为经济动因、制度动因、伦理动因、思想观念动因等方面。

（1）经济动因

在线零售企业积极履行社会责任的意愿由制度、道德和经济因素共同驱动，但经济动因才是最基本的内在动因，即在线零售企业希望通过主动承担社会责任获得资源，这些资源使企业获得一定的竞争优势和经济利益。经济驱动的企业社会责任观认同"社会责任行为——企业财务绩效"的研究范式，在线零售企业承担社会责任的行为会对企业财务绩效有直接或间接积极作用，因此，在线零售企业才愿意满足利益相关者的各种诉求。从现有文献看，虽然关于企业社会责任与企业绩效的关系尚没有一致的研究结论，但是大部分研究者认为社会责任与企业绩效是正向相关的，企业提升经济效益的前提是获得消费者的认可和忠诚。对于企业来说，积极承担企业社会责任的在线零售企业能够借助媒体的宣传、消费者的口碑等途径在社会上建立起良好的企业声誉，进而吸引潜在消费者、赢得已有消费者、留住现有消费者。可见，在线零售企业的社会责任虽然在短期内提高了企业的运营成本，却可以提高消费者忠诚度，从长远看将给企业带来巨大收益。

（2）制度动因

制度动因观点认为由于外部制度所施加的压力，在线零售企业会被动地履行法定的社会责任。社会责任的制度观认同"外部制度——企业社会责任行为"的研究范式，它较为深入地分析了制度设计与在线零售社会责任之间的内在联系。通常来说，法律、法规和政策的制定以及相应管理机构的成立，构成了推动在线零售企业履行社会责任的制度因素。从制度动因的角度出发，完善在线零售企业社会责任法律法规，可以提升在线零售企业社会责任的整体素质。路径依赖理论认为，制度变迁会对制度的初始状态产生依赖。中国企业目前的社会责任缺失状况对制度环境因素具有显著的路径依赖性。从企业社会责任发展的历史进程来看，中国与发达国家企业的制度环境因素不在一个层面上。发达国家的企业因为面临完善的制度环境，社会责任已经实现了"内生化"；而由于制度环境因素的不完善，中国在线零售企业不履行社会责任的成本不大，导致在线零售企业履行社会责任缺乏制约。

（3）伦理动因

作为社会的一个主体，在线零售企业和社会之间存在着隐性的契约关系，在线零售企业应该承担对利益相关者的承诺和责任。在线零售企业的种种行为应该符合社会基本的伦理规范，企业应该与社会和环境协同均衡发展，也就是说，承担社会责任不仅是在线零售企业的自发行为，而且应该成为在线零售企业履行社会道德责任的自觉行为。伦理动因认为，不管履行社会责任能否给企业带来经济利益，也不管企业的财务状况如何，企业都应当履行相应的社会责任。企业只有具备"做正确的事"和"做应该做的事"的伦理认知，才能真正具有履行社会责任的内在驱动力。在企业内部，企业家的道德价值往往引导着企业战略和决策的方向，决定企业宗旨以及企业的发展方向。因此，企业家是在线零售企业社会责任不能忽视的重要动力之一。如果企业家是一个责任心强、有良好道德修养的人，那么在他的带领下，在线零售企业更可能会积极承担社会责任，实现经济利益和社会利益的双赢。

（4）思想观念动因

在制度变迁中，行为者的观念及主观抉择起着关键作用。在企业层面，企业家的思想观念和主观选择往往决定了在线零售企业对社会责任的态度。许多企业家虽然高调宣称企业会积极承担社会责任，但潜意识里依然认为社会责任完全应由政府承担，企业只需追求经济上的效益最大化，片面追求利润，不顾国家法规要求，忽视职工教育，偷税漏税，污染环境，劳资冲突，产品出现安全隐患，等等。因此，在线零售企业管理者应树立正确的企业社会责任思想观念，促进企业积极履行社会责任。

3.2 在线零售企业社会责任的理论基础

3.2.1 利益相关者理论

20世纪90年代以来，利益相关者理论开始大量运用于实践。利益相关者概念通过描绘出公司在企业社会责任定位中所要考虑的特定群体或个人，从而使社会责任人格化。利益相关者指的是虽不直接与企业发生法律关系，却可以影响到企业组织目标的实现和受到企业目标影响的所有群体和个人。许多研究均认为，应在企业社会责任研究中引入利益相关者理论。企业的利益不仅仅是股东利益或企业注册登记的出资人利益的总和，而是各利益相关方如员工、消费者和社区等利益的集合，企业的本质不仅仅是经济资本的组合，而是各种相关要素投入的综合。如果在线零售企业忽视利益相关者的利益，将会导致利益相关者如消费者、雇员、政府等对企业失去信任，在线零售企业的生存和发展因此将面临重大威胁，企业所追求的长期经济利益目标也将无法实现。因此，在线零售企业履行社会责任不仅要对股东负责，也要对员工、消费者、供应商、投资机构、政府、社区等其他利益相关者负责，追求全部利益相关者利益最大化。总之，利益相关者理论不仅仅为企业社会责任的正当性提供了理论支撑，也为企业社会责任范围的确定提供了一个颇有价值的思路。

3.2.2 工具理论

工具理论认为企业承担社会责任是为了提升股东价值。持有工具理论观点的学者们认为，企业在法律和伦理框架下所承担的社会责任，是企业增强竞争优势、扩大销售、实现股东财富最大化的战略工具。说白了，企业承担社会责任就是一种出于自利目的的利他行为。在工具理论视角下，在线零售企业承担社会责任是建立在经济利润获取的基础之上，其他一切社会责任都应该让位于股东经济利益和价值的实现。这一理论对于在线零售企业提升经营绩效有重要推动作用，但其负面影响也是显而易见的，它忽略了其他利益相关者利益的实现，这对于在线零售企业长期社会目标和经济目标的实现是不利的，不利于在线零售企业的持续、健康和稳定发展。

3.2.3 企业公民理论

随着对企业公民研究的深入，许多学者从管理学、政治学和社会学理论出发，全面地分析了企业公民的含义，揭示了企业公民要超越企业社会责任的特征。企业公民通过在企业社会责任的框架内将企业社会责任与利益相关者管理糅合在一起，克服了企业社会责任在实施上的困难。企业公民理论作为一种新兴理论学说，它将企业看作是社会公民，从法学角度强调企业的"公民身份"，在该理论框架内，企业与自然人都是享有公民权利、履行公民义务的个体。自然人要想成为一个好公民，不仅要受到法律的约束，也要受到伦理道德的约束。同理，在线零售企业要想成为一个好公民，不仅要遵守法律规定，也要承担道义伦理上的义务。基于企业公民理论，在线零售企业承担社会责任的根本动因是为了实现企业自我完善的内在需要，并将关于企业社会责任的道德说教或者利益驱动转变为一种理性的、自觉的行为准则。因此，企业公民理论可以成为在线零售企业社会责任正当性的重要依据，应当成为构建在线零售企业社会责任法治化实现机制的指导原则。

3.2.4 系统理论

在线零售企业根植于社会环境中，必须对作用于企业系统的经济和非经济的力量做出积极反应。一些研究从系统理论的角度，对企业为什么要承担社会责任进行了合理解释。根据系统论的观点，系统与其子系统之间、系统内部各子系统之间和系统与环境之间，存在着相互作用、相互依存和相互交换的关系。基于系统论的观点，在线零售企业绝不可能脱离环境而独立存在，在线零售企业只有获得环境中的资源、关系和力量的支持才能健康发展。为了获得社会资源、关系和力量的支持，在线零售企业必须对环境中的力量做出积极反应，积极承担社会责任。并且，社会环境中的力量又可以分为经济的和非经济的，其中许多力量是非经济的，如社区、政府和公众等。在线零售企业对社会环境中非经济力量的积极反应，就是承担社会责任的表现。因此，从企业和环境相互影响的角度出发，在线零售企业有责任与社会环境建立起良性的积极关系。

3.2.5 社会契约理论

社会契约理论认为企业是以个人、组织、机构之间的契约为基础形成的一系列协议构成的，它是企业承担社会责任的依据。契约是由行动各方认可的用于规范行动的一系列条款。社会契约理论认为在线零售企业必须符合公众的期望，它增强了在线零售企业对许多社会因素的义务。社会契约理论有力地支撑了企业社会责任的概念。在线零售企业是一系列契约的综合体，应当履行对利益相关者的契约，在线零售企业行为应表现出对利益相关者的关心。尹开国等（2011）在综述其他学者的研究观点之后提出，企业与社会之间是一种契约关系，这种契约关系规范了双方的权利和义务以及相互之间应该承担的责任。在线零售企业不能超越社会而生存，要对社会承担责任，这有助于提高社会经济交往的质量和效率。按照社会契约理论，各利益相关者是各种社会契约关系的节点，因此，综合性社会契约是联系在线零售企业社会责任与各利益相关者利益要求的纽带。

3.3 在线零售企业社会责任内容边界的动态演变

在线零售企业社会责任内容边界是企业社会责任理论研究和实践推进的重点和难点。大多数反对企业承担社会责任的学者主要集中于其内容边界或内涵的模糊性上。这些学者认为，企业社会责任只不过是一种宣传工具而已，没有操作性。企业社会责任的倡导者则认为，虽然企业社会责任是一个比较含糊的想法，但并不妨碍企业社会责任在现实中的执行。现有研究对企业社会责任的内容边界也进行了较多探讨，并且通过定性分析和调查的方式获取了不同的企业社会责任结构维度和测量体系。比如，将企业社会责任划分为企业经济责任、企业法律责任、企业道德责任和企业社会责任等。这些研究把企业社会责任看作是一个涵盖各个层面的责任体系，美国佐治亚大学的 Carroll 教授是这种观点的代表人物。Carroll（1979）提出的"公司社会表现的三维概念模型"认为，社会不仅要求企业实现其经济上的使命，而且期望其能够遵法度、重伦理、行公益，因此，完整的企业社会责任是企业经济责任、法律责任、道德责任和慈善责任（自愿责任）之和。上述传统的企业社会责任边界论反映了目前学者们对于企业社会责任内涵和外延的主流认识，但是这些研究采取的是静态责任边界观，将企业社会责任内容视为稳定不变的体系，忽略了企业在不同阶段、不同情境下社会责任的变异性，导致出现了权利和义务对象不明确、可操作性差的问题。

一般来说，在线零售企业社会责任内容边界理应处于经济责任、法律责任和道德责任之内。为了更清楚地界定在线零售企业社会责任的内容，需要从动态视角分析在线零售企业社会责任的边界。本研究主要借助企业生命周期理论，把在线零售企业履行社会责任的过程分为 4 个阶段，并讨论每个阶段在线零售企业社会责任的内容，这突出了在线零售企业社会责任内容边界的动态演变过程。

（1）生存阶段。在线零售企业处于初创时期，主要目标是生存。在生存阶段，在线零售企业的最基本社会责任目标是实现成本最低化和利润最大化，从而保护投资人和股东的利益。为了实现投资人和股东的利益，在线零售企业需要加强公司治理和提高管理水平，积极构建透明的管理和财务制度，在线零售企业最高层经理人要就企业的实际运营状况向董事会进行定期的、充分的汇报，从而赢得广大股东的支持。因此，希望更快地谋求更多的经济利益是在线零售企业在生存阶段主要体现出来的社会责任，这也是为今后履行更多的其他社会责任创造条件和基础。

（2）稳定阶段。经过生存阶段的艰苦创业之后，在线零售企业的发展步入了一个相对稳定的阶段，企业社会责任的目标也会发生转移和变化。为了更好地促进企业的发展，需要进一步重视和提高员工的利益。因此，这一时期，在线零售企业履行社会责任的主要目标是制定和落实员工安全计划、公平就业计划、保证薪酬公平、促进员工教育和晋升等。在线零售企业通过改善工作条件、增加员工福利和工作保障来吸引和激励优秀的员工，这将有助于为在线零售企业汇聚人才资源，实现可持续发展。

（3）发展阶段。在线零售企业的成长经过了前两个阶段的积累，开始进入一个快速发展的良性循环阶段。在发展阶段，在线零售企业将会调整其发展战略，实现质量提升和规模扩张。此时，在线零售企业考虑的社会责任目标将由实现股东短期利润最大化开始转向股东长期利润最大化，企业社会责任的目标也将会随之扩展。在线零售企业日益重视顾客价值提升，为社会提供高质量的产品和服务，密切供应链企业关系，实现企业规模和质量的同步提升，为企业和社会创造财富。

（4）社会化阶段。进入社会化阶段后，在线零售企业的经济实力使得它对社会的各个方面开始产生一定影响。在线零售企业的社会责任目标进一步放大，将开始对社会整体负有一定的责任，其社会责任目标是提升社会公众的利益和促进经济社会的可持续发展。因此，在线零售企业应执行更为严格的质量控制标准，对顾客投诉积极应对，积极提升顾客满意度和忠诚度。同时，在线零售企业还应积极保护生态环境、支持社会公益活动和文化教育活动等。通过扩大社会责任活动范围，全面纳入经济责任、消费者责任、环境责任、员工责任、法律责任、公益责任等，实现在线零售企业的发展和社会发展的总体目标相一致，赢得企业的可持续发展。

第 4 章 在线零售企业社会责任行为的测量与验证

——基于消费者预期的视角

在线零售的特征决定了在线零售企业社会责任行为与传统企业社会责任行为的内涵和构成具有差异性。为了全面把握在线零售企业社会责任行为的测量内容和要素，本章从消费者预期的视角实证检验在线零售企业社会责任行为的测量维度、题项，从而构建一个适合中国在线零售情境的企业社会责任量表。

4.1 问题的提出

随着电子商务的迅速发展，我国在线购物用户规模不断扩大。根据中国互联网络信息中心（CNNIC）发布的第 42 次《中国互联网络发展状况统计报告》显示，截至 2018 年 6 月 30 日，我国网民规模达 8.02 亿，互联网普及率为 57.7%，我国网络购物用户规模达到 5.69 亿，相较 2017 年末增长 6.7%，占网民总体比例达到 71.0%，我国网络购物用户和使用网上支付的用户占总体网民的比例均为 71.0%，网络购物与互联网支付已成为网民使用比例较高的应用。在线零售销售的迅速增加不仅创造了大量的消费选择机会和促进了经济发展，也为不道德行为的产生扩展了新的空间，并带来了许多社会责任缺失问题。例如，曾经发生在我国大型电子商务企业之间的价格战以及淘宝商城卖家集体抗议等事件，都严重侵害了广大利益相关者的利益。近年来，随着大量制造商和实体零售商纷纷进入 PC 电子商务和移动电子商务领域，我国在线购物市场还将保持较快增长。这也意味在线零售市场社会责任建设和培育日益重要。尽管我国一些大型电子商务企业如阿里巴巴、京东等正在加紧国际化布局，并高度重视企业社会责任培育，如阿里巴巴在集团内专门设立了企业社会责任机构，定期发表互联网企业的社会责任报告，从而促进企业社会责任行动。然而，从整体上看，我国在线零售企业社会责任意识仍较为薄弱，对企业社会责任概念相对模糊，缺乏履行社会责任的积极性与能动性。即使有些在线零售企业表现出一定的社会责任行为，但也并非发自内心而是迫于外界的政府和舆论压力或者出于利己动机，如沽名钓誉和单纯地拉动企业销售来履行社会责任。我国在线零售企业在关注经营和追逐利润的同时，急需提升社会责任意识和行动能力。

一直以来，学界主要以传统实体企业为研究对象，缺乏在在线零售情境中深入探讨企业社会责任的内涵，关于在线零售企业社会责任由哪些要素构成，其维度结构关系如何并不清晰。消费者视角的企业社会责任是业界和学界的一个重要话题。最近十几年以来，涌现了大量关于企业社会责任与消费者响应的研究成果（Matin & Ruiz, 2007；Mohr & Webb, 2005；Sen & Bhattachary, 2001；周延风等，2007；马龙龙，2011；刘凤军等，2013）。消费者作为企业在营销决策时考虑的最重要利益相关者群体之一，对企业决策有重大影响（Bhattacharya & Sen, 2004）。消费者越来越看重企业社会责任履行情况，多数研究认为消费者是推动企业社会责任运动的最主要的动力（Auger et al., 2004）。然而，现有研究均是以实体企业为研究对象，还缺乏从在线零售情境中探讨企业社会责任的内涵和构成。企业社会责任层次论是西方企业社会责任理论中最具代表性的理论，但在中国情境下，这种理论的缺陷直接制约了我国企业社会责任理念的建立（王少杰，2014）。因此，探索适合中国本土的在线零售企业社会责任维度和层次模型，具有重要学术价值。同时，现有研究主要是基于消费者对企业社会责任实践的实际感知和事后评价，很少有学者分析消费者对在线零售企业社会责任的预期，以及消费者所预期的在线零售企业社会责任各维度的相对重要性。由于从消费者实际感知的角度评估在线零售企业社会责任行为，存在消费者无法全面清晰了解企业实际承担社会责任活动的局限。因而，从消费者预期的视角评价在线零售企业社会责任行为，才能更清楚地了解消费者对在线零售企业社会责任的具体需求，了解在推进和履行社会责任行为时，应该先做什么后做什么，明确在线零售企业履行社会责任行为的优先次序和策略重心。从本源上讲，企业社会责任是指某一个特定时期社会对企业所寄托的期望（Carroll, 1979），在线零售企业承担社会责任意味着把企业的行为提高到与主流社会规范、价值和对企业表现的期望一致的水平。所以，消费者对在线零售企业社会表现的预期决定了企业社会责任的范围和程度。因此，本研究将从消费者预期视角探索在线零售企业社会责任行为的维度结构和模型，开发一个符合心理测量学标准的测量量表，并分析不同消费者预期的在线零售企业社会责任行为是否具有差异性，为在线零售企业社会责任行为的评价和改进提高提供实践范畴和标准，从而提升在线零售企业社会责任建设的能力和水平。本研究也将有助于拓展企业社会责任理论的研究领域，促进在线情境中企业社会责任结构和层次的发展，对深入理解在线情境中企业社会责任的特殊性及其与实体企业社会责任的差异也有重要理论价值。

4.2 理论背景和文献回顾

4.2.1 传统企业社会责任的测评研究

关于企业社会责任的研究由来已久，尽管 Sheldon（1924）首次提出企业社会责任的说法，但直到 1953 年，Bowen 出版的《商人的社会责任》才正式提出"企业社会责任"这一术语，并将"企业社会责任"定义为"按照社会的目标和价值观的要求，制定政策、做出决策以及采取行动"，并强调承担企业社会责任的主体是作为机构的公司，尤其是大公司，企业社会责任的实施者是公司管理者，企业社会责任从属于自愿原则。在此之后，企业社会责任的讨论逐渐深入，不少学者在其基础上进一步发展与完善了企业社会责任概念。企业社会责任前期学术研究的努力方向也主要体现为试图构建较为明确的企业社会责任概念。其中，Davis（1960）认为企业社会责任具有经济性与非经济性的两面性。美国经济发展委员会（1971）将企业社会责任定义为三个同心圆：企业社会责任的内圈包括产品、就业机会和经济增长等有效履行企业经济功能的最基本责任，中圈包括对环境的关心、员工关系等，外圈则是指公司应承担的新出现的与未明确的责任。Carroll（1979）提出完整的企业社会责任是公司经济责任、法律责任、伦理责任与自愿责任（慈善责任）之和。这四个方面覆盖了向利益相关者所承担的各种责任（Carroll，1991），其中，经济责任是企业最基本的社会责任，慈善责任是最高层次的企业社会责任。Carroll 的企业社会责任概念也成为最持久、文献引用最多的企业社会责任理论（Eranc & Matten，2004）。有许多学者验证了 Carroll 的研究，并将其作为研究基础和框架。但

Carroll关于企业社会责任的观点也存在诸多局限，其对伦理责任与慈善责任的界定是不清晰的，各类责任间有很多交叉重叠之处，所划分的企业社会责任类别显得比较抽象，不利于研究的操作及实际应用，理论模型并没得到实证研究的有力支持。近年来，一些学者又对企业社会责任的要素构成作了进一步的归类及阐述。Basu和Palazzo（2008）从过程视角把企业社会责任的要素构成分为认知层面、释义层面和行为层面，Geva（2008）把企业社会责任要素构成模式分为金字塔模式、交互圆环模式和同心轴模式三类。国内对企业社会责任的定义主要从20世纪90年代开始。所谓公司社会责任是指公司不能仅仅以最大限度地为股东们赚钱作为自己的唯一存在目的，而应当最大限度地增进股东利益之外的其他所有社会利益（刘俊海，1999）。企业社会责任是指企业通过企业制度和企业行为所体现的对员工、商务伙伴、消费者、社区、国家履行的各种积极义务和责任，是企业对市场和相关利益群体的一种良性反应，也是企业经营目标的综合指标，既有法律、行政等方面的强制义务，也有道德方面的自愿行为，包括经济责任、法律责任、生态责任、伦理责任、文化责任（屈晓华，2003）。近年来，一些学者从企业或消费者的视角对企业社会责任维度进行了实证研究。其中，徐尚昆和杨汝岱（2007）基于企业总经理或所有者的调查，总结出中西方企业共有的六个维度，包括经济责任，法律责任，环境保护，顾客或客户导向，员工或以人为本，社会捐赠、慈善或公益事业。金立印（2006）基于消费者感知的调查，提出中国企业社会责任包括回馈社会、赞助教育文化等社会公益事业、保护消费者权益、保护自然环境、承担经济方面的责任五个维度。谢佩洪和周祖城（2009）也基于消费者感知的调查开发了中国背景下企业社会责任行为测量量表，包括企业积极保护消费者权益，企业积极回馈社会的慈善捐赠及公益事业，企业爱护环境、投身环保事业，企业切实关心员工的权益。邓德军和蒋侃（2011）则基于消费者期望的调查，提出企业社会责任包括承担社会公益责任、员工责任、法律责任、消费者责任和经济责任。另外，学者们还针对具体行业构建了相应的企业社会责任评价指标体系，涉及石油企业（张明泉和陈佳靖，2008）、农药企业（王林萍等，2007）、煤炭企业（赵红等，2012；许延明和吴丽梅，2008）、银行（华立群和朱蓓，2009）、实体零售企业（刘文纲等，2010；孙乃娟和由莉颖，2011）等，以及针对企业社会责任中的营销道德问题（甘碧群，2004，曾伏娥，2006；寿志钢，2008，甘碧群，2008；等等）进行了分析。总体来说，自社会责任概念产生以来，学界对于企业是否应承担社会责任已基本上取得了公认，企业社会责任界定的主流观点是综合责任说，即把企业社会责任视为企业对社会承担的综合责任。但企业社会责任的倡导者们根据各自判断或各自理论构建的需要，对企业社会责任进行不同的解释。目前关于企业社会责任概念及其范围的界定还存在不同见解，对企业社会责任的评价指标并没有达成高度一致。原因就在于，随着经济社会的发展以及行业发展差异，再加之研究企业社会责任的视角不同，企业社会责任的内涵和外延就存在不同的认知和见解。企业社会责任因国家、行业、企业类型及被调查者身份而异，对于企业社会责任的研究必须考虑文化背景、行业、情境等因素。总体而言，学者们把企业社会责任视为企业对社会承担的综合责任，但对其内涵、范围以及评价指标的界定仍有争议。并且，这些研究均是基于线下情境对实体企业所做的社会责任内涵和结构分析，缺少考虑在线情境中企业社会责任的评价体系构建。同时，现有研究主要从消费者实际感知和事后评价的角度探讨企业社会责任的内涵及影响，这存在消费者对企业社会责任认识不全面的局限，缺乏从事前预期的角度对企业社会责任行为表现进行更全面分析。因此，本文从消费者预期视角探讨在线零售企业社会责任行为的内涵和表现具有一定的新颖性。

4.2.2 在线零售情境中的企业社会责任研究

国内外直接对在线零售企业社会责任研究的文献较少，已有文献主要集中在互联网企业对社会责任的表述、企业网络营销的道德分类、在线零售商道德的内涵和效应。其中，在线零售商道德问题得到了较多关注和专门研究。由于伦理或道德责任在过去的研究中被作为企业社会责任的一个维度经常被提及（Carroll，1991；Lantos，2001；Schwartz et al.，2003；徐尚昆等，2007；胡杨成等，2013），因此，在线零售商道德问题本质上也是在线零售企业社会责任的一部分。研究表明，消费者在线购物所担心的道德问题是财务信息的隐私、网络安全、欺诈、可靠性、质量，其中，隐私和安全（Bush et al.，2000；Miyazaki & Fernadez，2001；Singh & Hill's，2003）多被视为在线消费者最看重的道德问题。Wu & Wu（2006）的研究检验了影响电子商务道德问题的因素，使用测量电子商务道德问题的指标包括隐私、交易安全、知识产权、信息的完整性和准确性。另外，有更多的研究从消费视角来分析和理解在线零售商道德。Palmer（2005）认为在线情境中感知道德行为的专门研究是有必要的。一些道德因素如隐私和安全影响到消费者从在线零售商处购物的意愿（Adam et al.，2007）。Miyazaki和Fernandez（2001）发现，在线消费者对隐私保护、系统安全性和欺诈行为这些道德问题比较敏感。Ranganathan和Ganapathy（2002）认为，B2C消费者比较关注网站所提供的信息内容、网站设计、安全性和隐私权，并且最关注的是安全性和隐私权。Bush 等（2000）的调查发现，美国在线消费者从交易安全、网站非法行为、隐私保护、网络信息真实性等四个方面评价网络企业营销道德。Roman（2007）认为在线零售商道德是消费者对在线零售商（网站）诚信和责任的认知，这种认知来源于在线零售商以安全、公正、诚实的方式与消费者进行交易，并最终保护消费者的利益，而消费者感知的在线零售商道德由安全、隐私、非欺诈、履行/可靠性四个维度构成，Nardal 和 Sahin（2011）又在土耳其在线零售市场对这一维度体系做了进一步检验。国内的阎俊和陈丽瑞（2008）构建了一个中国本土文化环境下的 B2C 网站营销道德评价模型，结果表明，交易结果的可靠性、交易过程的安全性、促销的诚信性、竞争的公平性和广告的适度性 5 个因子显著影响着在线消费者对 B2C 网站营销道德的评价。蒋侃（2012）在文献研究的基础上，将在线零售商道德归纳为交易过程安全性、隐私保护、交易可靠性、公平、非欺骗性五个方面。总体而言，由于在线零售商道德问题涉及面广，判断在线零售商某一行为是否合乎道德，无论是国内还是国外，至今都没有统一的普遍适用的准则。另外，现有文献对消费者特征在在线零售商道德感知中的作用进行了一定程度的分析。Roman 和 Guestars（2008）分析了消费者网络专长对在线零售商道德感知的影响。Yang 等（2009）的研究表明，宗教信仰和性别与网站道德绩效显著相关。总体而言，现有研究主要关注的是消费者实际感知的在线零售企业所承担的道德责任，这些道德责任是在线零售企业社会责任行为的重要表现，但更多地强调企业对消费者所应承担的责任，更为重视企业对消费者利益的满足。然而，企业社会责任追求的是对企业的广泛利益相关群体承担责任并满足各个利益相关者的利益需求。因此，现有研究还普遍缺乏对在线零售企业社会责任的其他责任内容进行全面剖析，并且没有掌握不同类型消费者对在线零售企业社会责任行为预期的差异性。因此，本研究在在线零售商道德责任的基础上进一步发掘和丰富其他社会责任类型，并且明确不同社会责任因子之间的重要程度，在一定程度上弥补了现有研究的不足。

4.2.3　消费者对在线零售企业社会责任期待的内涵

尽管国内有学者从消费者视角分析企业社会责任，但多数是关于企业社会责任行为与消费者响应（周延风等，2007；周祖城等，2007；卢东，2010；马龙龙，2011；刘凤军等，2013）；或是消费者对企业社会责任实践的事后评价（李立清，2008；金立印，2006；何小洲和刘晖，2011）。很少有学者从消费者预期的视角探讨消费者对企业社会责任的期待以及所期待的企业社会责任各维度的重要性。这就容易导致管理者不了解和不能明确消费者对企业社会责任的具体需求，从而不知道企业社会责任行为的轻重缓急，不了解应该先做什么后做什么。所以，本节希望能回答消费者眼中的在线零售企业社会责任到底是什么，从而为在线零售企业社会责任管理提供参考。在过去的研究中，建立在利益相关者期望基础上的企业社会责任概念比较普遍（Carroll，1979；Maignan & Ferrell，2005；Whetten & Godfrey，2001）。Carroll（1979）将企业社会责任定义为某一特定时期社会对企业组织所寄托的经济、法律、环境和自由决定（慈善）的期望。期望反映了那些直接或间接对利益相关者有影响的议题，如对利益相关者有直接影响的环境保护、道德销售行为、信息披露等，以及间接影响利益相关者的童工问题、歧视员工等（Maignan et al.，2005）。利益相关者的期望界定了这些议题，代表了最低水平的社会责任，或者期望公司应达到的最低要求。因此，讨论企业社会责任的内涵不能绕开利益相关者的预期。消费者是在线零售企业的重要利益相关者之一，是在线零售企业的社会责任决策时所考虑的重要因素。Parasuraman 等（1988）以消费者觉得公司应该做什么而不是公司将要做什么为基准将消费者的愿望或想法定义为期望。期望在消费者的购买决策中占有重要地位（Creyer & Ross，1997）。消费者对企业社会责任行为的期望在不断增加，就越来越不能容忍那些不能履行社会责任的企业（Dawkins & Lewis，2003）。在线零售企业社会责任在理论上和实际执行中，在保护公司实现盈利的同时，更要保证利益相关者的利益。在线零售企业不仅要承担企业发展的常规责任，如经济和法律方面的责任，而且还要承担其他责任，不仅要符合相关的法律规定，同时要改善环境和保护利益相关者的利益。因此，在线零售企业的经营活动应达到或者超出伦理、环境、商业和公众预期的标准。由此可见，消费者的期望对在线零售企业社会责任的履行非常重要，并构成了本研究中关于在线零售企业社会责任的测量内容。那么，我国消费者期望的在线零售企业社会责任是什么，其内涵之间有没有优先顺序？值得本研究深入探讨。

从文献回顾看，现有的社会责任内涵和测评的研究局限于实体情境中，没有考虑在线零售情境中企业社会责任的差异性。现有研究对在线零售企业社会责任的理论和实证研究多集中在在线零售商（营销）道德责任量表开发上，尚未发现有文献采用规范的定性分析和定量分析相结合的方式，对在线零售企业社会责任行为的量表和结构进行系统开发和验证。由于目前并没有一个专门的文献来研究在线零售企业社会责任的测量问题，一些相关的维度研究主要还集中在非在线零售情境中。因此，关于在线零售情境中的企业社会责任概念还缺乏深入探讨，尚未对在线零售企业社会责任的构成维度进行明确划分，没有相关的在线零售企业社会责任量表可以借鉴。为了获取有效测量维度，本研究将基于中外学者关于企业社会责任概念及测量维度构建的文献，并结合电子商务专家和消费者访谈，经过预测试和大样本调查两个阶段的实证分析，提炼出消费者预期的在线零售企业社会责任的维度结构和测量量表，并进一步分析消费者预期的在线零售企业社会责任行为各维度的重要性和差异性。为了解消费者对在线零售企业社会责任建设的预期，本研究将以 B2C 在线零售企业为研究对象，针对核心利益相关者——消费者进行问卷调查，进一步完善在线零售企业社会责任的结构内容和测评体系，从而为在线零售企业社会责任评价和培育提供管理启示。

4.3 预备性研究

根据文献分析确定访谈提纲，采用扎根理论的研究范式对访谈记录的文本稿进行编码分析，并经由小样本的预试，编制和分析消费者预期的在线零售企业社会责任初始测量问卷，初步探索我国在线零售企业社会责任的结构。

4.3.1 访谈

鉴于在线零售企业社会责任是一个比较新的概念，本节选择半结构化访谈法获取消费者对在线零售企业社会责任行为的看法。课题组共选取了 32 个有网购经验的消费者，按每组 8 人分 4 个组组织了焦点小组讨论。每个小组的讨论都采用穷尽法，即小组成员充分发表个人意见，每个成员的意见都被记录下来，直到没有补充意见为止。每个小组讨论大约 2 小时。焦点小组访谈提纲主要依据文献分析来确定，访谈的具体过程如下：①向被访谈者呈现综合的在线零售企业社会责任概念；②讨论此概念，在被访谈者理解概念后，让其陈述所惠顾的购物网站社会责任履行情况；③按照访谈提纲进行提问，并根据被访谈者的回答情况进行及时的追问。同时，也一对一深度访谈了 8 名购物网站的高层管理人员，每次访谈的时间控制在一个小时左右。访谈的核心问题是：①您如何理解在线零售企业社会责任；②一个具有社会责任感的在线零售商会表现出什么样的态度和行为。

4.3.2 编码和产生问卷的题项

笔者邀请三位市场营销专业的硕士研究生，共同对访谈文本稿进行开放式编码，利用内容分析法，以访谈记录中的语干所包含的信息意义作为最小的分析单元，将访谈记录的内容划分为特定类目。根据受访对象对在线零售企业社会责任的理解，遵循制定类目体系的完备性、相关性、互斥性和可信性标准，构建在线零售企业社会责任访谈的分类系统。首先，对资料逐行分析，反复阅读文本稿，找出关键的语干并标识，这些语干代表与在线零售企业社会责任有关而由不同受访者重复提到的想法、观念或认知；其次，分别将提炼出的相似标识（语干）归为一类，以代表不同的在线零售企业社会责任成分；最后，将三位编码者对每一语干的编码结果加以比较，如果针对某一语干，有两位以上（含两位）的编码者共同认定属于某一类目时，即归入此类目。对于归类不一致的内容，经三人讨论后达成共识的内容继续归类，否则予以删除。为了增强条目和归类的合理性，笔者又分别联系营销学教授进行访谈，请他们判断这些维度和条目与在线零售企业社会责任概念之间关系的紧密程度，并对条目的语言表述进行审查，确保量表条目没有歧义，且语句流畅、通俗易懂。结果表明，消费者预期的我国在线零售企业社会责任行为可以纳入"经济责任""消费者责任""员工责任""法律责任"和"公益慈善责任"等5个类目，共计包括36个有效语句（表4-1）。

表4-1 在线零售企业社会责任编码表

排序	在线零售企业社会责任	语句（题项）
1	经济责任	ECR1：网站规模和流量大 ECR2：创造利润 ECR3：扩大网络零售市场份额 ECR4：促进网络平台商家共同获利 ECR5：提供有价值的产品和服务 ECR6：品牌形象和价值提升

续 表

排序	在线零售企业社会责任	语句（题项）
2	消费者责任	COR1：商品发货和交货及时可靠 COR2：产品在物流配送中损坏或丢失 COR3：不非法收集、使用和泄露消费者个人信息 COR4：垃圾邮件泛滥极大地侵犯消费者隐私权 COR5：采用违规方式"刷"信誉度 COR6：提供的交易信息不充分 COR7：网络购物系统和支付方式有安全保证 COR8：及时回应和处理消费者投诉 COR9：提供隐私保护声明 COR10：退货不退款或退款不及时 COR11：不虚构交易记录或交易评价误导消费者 COR12：兑现促销承诺 COR13：售后服务周到
3	员工责任	EMR1：关心员工的身心健康 EMR2：教育和培训 EMR3：个人发展和晋升 EMR4：工资收入 EMR5：福利保障
4	法律责任	LER1：不进行虚假广告宣传 LER2：产品与订购一致 LER3：不提供假冒伪劣商品 LER4：不隐瞒瑕疵信息和夸大产品功效 LER5：不非法诱导顾客购买 LER6：公平竞争 LER7：按期纳税
5	公益慈善责任	CRR1：参加慈善捐赠公益事业 CRR2：促进环境保护和社会可持续发展 CRR3：积极帮助弱势群体 CRR4：扩大社会就业 CRR5：鼓励员工参加志愿者活动

4.3.3 预试

针对文献研究和访谈研究获得的 36 个语句，开发出消费者预期的在线零售企业社会责任行为初始测量量表，所有题项均使用 Likert 七点尺度评分，其中"1"表示"完全不符合","7"表示"完全符合"。在南昌地区选择了80个有过网购经历的消费者进行预调查,回收有效问卷76份。针对有效预试问卷,通过两种方式对其进行精简:一是删除临界比率未达显著性水平的题项;二是删除各维度中单项对总项的相关系数小于0.4的题项。最终形成了一份正式调查问卷,共计包括5个维度,题项数由最初的36个减少为31个。精简后的量表可以在获得充分信息的前提下,节省答卷人的填写时间,有助于增加正式调查问卷的回收率。

4.4 数据与样本

4.4.1 数据收集

本节主要针对B2C在线零售企业样本进行调查分析,其原因主要是因为B2C市场增长迅猛,并将成为网络购物行业的主要推动力,选择这个在线零售业态进行研究具有一定代表性和较强的现实研究意义。而且相比C2C,在B2C网络购物市场中,消费者能更全面地感知到在线零售企业营销行为的道德性。基于这些原因,本研究选择了具有B2C在线零售购物经验的消费者作为实证调查对象,取样集中在南昌市、长沙市、武汉市、济南市等城市进行。问卷的发放和回收采取联系人发放和笔者自行发放两种方式,共计发放问卷600份,其中回收有效问卷528份,有效问卷回收率达到了88%。

4.4.2 样本特征

从回收的528份有效问卷来看,主要涉及的B2C网络购物平台和零售企业有天猫、京东商城、当当网、华为商城、聚美优品、唯品会、苏宁易购、小米等多渠道零售商和纯电子商务企业,这些网络零售商也占据了中国网络零售市场的绝大部分市场份额,因此本调查样本具有一定的代表性。样本的具体统计特征如表4-2所示。

表4-2 样本概况

人口统计特征	人数	百分比/%	人口统计特征	人数	百分比/%
性别			月收入		
男	196	37.1	2 000元以下	155	29.4
女	332	62.9	2 000~4 000元	179	33.9
			4 000元以上	194	36.7
年龄					
18岁以下	72	13.6	网购频率		
18~30岁	208	39.4	经常	316	59.8
31~50岁	184	34.9	偶尔	212	40.2
50岁以上	64	12.1			
			网购经历		
受教育程度			1年以内	139	26.3
大专以下	103	19.5	1~2年	167	31.6
大专	176	33.3	2~4年	126	23.9
本科及以上	249	47.2	4年以上	96	18.2

4.4.3 统计方法

本研究采用SPSS13.0统计软件进行探索性因子分析（Exploratory Factor Analysis，EFA），采用AMOS18.0统计软件进行验证性因子分析（Confirmatory Factor Analysis，CFA）和结构方程建模分析（Structural Equation Modeling）。根据统计学中因子分析的要求，EFA和CFA应当采用不重叠的样本，为此，将回收的有效样本分成两组。其中一组样本（N_1=264）用于EFA，另一组样本（N_2=264）用于CFA。

4.5 结果分析

4.5.1 探索性因子分析

首先，利用探索性因子分析对消费者预期的在线零售企业社会责任行为的因素结构进行分析。在进行EFA之前，先利用第一组样本中的数据（N_1=264）进行内部一致性检验，逐个删除单项对总项的相关系数小于0.4的题项，最后保留了29个题项，量表总体内部一致性Alpha系数值达0.881，远

第4章 在线零售企业社会责任行为的测量与验证

高于0.7的建议标准。对保留的29个题项进行探索性因子分析,采用主成分分析法,选择方差最大正交旋转处理,以特征值大于或等于"1"作为因子提取原则,并结合碎石图来确定共同因子的有效数目。参照以下原则逐个删除题项:①在所有的共同因子中的负荷量均小于0.4的题项;②在2个或2个以上共同因子中的负荷量均超过0.4的题项;③在2个或2个以上共同因子中负荷量差异过小的题项。经过几次探索,最终得到了在线零售商营销道德行为的五因子结构,共计包括26个题项,五个因子的特征值均大于1,累积方差解释率达到了76.708%,各个题项在相应因子上均具有较大负荷,介于0.602~0.832之间(表4-3)。因子命名如下:①经济责任(ECR),指在线零售企业通过提供有价值的产品和服务为企业自身和平台上的商家赢得利润和提升品牌价值,从而为承担更高层次的社会责任奠定坚实基础;②消费者责任(COR),强调在线零售企业保证消费者的购物安全以及交易过程和结果的可靠性,确保消费者利益不受损害;③员工责任(EMR),在线零售企业保护员工利益,促进员工成长,提升员工满意度和忠诚度;④法律责任(LER),在线零售企业的诚实守信、合法经营以及公平竞争;⑤公益慈善责任(CRR),在线零售企业勇于承担社会责任,积极回报社会。探索性因子分析得到的因子结构与定性研究的类目划分保持一致。

表4-3 探索性因子分析结果(N_1=264)

题项(因子名称)	隐私保护	安全可靠	公平竞争	诚信经营	社会责任履行
ECR1:网站规模和流量大	0.688	0.207	0.182	0.213	0.252
ECR2:创造利润	0.813	0.188	0.161	0.236	0.082
ECR3:扩大网络零售市场份额	0.767	0.076	0.163	0.294	0.236
ECR4:促进网络平台商家共同获利	0.722	0.148	0.212	0.155	0.151
ECR6:品牌形象和价值提升	0.706	0.218	0.204	0.178	0.066
COR1:商品发货和交货及时可靠	0.119	0.602	0.235	0.148	-0.057
COR3:不非法收集、使用和泄露消费者个人信息	0.209	0.724	0.238	-0.062	0.174
COR4:垃圾邮件泛滥极大地侵犯消费者隐私权	0.255	0.682	0.162	0.201	0.109

续 表

题项（因子名称）	隐私保护	安全可靠	公平竞争	诚信经营	社会责任履行
COR7: 网络购物系统和支付方式有安全保证	0.244	0.769	0.176	0.228	0.176
COR8: 及时回应和处理消费者投诉	0.146	0.728	0.153	0.197	0.228
COR9: 提供隐私保护声明	0.128	0.763	0.159	0.016	0.193
COR11: 不虚构交易记录或交易评价误导消费者	0.194	0.808	−0.015	0.158	0.205
COR12: 兑现促销承诺	0.227	0.792	0.166	0.207	0.213
COR13: 售后服务周到	0.165	0.724	0.224	0.126	−0.028
EMR 2: 教育和培训	0.076	0.196	0.767	0.151	0.233
EMR 3: 个人发展和晋升	0.117	0.224	0.812	0.198	0.149
EMR 4: 工资收入	0.164	0.202	0.748	0.200	0.173
EMR 5: 福利保障	0.238	0.231	0.683	0.163	0.205
LER1: 不进行虚假广告宣传	0.186	0.138	0.219	0.718	0.167
LER3: 不提供假冒伪劣商品	0.276	−0.026	0.173	0.833	0.182
LER6: 公平竞争	0.241	0.153	0.203	0.815	0.311
LER7: 按期纳税	0.073	0.177	0.259	0.686	0.166
CRR1: 参加慈善捐赠公益事业	−0.032	0.214	0.161	0.202	0.778
CRR2: 促进环境保护和社会可持续发展	0.175	0.182	0.237	0.144	0.693
CRR3: 积极帮助弱势群体	0.126	0.238	0.206	0.131	0.832
CRR4 扩大社会就业	0.145	0.201	0.218	0.306	0.755
特征值	1.082	1.844	7.726	2.205	1.426
方差贡献率 /%	4.713	10.225	43.467	12.076	6.227

4.5.2 验证性因子分析

为了进一步检验消费者期望的在线零售企业社会责任测量量表的效度,本研究针对正式调查数据中的第二组样本(N_2=264)进行验证性因子分析。在进行验证性因子分析时,以探索性因子分析中保留的26个题项为观测变量、5个因子为潜变量构造路径模型,模型中的拟合指标和建议值如表4-4所示。由表4-4可知,模型与数据之间有较好的拟合性。

表4-4 验证性因子分析指标与建议值的比较

拟合指数	绝对拟合指数				简约拟合指数		增值拟合指数		
	x^2/df	GFI	RMR	RMSEA	PNFI	PGFI	NFI	NNFI	CFI
指标得分	1.680	0.883	0.064	0.076	0.722	0.548	0.902	0.918	0.927
建议值	<3.0	>0.90	<0.08	<0.10	>0.50	>0.50	>0.90	>0.90	>0.90

4.5.3 信度与效度检验

(1)信度检验。在经过EFA和CFA后,采用内部一致性信度(Cronbach's Alpha)、潜在因子的组成信度(Composite Reliability,CR)和平均方差抽取量(Average Variance Extracted,AVE)来检验在线零售企业社会责任行为量表的信度。其中,*CR*和*AVE*的临界标准分别是不低于0.70和不小于50%,每个潜在因子的*CR*值用以表征同一因子中的多个指标的内部一致性。本书使用AMOS18.0软件进行验证性因子分析,计算结果显示(表4-5):量表总体的*Alpha*系数为0.878,五个构成维度的*Alpha*系数全部超过了0.70的标准。另外,五个维度的*CR*值都达到了0.70以上,最低为法律责任维度(*CR*=0.844);*AVE*也都在50%以上。结果表明,本书开发的在线零售企业社会责任行为量表具有较高的信度和内部一致性。

(2)效度检验。测量量表的效度主要包括内容效度和结构效度。在内容效度方面,本研究问卷基于已有的国内外文献和访谈研究编制与设计,在设计过程中采纳了营销学专家的意见,并经反复修改最终确定而成,因此量表具有较好的内容效度。在进行量表开发时,为了保证量表的稳健性,需要验证其结构效度(Construct Validity),即测量工具能够恰当地测量出所欲测量的构念的程度。结构效度主要包括收敛效度和区分效度，本研究通过验证性因子分析检验结构效度。收敛效度（Convergent Validity）主要用于评估题项彼此之间一致性的程度，良好的收敛效度应当使所有题项在其所属因子上的负荷量达到显著水平并且其值大于0.50。在线零售企业社会责任行为量表的"二阶"验证性因子分析的结果如表4-5所示，报告的数据显示：各测量题项的因子负荷均高于0.5，并且绝大部分指标的标准化因子负荷均高于0.7，且T值都达到了显著性水平（$P<0.001$），这表明量表具有较好的收敛性。另外，根据Fornell和Larcker的建议，通过计算各个因子的AVE值，进一步评价量表的收敛效度。由表4-5可知，五个因子的AVE值均超过50%的临界标准，最低的是经济责任维度，其值为0.555。综上所述，本书开发的在线零售企业社会责任行为量表具有很好的收敛效度。

表4-5 在线零售企业社会责任行为量表的验证性因子分析结果（N_2=264）

题项	经济责任 标准化载荷	T值	消费者责任 标准化载荷	T值	员工责任 标准化载荷	T值	法律责任 标准化载荷	T值	公益慈善责任 标准化载荷	T值
Item1	0.733	—	0.705	—	0.811	—	0.726	—	0.744	—
Item2	0.801	13.971	0.718	15.606	0.792	18.667	0.815	17.272	0.721	19.436
Item3	0.729	13.135	0.712	15.458	0.755	18.245	0.788	16.515	0.809	21.288
Item4	0.744	13.685	0.806	16.725	0.714	17.691	0.703	15.228	0.776	20.125
Item5	0.716	12.878	0.753	16.224						
Item6			0.748	16.016						
Item7			0.791	16.463						
Item8			0.772	16.332						
Item9			0.735	15.843						
Alpha	0.828		0.766		0.817		0.843		0.782	
AVE	0.555		0.562		0.591		0.577		0.582	
CR	0.862		0.920		0.852		0.844		0.848	

注：Item1、Item2、Item3、Item4、Item5、Item6分别指这些维度的第1道题、第2道题，依次类推。

区别效度（Discriminant Validity）主要用于评估概念上不同的维度之间的区别程度。表4-6中给出了在线零售企业社会责任行为量表五个维度两两之间的相关系数，以及每个维度的 AVE 的均方根。根据 Fornell 和 Larcker 对区别效度的研究结论，模型中各个维度 AVE 的均方根应当大于该维度与其他维度之间的相关系数，从表4-6中可以看出，该标准得到了很好的满足，这再次证明了本研究开发的在线零售企业社会责任行为量表具有较好的区别效度。

表4-6 各维度均值、AVE的均方根和维度间的相关系数

	均值	隐私保护	安全可靠	公平竞争	诚信经营	社会责任履行
经济责任	4.722	0.745^b				
消费者责任	5.683	0.263	0.750^b			
员工责任	5.272	0.377	0.442	0.769^b		
法律责任	5.506	0.284	0.375	0.566	0.760^b	
公益慈善责任	5.118	0.246	0.322	0.517	0.582	0.763^b

注：b 为 AVE 的均方根。

4.5.4 消费者对在线零售企业社会责任的总体预期和看法

利用样本数据进行统计分析，采用 Likert 七点评分尺度，得到在线零售企业社会责任行为的整体情况。消费者心目中的在线零售企业社会责任是一个多维结构，消费者期望在线零售企业能对社会、对员工、对国家法律以及对消费者自身等广泛利益相关者承担社会责任。从在线零售企业社会责任五因子的描述性统计分析结果可以看出，消费者责任维度的得分居于首位，为 5.683，然后是法律责任、员工责任和公益慈善责任三个维度，经济责任维度的平均得分相对最低。因此，在消费者看来，在线零售企业应承担的消费者责任是最重要的，消费者对在线零售企业经济责任的预期相对较弱。为检验描述性统计分析结果，在通过全样本一阶多因素验证性斜交因子分析后，本研究又进一步检验了消费者预期的在线零售企业社会责任行为二阶验证性因子模型。基于最大似然估计法得出的拟合指数为：$x^2/df = 1.818$, RMSEA= 0.058, GFI=0.907, CFI=0.933, IFI=0.951, NFI=0.911, NNFI=0.922。这表明二阶验证性因子模型的拟合情况较好。并且，五个因子对在线零售企业社会责任行为的系数各不相同（图4-1），其中消费者责任和法律责任系数排在前两位，然后依次是员

工责任系数和公益慈善责任系数，而经济责任系数最小。这也再次确认了描述性统计分析中消费者对在线零售企业社会责任的总体预期和看法。可能的解释是，消费者责任和法律责任更多体现了与消费者自身利益的直接联系，员工责任、公益慈善责任、经济责任主要直接体现的是其他利益相关者的利益，而消费者更看重与自身利益休戚相关的企业社会责任行为。

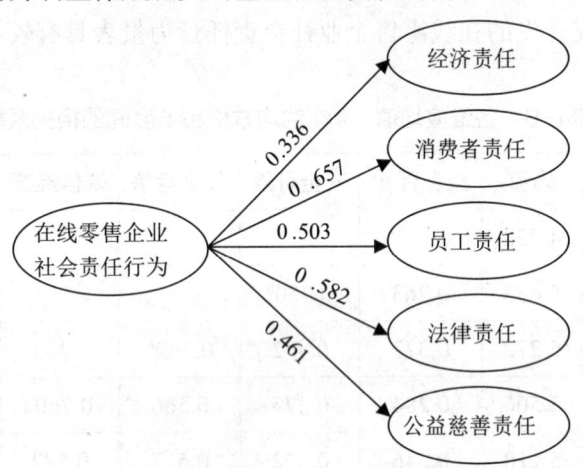

图 4-1　二阶验证性因子分析结果

4.5.5　在线零售商类型和消费群体特征的影响分析

本研究基于 26 个在线零售企业社会责任行为测量题项以及 528 个总体样本，对经济责任、消费者责任、员工责任、法律责任和公益慈善责任各项得分进行加总平均得到在线零售企业社会责任行为综合评价得分，并运用方差分析法具体考察在不同在线零售商类型和消费群体特征中的在线零售企业社会责任行为整体表现差异。其中，在线零售商类型分为线上和线下结合的多渠道零售商、纯电商企业两类；消费群体特征包括性别（男性和女性）、年龄（30 岁以下的低年龄组和 30 岁以上的中高年龄组）、收入（月收入 2 000 以下的低收入组和 2 000 元以上的中高收入组）、文化程度（大专及以下的低学历组和本科及以上的中高学历组）、网购频率（经常和偶尔）、网络经历（短：网购时间在 1 年以内的群体；长：网购时间在 1 年以上的群体）。方差分析结果如表 4-7 所示。

表4-7 不同在线零售商类型和消费群体特征的方差分析结果

项目		样本量	均值	F值	P值
在线零售商类型	多渠道零售商	236	5.307	1.512	0.422
	纯电子商务企业	292	5.213		
性别	男	196	5.388	5.636*	0.018
	女	332	5.132		
年龄	低年龄	280	5.035	16.723***	0.000
	中高年龄	248	5.465		
收入	低收入	155	5.228	1.137	0.346
	中高收入	373	5.292		
受教育程度	低学历	279	5.168	4.488*	0.048
	中高学历	249	5.352		
网购频率	经常	316	5.417	6.747**	0.002
	偶尔	212	5.103		
网购经历	长	389	5.216	1.335	0.391
	短	139	5.304		

注：* 代表 $P < 0.05$；** 代表 $P < 0.01$；*** 代表 $P < 0.001$。

由表4-7可知，除了在线零售商类型、收入和网购经历对在线零售企业社会责任行为没有显著的差异化影响外，在性别、年龄、受教育程度、网购频率方面的差异化影响都存在。相比女性消费者，男性消费者对在线零售企业社会责任行为的预期更高；相比低年龄消费者，中高年龄消费者对在线零售企业社会责任行为的预期更高；相比低学历消费者，中高学历消费者对在线零售企业社会责任行为的预期更高；相比网购频率低的消费者，网购频率高的消费者对在线零售企业社会责任行为的预期更高，可能原因是男性、高年龄、中高学历和网购频率高的消费者更为理智和成熟，更为关注和在意在线零售企业所承担的对利益相关者的责任和贡献，因此他们更期待在线零售企业履行一定程度的社会责任。

4.6 结论与启示

4.6.1 结论与讨论

本研究从消费者预期视角系统探讨了在线零售企业社会责任行为的结构及量表。首先，通过文献回顾、访谈研究和编码分析获得在线零售企业社会责任的初始测量量表，并经过预测试以及大样本正式调查的因子分析和信效度检验，最终确认本书开发的在线零售企业社会责任行为是一个五因子结构维度，包括经济责任、消费者责任、员工责任、法律责任、公益慈善责任五个维度以及 26 个题项，测量量表有较好的信度和效度。本书不仅是对传统企业社会责任理论在在线零售情境中的推进和深化，而且也是对在线零售商道德责任的扩展。与 Carroll（1979）、徐尚昆和杨汝岱（2007）、金立印（2006）、谢佩洪和周祖城（2009）等关于实体企业社会责任的结构和测量研究比较，本研究所发展的在线零售企业社会责任维度具有不同的测量内容，更体现了企业社会责任行为在在线环境下的独特表现以及消费者的期望要求。同时，与 Bush 等（2000）、Roman（2007）、Cheng 等（2014）、阎俊和陈丽瑞（2008）等关于在线零售商道德的研究相比，本书的研究在"消费者责任""法律责任"两个维度与他们的研究较为一致，但是在具体的测量项目上有了新的发展，而"经济责任""员工责任"和"公益慈善责任"则是本研究所提炼出的新维度，它们在现有研究中并没得到重视。导致这种结论的可能原因是，过去关于在线零售商道德责任的研究主要是从消费者实际感知和事后评价的角度展开，而由于信息不对称，消费者无法清晰地了解在线零售企业是如何对企业员工、环境、公众、社区等其他利益相关群体履行社会责任的。因此，本书从消费者预期的视角分析在线零售企业社会责任的构成要素和测量内容是很有意义的，有利于更全面地揭示在线零售企业所应承担和履行的社会责任活动。另外，研究结果还表明，消费者最看重和期待在线零售企业所承担的消费者责任，然后才是法律责任、员工责任、公益慈善责任，相对不看重在线零售企业所履行的经济责任。相比女性、低年龄、低学历和低网购频率的消费者，男性、中高年龄、中高学历、高网购频率消费者对在线零售企业社会责任的预期更高。

4.6.2 理论贡献与实践意义

本研究理论价值在于从消费者预期视角开发出中国本土情境中的在线零售企业社会责任行为量表。通过借鉴国内外相关研究成果，基于国内消费者的预期和看法，科学理解在线零售企业社会责任行为并对其进行类目划分，然后立足于我国范围内线上线下融合的多渠道零售商以及纯电子商务企业进行检验，由此扩大了在线零售企业社会责任行为的研究范围，从而为在线零售企业提供了有效的社会责任衡量工具，也为在线零售企业社会责任在发展中国家和发达国家之间的跨文化比较研究提供了借鉴，丰富了在线零售企业社会责任理论。同时，本研究对促进在线零售企业积极开展社会责任运动也具有重要的实践价值和启示：

第一，在线零售企业可运用本书所开发的量表对本企业社会责任计划和行动进行审视，基于消费者对企业社会责任的具体期望和需求，发现本企业在履行社会责任过程中存在的薄弱环节和不足之处；并且，根据这些不足有针对性地制定在线零售企业的社会责任营销战略和目标，采取有效策略全面、深入地实施社会责任活动，从而赢得消费者的信赖和支持。

第二，从消费者对在线零售企业履行社会责任的重视程度看，在线零售企业应优先承担消费者责任和法律责任。其中，在线零售企业应在网站上提供清晰的隐私保护声明，保护消费者的个人信息不被非法收集和使用，不随意向消费者发送垃圾邮件，不在网站上虚构交易记录或评论，确保网上交易和支付的安全，高效处理消费者的订单和发货送货，高度重视售后服务，及时处理消费者投诉和兑现促销承诺。并且，在线零售企业应始终坚持公平竞争原则，按期纳税，不搞虚假宣传和销售假冒伪劣产品。其次，积极承担员工责任、公益慈善责任和经济责任。在线零售企业应积极实施内部营销策略，提高员工的收入和福利待遇，强化员工的教育和培训，为员工的个人发展和晋升创造平台和机会；同时，还应积极发起和参与公益慈善活动，帮助弱势群体，为社会创造更多就业机会，促进环境保护和社会可持续发展。当然，经济责任是企业开展其他各项更高层次社会责任的基础。因此，在线零售企业也应优化经营管理，不断提高网站的流量、市场份额、利润以及品牌形象和价值。

第三，基于不同消费者对在线零售企业社会责任行为预期的差异性结果，应针对男性、中高年龄、中高文化程度以及网购经验丰富的消费者群体，专门加强企业社会责任活动的力度，达到甚至超过他们对企业社会责任的预期，从而赢得更多的消费者支持。同时，应通过加强培育女性、低年龄、低文化程度以及网购经验不丰富的消费者群体的社会责任消费意识及其对网络商家社会责任的判断能力，推进在线零售企业社会责任行动的开展。这不仅要求企业应加强社会责任信息的沟通，特别是通过第三方机构进行企业社会责任活动宣传，而且政府及相关部门也应对在线零售企业披露的社会责任信息方面进行引导和监管。

4.6.3 未来研究展望

本研究还存在一些局限有待未来进行全面和深入探讨：首先，由于在线零售企业社会责任在不同文化背景中的理解不尽相同，因此评估本研究提出的测量量表在不同国家和不同类型的在线零售企业中的可推广性，将有助于发展出一个更为全面的在线零售企业社会责任行为架构；其次，不同特征的消费者群体对于在线零售企业社会责任行为的期望可能存在差异，本研究只能反映一个整体的情况，对于具体的消费者细分群体的代表性也许不够，因此后续研究有必要分析不同类型的消费者群体对在线零售企业社会责任行为的期望是否存在差异；最后，由于在线零售企业社会责任行为的焦点集中在消费者响应中，因此后续研究有必要深入探讨在线零售企业社会责任与消费者响应维度间的复杂关系和机制，这将对在线零售企业合理采取不同的社会责任影响战略，从而改善绩效水平有重要意义。

第 5 章　在线零售企业社会责任行为的影响因素及驱动机制

——基于扎根理论的多案例研究

在线零售企业社会责任行为的影响因素非常复杂，需要从宏观和微观不同层面进行探索。但是，现有研究主要零散地分析了传统企业社会责任的影响因素，没有研究对在线零售情境中的企业社会责任影响因素进行系统探讨。因此，本章主要基于质化研究方法对在线零售企业社会责任行为影响因素及驱动机制进行全面和深入地分析，以期为在线零售企业社会责任的培育提供借鉴和启示。

5.1　问题的提出

20世纪90年代以来，以互联网为基础的新商业模式——电子商务及在线零售发展迅速，但也日益暴露出社会责任失范问题，侵害了利益相关者的利益。随着在线零售商业市场规模的扩大，在线零售企业社会责任问题开始引起学界和业界的高度重视。以阿里巴巴、京东、苏宁为代表的一批大型电商企业上市并加快了国际化进程，日益重视企业社会责任建设。比如，阿里巴巴集团专设社会责任部门，发表年度社会责任报告。然而，从整个行业看，在线零售企业社会责任意识仍比较欠缺，很多在线零售企业主动履行社会责任的积极性不高，一些企业将利润建立在破坏和污染环境的基础上，一些企业唯利是图，提供不合格的服务产品或虚假信息，与消费者争利或欺骗消费者等现象层出不穷。虽然有些在线零售企业履行了一定的社会责任，但主要是迫于公众社会监督的压力，或者为了沽名钓誉，拉动企业营销。尤其是我国数量众多的中小在线零售企业群体成为履行社会责任的盲点和难点，由此带来一些相应的社会问题。因此，在线零售企业在关注经营、追逐利润的同时，需注重社会责任的承担，未来能够长远发展的在线零售企业必须走品牌化路线，社会责任是其中必不可少的一环。

要把在线零售企业的社会责任战略转化为具体行动，要实施切实有效的社会责任行为，首先必须识别影响在线零售企业社会责任行为的关键因素，找到在线零售企业社会责任行为的切入点。因而，深入地分析哪些因素对在线零售企业社会责任行为产生了重要的影响，以将这些因素整合进企业的长期发展战略之中，对于提升在线零售企业的社会责任水平和增强企业的长期竞争能力具有十分重要的意义。尽管对企业社会责任的研究由来已久，但对影响在线零售企业社会责任行为相关因素的研究仍存在以下不足：第一，研究者更多关注的是企业社会责任能否给企业带来长期的竞争优势，能否为企业带来预期的收益与回报。但是，企业为什么履行社会责任行为？是哪些因素，包括企业的内部因素、外部因素影响了在线零售企业的社会责任行为？对这些问题，研究者却较少深入地进行探讨。第二，研究者往往只关注其中某一方面的因素，如企业规模、财务、出口活动、创新能力、市场环境、政府管制等，对影响在线零售企业社会责任相关因素的全面系统研究并不多。在线零售企业从不同层面进行社会责任行为抉择时，会考虑所有而非某项单独动因。目前，学界针对企业社会责任影响因素的研究较为零散而且重复，缺乏将内外部影响因素综合在一起进行全面解释，并且这些影响因素在在线零售情境中是否存立并没得到理论解释和检验。第三，对企业社会责任相关因素的实证研究多以西方发达国家或线下实体企业为研究对象，对中国在线零售企业的社会责任相关因素的系统性研究几乎没有。因此，现有研究关于在线零售企业社会责任影响因素的具体构成及其作用机理并不明晰，并没有解释在线零售企业为什么会实行社会责任行为？各种因素对在线零售企业社会责任的影响机理是什么？如何促进和引导在线零售企业的社会责任行为？对于这些关键性问题目前还缺乏深入研究。因此，本章试图通过基于扎根理论的多案例探索性研究，归纳和提炼在线零售企业社会责任行为的影响因素维度及其构成要素，具体明确在线零售企业社会责任建设的内外部动因，从中寻找决定中国在线零售企业社会责任行为的关键变量，构建在线零售企业社会责任行为影响因素及其驱动机制理论框架，探讨中国在线零售企业社会责任建设的有效途径。具体而言，本研究将针对多个在线零售企业案例样本，采用开放式访谈，在扎根理论资料分析的基础上，采用三级编码，对在线零售企业社会责任行为的影响因素进行考察，形成由若干个一级主题词和副范畴以及主范畴与核心范畴构成的脉络体系，明晰各主范畴的作用机理。本章拓展了在线零售企业社会责任行为影响因素的研究范畴和理论机制，弥补了单一影响因素在企业社会责任驱动机制研究中解释力不足的缺陷，有助于从多因素整合的角度分析在线零售企业社会责任的驱动机制，为在线零售企业制定社会责任推动策略提供了新的思路，对从社会、政府和个人层面引导在线零售企业实施社会责任活动提供了启示和借鉴。

5.2　文献回顾

5.2.1　在线零售企业社会责任的内涵和构成

企业社会责任一直是个热点研究议题，企业社会责任这一说法最早是由 Sheldon 在 1924 年提出来的，但当时并没有形成企业社会责任的确切概念。对企业社会责任概念进行系统界定和分析的是 Bowen，他在 1953 年将企业社会责任界定为"按照社会的目标和价值观的要求，制定政策、做出决策以及采取行动"，进而明确了企业社会责任的实施主体和原则。其中，企业尤其是大企业的管理者出于自愿原则组织承担企业社会责任。随着时间的推移，企业社会责任的内涵得到不到的丰富。多数学者在 Bowen 的研究基础上，进一步发展和完善了企业社会责任概念。其中，比较有代表性的研究是 Carroll 对企业社会责任的研究。Carroll（1979）对企业社会责任的结构进行了探索，并提出企业社会责任由经济责任、法律责任、伦理责任和慈善责任构成。其中，最低层次的企业社会责任是经济责任，最高层次的企业社会责任是慈善责任。Carroll 对企业社会责任的研究成为了后续的研究基础和框架。近年来，对企业社会责任维度的探索又开始得到新的补充和发展。近年来，Oberseder 等（2014）进一步将企业社会责任维度划分为顾客责任、员工责任、环境责任、社区责任、社会责任、股东责任和供应商责任七个方面。Latif 等（2018）对 1990—2017 年的研究进行了系统回顾，确定了用于衡量利益相关者对企业社会责任看法的恰当调查工具，建议将经济、法律、伦理、自由裁量/慈善、社会和环境责任作为企业社会责任的共同维度。国内主要是从 20 世纪 90 年代开始对企业社会责任的内涵进行界定，并且对企业社会责任的维度也开始进行实证研究，主要是基于企业或消费者视角展开分析。其中，徐尚昆和杨汝岱（2007）针对企业进行调查发现，经济责任、法律责任、环境保护、顾客导向、以人为本、社捐赠、慈善或公益事业是中外共有的企业社会责任维度。金立印（2006）从消费者的视角进行实证调查发现，从事社会公益事业、保护消费者权益、保护自然环境、承担经济责任是我国企业社会责任的主要构成维度。谢佩洪和周祖城（2009）也从消费者视角的调查发现，保护消费者权益、慈善捐赠及公益事业、爱护环境、投身环保事业、关心员工的权益是我国企业社会责任的主要维度，并开发出我国企业社会责任行为测量量表。与上述研究从消费者实际感知角度分析企业社会责任不同，邓德军和蒋侃（2011）则从事前消费者期望的角度展开调查研究，并发现社会公益责任、员工责任、法律责任、消费者责任和经济责任是企业社会责任的主要构成维度。齐丽云等（2017）将企业社会责任细分和扩充到劳动实践、经济、人权、公平运营、消费者问题、责任治理、环境、社区发展八个维度。并且，基于具体行业构建企业社会责任评价指标体系的研究也得到了关注，石油企业、网络媒体企业、农药企业、煤炭企业、银行、实体零售企业等行业的企业社会责任评价指标体系得到了发展。学界还具体针对企业社会责任中的营销道德问题进行了研究和分析。综上所述，企业社会责任已经得到了学界的公认和重视，并且普遍将企业社会责任视为一种综合责任的表现，由不同维度和测评体系构成。

相比线下企业社会责任的研究，有关在线零售企业社会责任的研究还较为匮乏。一些相关的研究没有直接论述在线零售企业社会责任，主要是体现在互联网企业社会责任、网络营销道德、在线零售商道德的论述上。互联网企业社会责任主要聚焦于从事互联网行业的企业履行社会责任的现状，在线零售商道德关注的是从事网上零售交易的企业，比如B2B和B2C企业如何遵守线上交易的德道行为。

已有研究也分析了消费者特征对在线零售商道德感知的影响机理。Roman和Guestars（2008）对不同程度的消费者网络专长对在线零售商道德感知的影响差异进行了实证分析。Shergill等（2005）通过实证分析发现，不同类型的在线购买者对网站安全/隐私问题的评价相似。Yang等（2009）通过实证分析发现，宗教信仰、性别与网站道德绩效显著相关。尽管如此，现有研究并没有全面、清晰地分析出在线零售商道德在不同类型消费者感知中的差异性。针对在线零售企业社会责任研究的不足，本书的作者在2016年从消费者调查入手，通过实证分析得出了在线零售企业社会责任的五个维度，包括经济责任、消费者责任、员工责任、法律责任、公益慈善责任。

现有文献对消费者特征在在线零售商道德感知中的作用进行了一定程度的分析。Roman和Guestars（2008）分析了消费者网络专长对在线零售商道德感知的影响。Shergill 等（2005）的研究发现，不同类型的在线购买者对网站安全/隐私问题的评价类似。Yang 等（2009）的研究表明，宗教信仰和性别与网站道德绩效显著相关。但上述研究并没全面、清晰地解读出不同类型消费者感知的在线零售商道德的差异。现有研究除了对在线零售企业的道德责任进行研究外，笔者（沈鹏熠，2016）从消费者预期视角将在线零售企业社会责任划分为经济责任、消费者责任、员工责任、法律责任、公益慈善责任五个维度。其中，经济责任是指在线零售企业通过提供有价值的产品和服务为企业自身和平台上的商家赢得利润和提升品牌价值，包括扩大网站规模和流量、创造利润、扩大网络零售市场份额、促进网络平台商家共同获利、品牌形象和价值提升等测项；消费者责任强调在线零售活动保证消费者的购物安全以及交易过程和结果的可靠性，确保消费者利益不受损，包括发货和交货及时可靠，不非法收集、使用和泄露消费者个人信息，不发送垃圾邮件，不侵犯消费者隐私权，网络购物和支付方式安全，及时回应和处理消费者投诉，提供隐私保护声明，不虚构交易记录或交易评价误导消费者，兑现促销承诺，售后服务周到等测项；员工责任是指在线零售企业保护员工利益，促进员工成长，提升员工满意度和忠诚度，包括教育和培训、个人发展和晋升、工资收入、福利保障等项目；法律责任强调在线零售企业的诚实守信、合法经营以及公平竞争，包括不进行虚假广告宣传、不提供假冒伪劣商品、公平竞争、按期纳税等项目；慈善责任是指在线零售企业追求社会利益的实现，积极回报社会，包括参加慈善捐赠公益事业、促进环境保护和社会可持续发展、积极帮助弱势群体、扩大社会就业等项目。这不仅是对传统企业社会责任理论在在线零售情境中的推进和深化，也是对在线零售商道德责任的扩展。与现有实体企业社会责任的结构和测量研究比较，在线零售企业社会责任维度具有不同的测量内容，体现了企业社会责任在在线环境下的独特表现以及消费者的期望要求。同时，与现有在线零售商道德的研究相比，"消费者责任""法律责任"两个维度与这些研究较为一致，但是在具体测量项目上有了新的发展，而"经济责任""员工责任"和"公益慈善责任"则是提炼出的新维度，它们在现有研究中并未得到重视。该研究体现出了在线零售企业的社会责任特征，更适合在线零售企业作为履行和衡量社会责任的标准，这也是本书研究的重要理论基础。

5.2.2 企业社会责任的影响因素

从影响因素的层级上来看，目前研究主要是从制度层面、组织层面、个人层面展开研究（祁怀锦和刘艳霞，2018），其中制度层面的影响因素主要是着眼于企业所处的制度环境以及市场环境；组织层面的影响因素主要聚焦于企业的政治关联、财务状况以及企业文化等；个人层面的影响因素主要是探讨高管个人特质对企业社会责任行为的影响。

（1）内部因素。企业社会责任的内部影响因素及驱动机制主要聚焦于高管特征和组织特征两个方面。近年来，随着高层梯队理论的发展，有少数学者已开始关注管理者人口背景特征对企业社会责任的影响。影响企业社会责任表现的企业高管的基本特征主要包括高管的人口统计变量、职业背景、任职期限、薪酬结构等（Brown，2003；Mahoney&Thorne，2006）。高管作为企业决策活动的直接参与者和核心领导者，决定了其在公司运营中的重要地位（李维安和徐建，2014；Boeker，1997）。已有研究表明，高管的背景特征对于企业履行社会责任情况具有重要影响。其中，文雯和宋建波（2017）的研究表明，高管团队的海外背景显著影响企业履行社会责任，相对于无海外背景高管的企业，拥有海外背景高管的企业的社会责任评分更高、评级更好。企业高管伦理承诺，可以推动企业更好地履行社会责任（Wood & Jones，1995；Swanson，1995）。Mudrack（2007）认为管理者的个性、态度、价值观和思维模式会影响其企业社会责任态度。其中，企业高管价值观对企业社会责任表现的影响一直受到学者的关注（Agle et al.，1999；Hemingway & Mactagan，2004），管理者的个人价值观一致被视为影响企业社会责任行为表现和实施的重要因素。Angelidis 等（2008）发现，组织层级中的地位影响员工的社会责任导向，基层员工不如中层管理者那样认为经济责任很重要，但不同组织层级的员工在法律责任、伦理责任、慈善责任取向上没有明显差异。另外，也有学者从宗教信仰（Rashid& Ibrahim，2002；Brammer et al.，2007）、企业董事的性质与类型（Ibrahim& Angelidis，1995；Ibrahim et al.，2003）、企业文化（靳小翠，2017）等因素上对影响管理者企业社会责任态度的因素进行了研究。从组织特征对企业社会责任的影响看，大公司比小公司受到的公众关注更多，公司规模对社会责任信息披露有正向影响（Purushothaman et al.，2000）。另外，一些研究发现企业财务绩效对企业社会责任表现与信息披露有积极作用（Baucus&Near，1991；Waddock&Graves，1997），并且股权结构（Haskins，2000）、公司治理（Simon，2001；Eng&Mark，2003）等也是影响企业社会责任的因素。其中，吴德军（2016）的研究发现，公司治理越好，企业社会责任水平越高；媒体关注度越高，企业社会责任水平越高；公司治理和媒体关注对企业社会责任水平的影响存在替代效应。Kaymak 等（2017）讨论了企业社会责任项目与公司高层治理结构之间的关系，结果表明，董事会独立性和董事会规模与企业社会责任实践密切相关。Shaukat等（2016）的研究发现，董事会的企业社会责任导向越强，公司的企业社会责任战略就越积极、越全面，环境和社会绩效也就越高。Muttakin等（2018）的研究表明，董事会资本与企业社会责任披露水平呈正相关，但CEO权力与企业社会责任披露是负相关的，并降低了董事会资本对企业社会责任披露的影响。Yasser等（2017）以利益相关者和制度理论为基础，研究发现，在三家亚太新兴经济体（马来西亚、巴基斯坦和泰国）市场，董事会性别多样性与企业社会责任的采用程度之间存在显著关系。Liao等（2018）研究了我国董事会特征与企业社会责任保障决策的关系。结果发现，董事会规模较大、女性董事较多、CEO和董事长职位分离的公司更有可能从事社会责任活动。黄保亮和侯文涤（2018）的研究发现，当企业财务绩效发生变化时，国有公司、独立董事比例较高、董事长与总经理二职分离、董事激励水平较高的上市公司，选择坚持社会责任的倾向会更强一些。因此，要提高我国上市公司的社会责任意识，仍然需要提高上市公司治理水平。秦续忠等（2018）的研究表明，管理层持股对企业社会责任披露有负面影响，外资持股、董事长具有政治关联对企业社会责任披露有正面影响，并且董事长兼任总经理会加强董事长的政治关联对企业社会责任披露的影响。另外，Christensen等（2014）指出了领导力风格对于CSR创建的重要性，领导力模型揭示了领导者行为与企业社会责任创建之间的明确联系。Pasricha等（2017）的研究表明，伦理领导直接和间接地影响着企业社会责任实践。伦理领导力的间接影响包括培育灵活型文化，这反过来又会影响企业社会责任。Alonso-Almeida等（2017）的研究表明，对于变革型和双重领导风格，西班牙女性在追求公司可持续性方面可能比西班牙男性更有适应性、更有效。Mccarthy等（2017）的研究发现，CEO信心与企业社会责任水平呈负相关关系。企业社会责任作为一项企业与其内外部众多利益相关者相互关系管理的重要活动，必然会受到企业文化特征的影响。靳小翠（2017）的研究结果表明，企业文化会促使企业承担社会责任，这种影响在非国有企业中比在国有企业中效果更显著。Brickson（2007）、李建升（2008）、辛杰（2014）等学者分别论证了企业的文化定位、文化类型以及企业家的文化风格都会影响企业社会责任的承担。

（2）外部因素。企业社会责任的外部影响因素研究主要从制度和利益相关者群体的外部压力进行分析。Baden（2009）认为，企业承担社会责任是因为想获得消费者的支持。Weaver等（1999）分析了来自于政府、媒体、企业道德行为的标准制订者等外部压力与企业履行社会责任方式的关系。贾兴平等

（2016）指出，利益相关者压力促进了企业对资源及合法性的需求，使得企业积极承担社会责任，进而提高企业价值。田志龙等（2005）基于中国经济转轨阶段特点指出，政府是企业的最大利益相关者，企业有效经营的前提是及时关注政府事项及政策变化。杜兰英等（2007）认为，如果缺乏政府强制，消费者的社会责任意识也不强，那么在企业社会责任问题上就会出现"搭便车"的情况。Givel（2007）也指出，建立一个良好的政府关系是企业承担社会责任的主要目的，从而有利于企业建立良好的公众形象，并且避免更为麻烦的政府管制。谭瑾和罗正英（2017）的研究发现，在竞争程度较高的企业中，企业竞争战略的实施对提升社会责任履行的效果更显著。谭雪（2017）的研究发现，企业所处行业竞争程度越高，越可能将披露社会责任信息作为信号传递的一种方式。企业社会责任活动的正向企业价值相关性在竞争不激烈的情况下显著降低，甚至变为负值产品市场。企业所处竞争环境直接决定了企业社会参与的倾向，但这种直接作用还受到制度条件的调节作用（Campbell，2007）。企业外部的制度环境是影响企业社会责任表现的重要因素。薛天山（2016）比较分析了企业社会责任行为的两种动力机制：效率机制与合法性机制。结果表明，两种动力机制对企业社会责任行为均有推动作用，但更多的是为应对制度环境的压力而发生社会责任行为。Jones（1999）系统分析了社会责任制度条件的创立途径，并进行了相应地实证研究。Gonzalez 和 Martinez（2004）指出，在企业社会责任实践中应重视政府规制的作用。周中胜等（2012）分析了制度环境要素对我国企业社会责任履行的影响，涉及到政府对经济的干预程度、法律环境的完善程度、以及要素市场的发育程度等因素。沈奇泰松等（2012）分析了制度环境、企业社会战略反应和企业社会绩效的关系机理，李彬等（2011）则实证分析了制度压力对旅游企业社会责任的影响机理。Huang 等（2016）的研究表明，政治联系对民营企业社会责任具有正向影响，具有政治关系的公司在社会导向和客户导向责任方面明显优于无政治关系的公司。另外，学界也将企业社会责任纳入了战略管理研究领域。Strike 等（2006）将资源基础论应用到跨国多元化经营与企业社会责任之间的关系研究，认为跨国多元化与社会责任表现之间呈现正相关关系。也有一些学者将资源基础理论与其他理论视角结合起来，考察企业社会责任的前置因素。Bansal（2005）的研究发现，比对制度压力的影响，资源基础对企业社会责任实践的影响作用较为稳定。Husted 和 Allen（2007）结合资源依赖理论和资源基础论两种视角，识别出持续创新资源、社会责任导向以及公司价值观和文化都是影响企业社会战略定位的重要因

第 5 章 在线零售企业社会责任行为的影响因素及驱动机制

素。Pedrini 等（2016）的研究表明，权力距离和个人主义/集体主义与 CSR 存在负相关关系，而不确定性规避只与环境努力负相关，国家文化与环境与社会实践以及健康与安全领域紧密相关。薛琼和肖海林（2016）研究发现，制度同构力和组织资源共同驱动了企业的社会责任行为。Lopatta 等（2017）考察了利益相关者参与对企业社会责任绩效的影响，结果表明，国有控股企业的所有权与企业社会责任绩效之间存在正相关关系，而其他类型的控制所有权对企业社会责任绩效没有影响。Jo 等（2015）的研究发现，利益相关者治理对企业社会责任具有积极的影响，公司的企业社会责任参与程度比董事会治理下的参与程度更大。叶俊宇和梅强（2018）运用扎根理论方法分析典型案例研究发现，舆论环境影响并通过监管力度与建言程度为中介影响中小企业社会责任行为。陈贵梧等（2017）的研究发现，行业协会可以显著提高企业社会责任表现，即参加了行业协会的企业在善待员工、保护环境、慈善捐助等社会责任方面的投入明显比未参加行业协会的企业要高。高洁等（2016）深入考察社会幸福度与企业社会责任之间的关系并发现，社会幸福感提升了本地企业的社会责任，这一特征对于国有企业尤为显著。

尽管学界对企业社会责任的影响因素及驱动机制进行了一定程度的理论和实证探讨，但是现有文献侧重于揭示某一类影响因素对企业社会责任的驱动机制，还缺乏从内外结合的视角对企业社会责任的影响因素及其之间的关系进行综合分析，并且对各种因素之间的相互关系及其对企业社会责任产生影响的程度和条件还缺乏细致、深入的解释。并且，现有文献缺乏对在线零售企业社会责任影响因素及驱动机制的探讨，对在线零售企业如何开展社会责任的研究不足。尽管现有关于企业社会责任影响因素的研究已涉及高管的特征、企业的组织特征和外部的制度环境等方面，覆盖面较广，但总体来说，其仍呈现零散性、碎片化的特点，没有系统考虑它们之间的相互作用、相互联系，缺乏一个影响企业社会责任表现的综合理论模型。并且这些影响因素及其作用机理在在线零售情境中的表现还缺乏理论和实证分析，不利于从社会、政府、企业和个人等不同层面联合推动在线零售企业社会责任决策和培养机制的构建。现有文献大多采用演绎法考虑到了影响企业社会责任的局部因素，缺少采用归纳法探索整体影响因素的研究成果。因此，本研究以中国在线零售企业为样本，采用扎根理论质性归纳研究方法，对中国在线零售企业社会责任行为的影响因素及其驱动机制进行整体性探索研究，以期为我国在线零售企业社会责任的培育提供对策建议。

5.3 研究设计

5.3.1 研究方法

本研究具体运用基于扎根理论的多案例研究方法分析在线零售企业社会责任行为及其驱动机制。案例研究适合对各种管理现象和问题进行描述、解释以及探索性地深入研究（苏敬勤和孙源远，2010），主要研究在线零售企业社会责任行为的影响因素，具体要回答其影响因素"是什么""为什么"和"怎么样"等一系列问题，属于探索性研究，而案例研究正适合于验证和构建新理论，能够具体回答"是什么""为什么"和"怎么样"的问题（Eisenhardt，1989）。同时，相对于单案例研究而言，多案例研究能够确认共同特征，运用 Yin（2002）提出的复制法则，寻找多方支持证据，相互推演、复核，提出更有说服力的结论（陈晓萍等，2012）。因此，本研究采用多案例研究方法。具体来说，本研究对案例文本数据分析采用的是扎根理论方法，运用系统化的分析程序，直接从实际观察以及多渠道获取的定性资料入手，逐步提炼出能够用于构建理论框架的相关概念和范畴（Glaser & Strauss，1967）。扎根理论方法的核心是资料的收集和分析，该过程包含理论演绎和归纳，在整个研究过程中，资料的收集和分析是同时发生的，又是连续循环进行的（张敬伟，2010）。考虑到我们对本土管理知识尚缺乏充分的归纳和总结，扎根理论研究法等归纳式案例研究方法是当前中国管理研究必要且适宜的研究工具（徐淑英和刘忠明，2004）。扎根理论方法的使命非常明确：经由质化方法来建立理论，扎根理论特别适合对微观的、以行动为导向的社会互动过程的研究（Strauss & Corbin，1997）。扎根理论是一种质化研究方法，其基本宗旨是从经验资料的基础上建立理论（Strauss，1987）。与量化实证研究不同，研究者在进入田野调查之前并不提出理论假设，而是直接从调查资料中进行经验概括，提炼出反映社会现象的概念，进而发展范畴以及范畴之间的关联，最终提升为理论。这是一种自下而上的归纳式研究方法，直接扎根于现实资料的理论便是其成果的体现。扎根理论一定要有经验证据的支持，但它的主要特点不是经验性，而在于它从经验资料中抽象出新的概念和观点，发现新的互动与组织的模式（Strauss & Corbin，2001）。

5.3.2 案例选择

在研究样本数量的确定上,Yin(2002)提出随着案例研究样本数量的增加,研究结论的信度和效度也会随之得到改善。Eisenhardt(1989)认为,多案例研究的样本数量以 4~10 个为宜。据此,本研究选取 8 家在线零售企业为案例研究对象。另外,为使本研究更具典型性和全面性,分别根据企业规模和业务类型选择了 8 家在线零售企业作为案例对象。在案例选择方面,我们实施了"两阶段筛选"程序。首先,收集有关备选案例总体特征的各项量化资料,确定典型案例应该具备的各种标准,运用该原则意味着全部案例都能够有力的、正面的反映所要研究的对象;其次,从数量与深度上考虑,我们运用多案例分析,能够使分析具有更好的普遍性,更适于建构理论(罗伯特,2010)。本研究选择了 8 家不同类型的在线零售企业,其中 5 家用于主案例分析,3 家用于辅案例分析,详见表 5-1。选择依据在于,这 8 家企业代表了目前我国在线零售市场的主要商业模式,具有典型性和代表性。

表5-1 样本基本信息

	企业名称	规 模	模 式
主案例	阿里巴巴	大型	平台型
	京东	大型	综合型
	聚美优品	中型	综合型
	蜜芽	中型	垂直型
	凡客	中型	垂直型
辅案例	苏宁易购	大型	综合型
	唯品会	中型	平台型
	易讯	小型	垂直型

5.3.3 资料收集

在明确了案例研究的方法和选定了案例研究对象后,应明确案例数据收集的主题和收集方法。数据的收集主题是,"哪些因素对在线零售企业社会责任行为起促进或制约作用"。苏敬勤和刘静(2013)认为,二手数据具有较高的可复制性、较高程度的客观性和较低的获取成本等特点，以及他们通过分析国内案例研究数据源现状，从效度和信度2个维度讨论得出利用二手数据进行案例研究的规范性和科学性。为提高案例研究的信度和效度，本研究根据 Mile 和 HuAerman（1994）所描述的三角测量法，利用多种数据来源和数据收集技术。对每一个样本，主要以实地观察、半结构化访谈方式收集第一手资料以及充分收集二手数据，故数据收集方法主要为二手数据、非正式交流和直接观察等渠道，主要包括：①进入在线零售企业内部进行实地调查，获取可利用权威资料，包括企业内部刊物、活动方案、会议记录、小结、总结、点评、日志等；②中国期刊网、中国重要报纸全文数据库、报纸上公开发表的文章等；③在线零售企业官网、百度、谷歌等搜索引擎提供的网络资料；④各在线零售企业负责人访谈录等（提前预约调研对象，按照半结构化访谈提纲，一人访谈、一人记录并录音。课题组根据访谈录音，分别整理了详细的访谈记录。我们将录音在访谈完两天之内整理成文字，以避免时间太长，对访谈内容的理解和记忆出现偏差）；⑤田野调查法（我们实际参与了部分过程，如研讨会与分享会等。资料的收集与补充持续进行，并且在数据收集过程中，通过多个信息来源的交叉验证，以确保所有案例资料的准确性。课题组对样本企业资料进行反复审查，以确保案例分析具有一致的结构和质量）。将这些途径获取的数据和资料用于进一步的扎根理论研究过程中。

5.4 数据分析与研究发现

扎根理论的主要思想体现在开放性编码（Open Coding）、主轴性编码（Axial Coding）和选择性编码（Selective Coding）这三重编码过程中。

5.4.1 开放性编码

开放性编码的目的在于指认现象、界定概念和发现范畴，其关键是将收集到的资料进行分解、比较、贴标签使之概念化和范畴化。这个过程中，要不断提出问题，比较资料的异同，并根据逐步显现出的概念、范畴来进行理论采样，进一步搜集资料，再把新的资料与原有的资料和提炼的概念与范畴进一步比较，从而发展出主要的范畴。开放性编码遵循如下程序：资料→贴标签→概念化→范畴化。概念和范畴的命名有文献资料、访谈记录、研讨的结果等多

第5章 在线零售企业社会责任行为的影响因素及驱动机制

重来源（Strauss，1987）。根据开放性编码程序，我们借助 Nvivo 软件对在线零售企业社会责任案例调查和访谈进行开放性编码。第一步，"贴标签"，标记资料中与在线零售企业社会责任影响因素相关的词句，并进行简化和初步提炼；第二步，"概念化"，将属于同一现象的自由节点归在同一树节点之下，并发展完整的概念定义这一树节点；第三步，"范畴化"，把看似与同一现象有关的树节点聚拢成一类形成新的树节点，原来的树节点变为二级树节点。为保证此环节的科学合理，共 3 名编码人员反复对资料和概念进行讨论分析，直至达成一致意见。经过这一过程，最终得到描述在线零售企业社会责任行为影响因素的 57 个概念以及 16 个范畴，编码结果如表5-2 所示。

表5-2 开放式编码范畴化

范　畴	原始语句（初始概念）
社会责任价值取向	A1 随着公司不断发展，公司高管参与企业社会责任的意愿越来越强烈，希望在企业获利的同时回报社会（参与企业社会责任意愿） A2 企业社会责任是企业价值追求的体现，企业高管日益把企业社会责任作为企业重要的价值观（社会责任价值观） A3 社会责任意识是现代企业家精神的重要内涵，企业家精神引领企业履行社会责任。阿里巴巴的马云、微软的 William Henry Gates 都热衷于做慈善，回报社会（企业家精神） A4 在线零售企业社会责任意识欠缺，履行社会责任积极性不高（社会责任意识）
高管伦理道德	B1 领导风格对企业社会责任行为有重要影响，伦理型领导者更为重视企业社会责任和伦理道德活动（伦理型领导） B2 具有伦理承诺的高管更多考虑企业社会责任因素对企业成功的影响（伦理承诺） B3 企业高管的伦理角色感知越强，越重视自身在企业实行社会责任活动中的任务和职责，并且更加具有社会大爱（伦理角色感知） B4 有些企业高管具有崇高道德哲学，更容易理解和发动企业社会责任（道德哲学）
社会责任态度	C1 一些大型电商企业的董事长将企业社会责任提升到与经济利润同等重要的位置，高度重视企业社会责任推进计划（社会责任地位） C2 履行社会责任可使高管获得成就感，有助于获得社会资源（高管成就感驱动） C3 管理者对于企业社会责任的推动源于他们对待该行动的支持态度，如企业家对社会抱有一种开放和积极态度，他会积极履行企业社会责任（社会责任支持态度）

续 表

范 畴	原始语句（初始概念）
组织道德氛围	D1 电商行业的员工普遍较年轻，应在工作中积极塑造员工的工作伦理意识，提高服务社会的意愿和能力（员工工作伦理意识） D2 相对而言，在线零售企业是比较年轻的企业，应该建立健全清晰的企业伦理制度，促进企业的长期、持续、健康发展（伦理制度） D3 企业社会责任是公司的重要使命和追求，高管应把企业社会责任要素融入企业文化建设中，丰富企业文化的内涵（企业文化价值观）
财务绩效	E1 盈利能力是企业承担社会责任的基础。没有利润，企业社会责任就无从谈起（利润） E2 过多的负债会影响到企业的生存发展，不利于企业承担社会责任（企业负债） E3 企业实施社会责任是受短期利益目标驱动的，比如可以获得税收优惠，可以获得更多的财务利益，可以促进企业短期利益的实现（短期财务利益） E4 企业实施社会责任行动虽然可能有短期成本付出，却能带来长期回报，这种经济价值性的吸引力是导致更多企业参与的重要原因（经济价值性）
竞争优势	F1 企业承担社会责任可以改善企业形象和增加企业竞争力，是一种重要的差异化竞争战略（差异化竞争战略） F2 当企业认识到社会责任行为能使企业赢得一定竞争优势，并帮助企业获得可持续发展动力时，会在这种动机激励下，积极实施社会责任活动（竞争优势） F3 企业实施社会责任行为是受长期市场目标驱动的，可以提高企业在竞争市场中的影响力（市场影响力）
组织结构和管理	G1 网络技术创新能力，如网络安全和支付技术、网络信用工具的创新和增强对在线零售企业有效履行企业社会责任行为有积极影响（创新能力） G2 承担企业社会责任要求企业关注利益相关者需求，根据不断变化的情况制定切实可行的方案并加以实施，这都需要企业有良好管理水平与控制能力（管理水平） G3 不同规模的企业在社会责任行为上确实存在差异。大企业有实施社会责任行为足够的资源，所以对社会责任问题的理解与处理能力也更强（组织规模） G4 具有可持续发展追求以及清晰战略规划能力的企业，更重视企业社会责任（战略规划能力）
公司治理	H1 国有股比例增加会使企业承担更多社会责任，流通股增加也会促进企业社会责任的履行，较高的法人股比例可以促进股东利益与企业利益趋于一致（股权结构） H2 过于庞大的董事会规模反而不利于企业社会责任的履行（董事会规模）

续 表

范　畴	原始语句（初始概念）
公司治理	H3 设立"利益相关者委员会"，能有效监督企业的决策，保证企业决策符合大部分利益相关者的利益要求，从而促进企业对社会责任的承担（利益相关者委员会） H4 企业通过设立代表多元化利益群体的独立董事，参与企业决策，保护广大利益相关者的利益，推动企业社会责任的履行（独立董事） H5 企业可以通过建立企业社会责任委员会或相应管理部门，强化整个公司的企业社会责任监督与管理（企业社会责任委员会）
规制压力	I1 政府通过法律和颁布行政文件的方式对企业社会责任进行规制（政府规制） I2 网络购物还缺少相应的政策法规、行业规范，网络购物呼唤相关政策、法规的出台来保障自身的健康发展（网购政策法规建设） I3 政策法规如果不严格加以执法，势必就会给一些在线零售商提供可乘之机，使网络零售市场非道德营销行为更加猖獗（执法力度） I4 政府要加强对在线零售企业社会责任的监督，对企业社会责任的履行情况定期评估，为企业评定社会责任实施等级（政府对网购市场监督）
规范压力	J1 价值观是行动者源于社会环境而获得的偏好或需求，这种偏好会形成一系列标准对在线零售企业承担社会责任形成规范压力（价值观规范压力） J2 各种媒体，如电视、报纸、互联网等，将社会对企业社会责任的期望和反映反馈给企业，会给在线零售企业承担社会责任形成规范压力（行为规范压力） J3 有利的规范环境意味着"企业应当负责任"，与社会规范和价值观是一致的（规范环境）
认知压力	K1 在线零售企业会将政府所倡导的承担社会责任视为一种具有合法性的行为加以"理所应当"地进行，同时其他企业也会这样理解并加以模仿（模仿行为） K2 企业高管的思想意识会影响企业的捐赠行为，而这种思想意识的形成是认知压力所导致的，可通过"后天"形成的政治联系去影响企业的捐赠行为（认知压力） K3 在多数同行依赖正当竞争手段的商业环境中，负责任的企业向场域内其他组织提供了一种积极的"示范效应"，使企业社会责任实践扩散得以发生（示范效应）
利益相关者的期待和压力	L1 利益集团对公共资源享有支配权，为共有的特殊利益而结成共同体，利益集团对企业社会责任方面的政策制定起到了一定的作用（利益集团） L2 企业应当承担的社会责任源自利益相关者的期望，企业只有在实际承担的社会责任水平不低于应当承担的水平时，才能实现经营的合法性（利益相关者期望）

续 表

范　畴	原始语句（初始概念）
利益相关者的期待和压力	L3 企业管理者感知的利益相关者压力对企业采取的社会责任战略具有正向影响，利益相关者压力对企业采取环境保护等战略决策具有明显效果（利益相关者压力）
非政府组织驱动	M1 企业社会责任的实施和履行离不开媒体的监督（媒体监督） M2 在线零售商承担社会责任也是为了改善社区关系，获得社区支持（社区） M3 对企业社会责任的治理包括构建科学的社会责任信息披露体系，以及充分发挥行业协会的作用（行业协会） M4 企业社会责任认证，可以督促企业更好地履行其社会责任（企业社会责任认证）
供应商和竞争者驱动	N1 与企业生产经营密切相关的供应商与竞争者等外部利益相关者对企业社会责任具有驱动作用，甚至比内部利益相关者的诉求更为强烈（供应商与竞争者） N2 企业的社会责任行为还受到来自其主要供应商的制约，供应商倾向于成为积极履行社会责任企业的长期合作伙伴（供应商） N3 任何企业的社会责任行为都是根据具体的市场环境与竞争状况来制定与实施的，特别是在市场竞争激烈、产品同质化严重的情况下，良好的社会责任形象是最终战胜竞争者的重要手段（竞争状况）
股东驱动	O1 企业需要尽力获得各种竞争优势资源，有必要通过披露社会责任信息，积极地与投资者交流信息（投资者） O2 如社会责任行为能增加股东利益，使社会责任收益高于其所需付出成本，那么出于其自身利益考虑，企业家和股东也会促使企业主动承担社会责任（股东利益） O3 企业在法律和伦理框架下所承担的社会责任，是实现股东财富最大化的战略工具（股东财富最大化）
消费者驱动	P1 企业承担社会责任是因为日益增强的关键利益相关者——消费者对承担社会责任的企业更多、更持续地支持所驱动（消费者压力） P2 企业社会责任活动通过增加消费者满意、信任与认同，影响消费者购买意向和产品感知质量，这种利益又反作用于企业，使其继续履行社会责任（消费者利益） P3 消费者会根据在线零售商承担和履行营销道德的行为去归因其动机，从而判断在线零售商是出于利他动机，还是出于利己动机（消费者动机判断） P4 随着消费者的消费观念越来越成熟，表现出越来越强烈的伦理诉求，购物时不只是关注物美价廉，还关注伦理因素（消费者伦理诉求）

5.4.2 主轴性编码

主轴性编码是为了发现和建立主要范畴间的各种联系，从而展现资料中各部分的有机关联。主轴性编码是在开放性编码的基础上对资料所包含的概念进行归纳，依据概念之间的内在联系和类型关系对其进行合理的初步联结。我们按照 Strauss 和 Corbin（1997）提出的"分析现象与其原因、背景、条件、行动与互动策略以及结果之间所体现的逻辑关系"之一的典型范式，通过与资料的进一步互动从而把各范畴联系起来。照这个模型，研究者可以把主要范畴间的关系按照这个逻辑予以展现，于是资料就又被组合到了一起。其中条件是指某一现象发生的情境，行动/互动策略指针对该环境或情境所采取的管理、处理及执行的策略，结果则是指行动及互动的结果，而且某一行动/互动的结果，可能成为另一组行动/互动发生的条件。比如，开放性编码形成的"财务绩效""竞争优势""组织结构和管理""公司治理"等初始范畴，可以在这一范式模型下整合为一条逻辑"轴线"，即在线零售企业受到"财务绩效""竞争优势""组织结构和管理""公司治理"的驱动，表现出更多的社会责任行为。因此，这几个范畴可以被重新整合纳入一个主范畴——"企业战略驱动"，并成为"在线零售企业社会责任行为"核心范畴发生的条件。通过这个过程，最终得到 16 个副范畴和 4 个主范畴，编码结果如表 5-3 所示。

表5-3 主轴性编码形成的主范畴

主范畴	对应范畴	范畴的内涵
企业社会责任意识和态度	社会责任价值取向	在线零售企业高管的社会责任价值观和参与意愿
	高管伦理道德	在线零售企业高管的伦理型领导风格、伦理承诺和角色感知
	社会责任态度	在线零售企业高管对社会责任的支持态度和认知
	组织道德氛围	在线零售企业的社会责任文化、伦理制度和员工伦理意识

续 表

主范畴	对应范畴	范畴的内涵
企业战略驱动	财务绩效	企业获取财务利益和经济价值是承担社会责任的基础
	竞争优势	企业社会责任是企业重要的竞争力
	组织结构和管理	企业承担社会责任离不开创新能力、组织规模和管理水平的提升
	公司治理	有效的公司内部治理结构能推动企业承担社会责任
制度压力	规制压力	政策法规、监管和执法力度对企业承担社会责任形成制度压力
	规范压力	规范压力通过道德支配方式约束企业适当性行为，体现为价值观和行为规范
	认知压力	企业通过对同行中已存和流行的各种经验与行为方式的认知，采取模仿等行为使自身行为稳定化
利益相关者驱动	利益相关者的期待和压力	利益集团、利益相关者的期待和压力对在线零售企业承担社会责任有外在驱动
	非政府组织驱动	媒体、行业协会、社区是企业承担社会责任的重要影响者
	供应商和竞争者驱动	企业履行社会责任会受到供应商和竞争者的制约
	股东驱动	股东利益最大化有助于推动企业承担社会责任
	消费者驱动	消费者压力、伦理诉求和消费者利益推动企业承担社会责任

5.4.3 选择性编码

在主轴性编码阶段，当主范畴发展得差不多时，范畴与范畴之间的关系会逐渐显现出来。选择性编码则是进一步系统地处理范畴与范畴之间的关联。它是从主范畴中挖掘"核心范畴"，分析核心范畴与主范畴及其他范畴的联结，并以"故事线"形式描绘整体行为现象。这里的"故事线"是主范畴的典型关系结构，它不仅包含了范畴之间的关系，而且包含了各种脉络条件，完成"故事线"后也就发展出新的实质理论构架。通过对16个副范畴和4个主范畴的深入分析，同时结合原始资料，发掘可以用"在线零售企业社会责任行为影因素"作为核心范畴来统领其他范畴。基于此，该"故事线"可以简单描述为在线零售企业社会责任意识和态度是在线零售企业社会责任的内驱因素（内因），它直接决定企业社会责任行为方式。企业战略为在线零售企业社会责任履行直接提供了重要的组织、管理和绩效基础；制度压力和利益相关者驱动是在线零售企业社会责任实行的两个重要外部情境条件，它们影响在线零售企业社会责任意识和态度/企业战略驱动——在线零售企业社会责任行为之间的关系强度和方向。本研究中，主范畴的故事线（即典型关系结构）及受访者的代表性语句如表5-4所示。

表5-4 主范畴的典型关系结构

典型关系结构	关系结构的内涵	受访者的代表性语句（提炼出的关系结构）
在线零售企业社会责任意识和态度——行为	企业社会责任意识和态度是在线零售企业社会责任的内驱因素（内因），它直接决定企业社会责任行为方式	（1）社会责任是企业家的一种道德期望，企业家个人价值观念对企业社会责任表现产生重要影响 （2）作风优良、品德高尚的领导者在很大程度上影响员工的伦理道德观念，从而赋予企业优良的伦理品质 （3）企业伦理价值观的树立是企业文化建设的重要部分，也是促进企业社会责任活动重要推动力
企业战略驱动——行为	企业战略为在线零售企业责任履行提供了重要的组织、管理和绩效基础	（4）企业实施社会责任是受长期绩效目标驱动的，如可以提升企业形象、市场影响力和财务利润 （5）企业所处的发展阶段、企业规模和性质以及所处的地理位置等企业特征因素对企业高层管理者的社会责任取向会产生不同的影响
制度压力↓意识和态度——行为	制度压力是在线零售企业社会责任履行的外部情境条件，影响在线零售企业社会责任意识和态度——在线零售企业社会责任行为之间的关系强度和方向	（6）法律的完善有利于促进企业高管社会责任价值观的形成，并推动企业社会责任建设 （7）各级政府通过法律和颁布行政文件的方式对企业社会责任进行规制，有利于提升企业管理者和员工对社会责任的正确认知和科学态度 （8）政府通过立法、建立规制等方式加强对企业行为的管制，通过制度压力驱动企业社会责任态度和行为

续 表

典型关系结构	关系结构的内涵	受访者的代表性语句（提炼出的关系结构）
制度压力 ↓ 企业战略驱动——行为	制度压力是在线零售企业社会责任实行的外部情境条件，它影响企业战略驱动——在线零售企业社会责任行为之间的关系强度和方向	（9）企业规模越大和盈利越多，越重视政府的政策规制，并在制度规范和政府监管范围内做出有利于国家和社会的行为 （10）企业在发展过程中，会借鉴和参考同行的行为，不断调整和完善组织管理功能以及内部治理水平，提高服务和回报社会的能力 （11）当某些企业社会责任行为成为行业内其他企业仿照的标准，后者会参照模仿该规范，并调整组织管理功能和内部结构，表现出更多的社会责任行为
利益相关者驱动 ↓ 意识和态度——行为	利益相关者驱动是在线零售企业社会责任实行的外部情境条件，它影响在线零售企业社会责任意识和态度——在线零售企业社会责任行为之间的关系强度和方向	（12）企业利益相关者能通过各种途径对企业的不道德甚至违法行为施加强制性压力，建立起关于对企业开展社会责任活动的某种社会性期待和意识，并促进采取符合社会期待的责任行为 （13）非政府组织常通过自己的行动和影响力唤醒公众意识或改变社会期待，采取联合方式给企业施加压力，激发企业承担社会责任的态度和行为
利益相关者驱动 ↓ 企业战略驱动——行为	利益相关者驱动是在线零售企业社会责任实行的外部情境条件，它影响企业战略驱动——在线零售企业社会责任行为之间的关系强度和方向	（14）利益相关者影响着企业社会责任标准的制定与执行，企业战略的制定应符合利益相关者的需求，从而迎合和促进企业社会责任行为 （15）企业应根据消费者需求和竞争状况，调整组织结构、管理模式和市场策略，从而赢得市场和社会的双重认同，促进企业利润最大化和社会福利最大化

基于以上典型关系结构，本研究确定了"在线零售企业社会责任行为及其影响因素"这一核心范畴。以此为基础，建构和发展出一个全新的在线零售企业社会责任行为理论构架，又称之为"在线零售企业社会责任行为影响因素和驱动机制模型"，如图5-1所示。

第 5 章　在线零售企业社会责任行为的影响因素及驱动机制

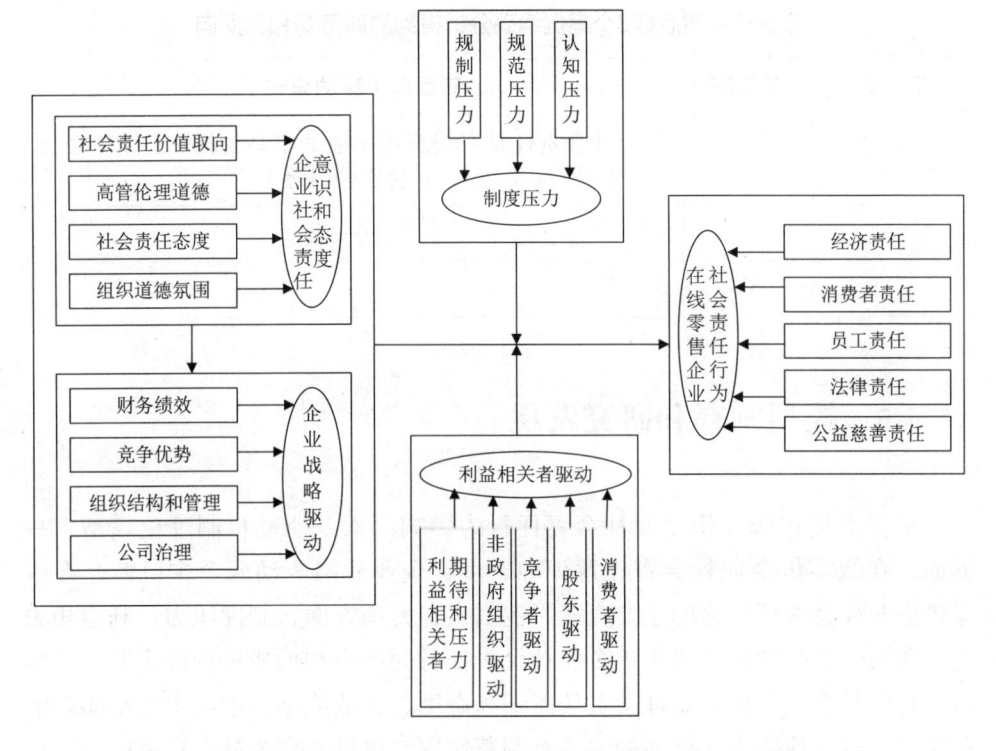

图 5-1　在线零售企业社会责任行为影响因素和驱动机制模型

5.4.4　理论饱和度检验

理论饱和度检验是决定何时停止采样的鉴定标准。为验证上述扎根分析是否饱和，本研究对剩余的 3 个辅助案例进行编码和分析。后续对 3 个辅助案例分析的思路与主案例分析类似，即对案例资料进行开放性编码、主轴性编码与选择性编码，获得案例中蕴含的概念和范畴之间的关系，形成完整故事线。这是一个不断比较分析的过程，已有概念和范畴会对后面的编码起到指导作用，而新发现的概念和范畴又有助于修正已有概念和范畴，从而使归纳提炼出的概念和范畴以及范畴之间的关系不断精准（Strauss & Corbin, 2001）。本研究在分析 3 个辅助案例时，只出现了少量新的面向（语句），没有出现新的范畴，对多案例分析得到的新范畴与新面向如表 5-5 所示。这表明模型中的关系类别已发展非常丰富，没有形成新的重要范畴和关系，本研究的编码已经达到较好的理论饱和度与效度，因此上述的理论模型是饱和的。

表5-5　对后续3个案例编码分析得到的新范畴和新面向

案　例	新范畴	新面向（新的语句）
苏宁易购	——	企业社会责任是在线零售企业的崇高目标和追求（企业社会责任目标）
唯品会	——	——
易讯	——	——

5.5　模型阐释和研究发现

根据上述在线零售企业社会责任行为影响因素及驱动机制理论模型，一方面，在线零售企业社会责任意识和态度、企业战略驱动两个主范畴是在线零售企业社会责任行为的主要直接影响因素；另一方面，制度压力、利益相关者驱动两个主范畴是在线零售企业社会责任行为产生和形成过程的主要调节因素，它们对在线零售企业社会责任意识和态度、企业战略驱动两个主范畴影响在线零售企业社会责任行为的关系有调节作用。可见，作为社会环境中的经济性组织，在线零售企业本身处在一个多层面的网络系统。微观层面上包括在线零售企业管理者（特别是高层管理者）的个体因素，个体的意识、态度会对在线零售企业社会责任行为的实施产生内在激励作用；中观层面上是企业组织角色，在线零售企业社会责任行动的开展需要有一定缘由和保障，如财务绩效、竞争优势、组织管理和公司治理等；宏观层面上，企业社会资本理论认为企业行动嵌入在广阔的社会关系网络环境中，社会结构和其他成员会对其具体活动产生影响，政府以及其他各种利益相关者对在线零售企业社会责任行为会产生社会推力。因此，结合相关理论，本研究进一步对在线零售企业社会责任行为影响因素及驱动机制模型进行具体阐释，并总结相应的研究结论。

5.5.1　企业社会责任态度和意识是影响在线零售企业社会责任行为的内在基因

外部正式制度只能部分解释企业履行社会责任的动因，越来越多的学者把企业履行社会责任动因研究转向内部驱动机制。通过外部的正式制度来监督企业家履行社会责任具有很大的局限性（黎友焕等，2010）。关注基于企业

第5章 在线零售企业社会责任行为的影响因素及驱动机制

家社会责任态度和价值观等非正式制度的企业社会责任内生性解决问题越来越引起学界重视。高管作为企业决策的主要发起者和制定者，对企业的经营管理活动、资源分配、树立和维护形象等都具有重大影响。目前，企业家的价值观与企业家精神正成为推动中国经济发展的重要动力，而企业履行社会责任的程度被视为企业家价值观和企业家精神的重要衡量标准（何志毅，2007）。Ullmann（1985）研究发现，企业家对社会的态度和反应模式将会直接影响企业履行社会责任的表现。企业管理者对于企业社会责任活动的推动也源于他们对待该活动的支持态度，后者又受到他们的价值观和对社会责任认知的影响。依据高阶梯队理论，由于企业内外部环境和战略决策的复杂性以及管理者的有限理性，管理者无法掌握全方位的信息，只能基于已有认知和价值观进行决策。高阶理论也表明企业的行为和决策反映了高管的心理特征和战略地位（Hambrick & Mason，1984），一些学者也认为企业社会责任行为必须与企业管理者的责任感知相一致（Haniffa & Hudaib，2007）。企业是否履行承担社会责任的义务，与该企业高管价值观——社会责任认知是分不开的，一个具有承担企业社会责任意识的企业领导者会对企业实行CSR战略起到相当大的作用。由于企业领导者拥有较大的自由度，承担着更大的责任，企业领导者的社会责任认知与企业社会责任表现之间具有密切联系。在个人价值观和较高的企业社会责任认知共同作用下，管理者形成积极的企业社会责任活动支持态度，是决定在线零售企业开展该活动的重要动因。Sturdivant（2006）通过研究发现，企业家对社会的态度会直接影响到企业履行社会责任的表现。如果企业家对社会抱有一种开放和积极的态度，那么他会积极采取措施使企业履行社会责任。管理决策层对道德的认同程度决定着企业是否自愿承担社会责任以及承担多大的社会责任（周友苏和宁全红，2010）。领导者作为企业决策的制定者，其对道德规范的尊崇与否同企业社会责任行为有着直接关系（张笑峰和席西民，2014）。根据社会学习理论，个体通过关注和效仿来学习可信且引人注意的榜样的态度、价值观和行为。社会学习理论解释了伦理型领导影响组织内员工的道德规范行为的过程和机制。伦理型领导强调道德管理，通过制定道德标准以及奖惩措施影响员工在道德规范方面的行为表现。社会交换理论将领导者对下属的伦理影响视作一个互惠过程（洪雁和王端旭，2011）。伦理型领导保护团队成员的权利，在人际互动中重视平等、自由、尊重等基本人权（Brown，2006），这些管理举措使团队成员产生真诚回报的强烈责任感。企业文化在客观上帮助企业员工接受企业社会责任的基本观念和道德规范，形成企业承担社会责任的内部氛围。

5.5.2 企业战略驱动因子是影响在线零售企业社会责任行为的重要内核

组织理论认为，企业主动将社会责任嵌入公司战略，形成一种重要的差异化策略，但需注意企业整体战略与社会责任活动之间的一致性，如果一致性很高，可能会增加开展具体活动的动力。资源依赖理论认为，企业社会责任行为作为一种企业策略行为可被用于建立或提升可持续竞争优势（Mcwilliams et al., 2002）。所有企业共处同一个社会环境，但企业由于在规模、所处行业、发展阶段以及所有制性质等方面存在差异，造成了其社会责任的活动动机和参与度的差异。基于企业资源基础观的论点，企业活动受到内部资源和能力的限制，他们会将有限的资源用于能够提高竞争优势的传统活动中。只有那些拥有富裕资源的企业才有可能去承担更广泛的企业社会责任，例如慈善捐助等（Johnson & Greening, 1999）。企业实施社会责任活动虽然可能有短期成本付出，却能带来长期回报（Luo & Bhattacharya, 2006）。在经济价值性吸引力驱动下，企业首先会关注那些能帮助其完成预先设定的业绩目标的企业社会责任活动，决定开展哪些具体活动及如何实施（Porter & Kramer, 2002）。根据冗余资源理论的观点，更好的财务绩效可以为公司提供更多自由支配的资源，以投入到社会活动领域（Buchholtz, 1999）。先前财务绩效较好的企业，可能有更大的自由度参与社会活动。当经营恶化时，企业倾向于优先解决更为紧急的与经营相关的问题，此时企业社会责任变为次要考虑的问题。可见，盈利能力是企业承担一切社会责任的前提和基础。总体来说，大中型企业、上市公司、盈利企业、处于成长阶段企业的高层管理者对社会责任的认同程度都相对较高。承担企业社会责任要求企业有效地监测评估环境变化，关注利益相关者的需求，这需要企业有良好的管理能力和治理水平。在线零售企业可以通过设立代表多元化利益群体的独立董事参与企业决策，保护利益相关者的利益，推动企业社会责任的履行，还可通过建立企业社会责任委员会，强化企业社会责任监督与管理。此外，培育和践行良好的企业文化价值观也是推动企业社会责任的重要基础。

5.5.3 制度压力和利益相关者驱动是影响在线零售企业社会责任行为的重要情境变量

（1）制度压力的调节作用。社会责任的履行可能是企业正当生存和合法性保持的重要依据（Hond & Bakker, 2007）。从"企业合法性诉求"视角看，

第5章 在线零售企业社会责任行为的影响因素及驱动机制

制度压力在不同时期分别可以从"道德合法性"以及"道德与实用合法性"两种渠道入手，对企业社会责任行为战略产生影响（Hond & Bakker, 2007）。植根于组织社会学的制度理论对社会责任决策的行为假设进行了扩展和补充。在中国转轨经济环境下，影响企业行为的因素除了企业内部因素外，制度环境也起着深刻的作用（夏立军等，2007）。制度条件能够改变企业实行某一行为的收益和损失，从而影响企业的动机和决策偏好，企业的行为往往内生于制度环境，是在既定环境下适应环境的理性选择。制度主义视角认为，企业从事社会责任活动既可能是一种利益驱动的经济过程，也可能是一种情景依赖的社会过程（Campbell, 2007），企业迫于情境压力的"非经济理性"行为受到合法性机制的指引。制度环境因素是促发或改变企业社会责任活动的重要影响因素（Brickson, 2007）。制度压力对在线零售商可以形成一种外部监督力量。外部监督力量可以激发团队内部成员的集体荣誉感（Gino et al., 2009b），因此降低了集体不道德风险。当有组织成员做出非伦理行为时，其他成员是否跟随，在很大程度上取决于外部环境（谭亚莉等，2011）。企业活动的开展受制于包括社会标准、规范和认知在内的社会结构或社会制度的共同影响，企业会遵从这些社会制度的要求来开展活动。Scott（2001）提出制度是由规制、规范和文化认知三个层面的支柱要素组成，共同对在线零售企业社会责任意识、态度和行为决策产生影响。制度压力包括规制压力、规范压力和认知压力，其中规制压力是通过制定规则、监督承诺和奖惩行动来规制企业行为；规范压力更多通过道德支配的方式来约束企业的适当性行为体现为价值观和行为规范；认知压力是指企业通过对同行中已经存在和较为流行的各种经验与行为方式的认知采取模仿等行为以使自身的行为稳定化。企业所面临的规制压力主要来自政府、专业组织、行业协会等部门制定的法律、政策和法规等具有法律权威或者与法律权威相类似的各种细则（Scott, 2001）。在政府规制较为强势、监督更为明显的制度环境条件下，企业会体现出较好的社会责任绩效（Campbell, 2006, 2007）。沈奇泰松（2010）提出了规范压力影响企业社会责任行为的两种方式：一是各种媒体，如电视、报纸、互联网等，将社会对企业社会责任的期望和反映反馈给企业；二是一些关于教育或职业培训的权威机构可以通过建立标准来影响组织的合法性行为。社会规范压力还可通过NGO组织建立各种规范来督促企业察觉并在社会中广泛传播（Baron, 2006）。认知模仿的行为来源于组织对商业气候、组织域中逐渐增加的不确定性和复杂环境的认知，从而倾向于将被认为是"最佳实践"的行为作为合法性的实践来模仿（Matten & Moon, 2008）。在中国的"关系"文化以及政府主导下的制度环境下，企业会将政府所倡导的承担社会责任行为视为一种具有合法性的行为而加以"理所应当"地进行，同时其他企业会这样理解并加以模仿。

（2）利益相关者驱动的调节作用。工具理论认为，企业在法律和伦理框架下承担的社会责任，是企业增强竞争优势，扩大销售，实现股东财富最大化的战略工具。要获取各种资源，增强竞争优势，就必须与各利益相关者建立良好的合作关系。按照利益相关者理论，企业必须在"创造、维持和增强具有价值创造能力的、相互关联的利益相关者网络"中进行经营（Post et al., 2002）。Vazquez（2010）认为企业管理者感知的利益相关者压力对企业采取的社会责任战略具有正向影响，利益相关者压力对企业采取环境保护等战略决策具有明显效果。Egri等（2012）发现社会利益相关者压力能显著推动企业环境实践，对企业社会责任良好的印象将增加公众对企业产品的评价并进行购买行为。界定清晰的利益相关者的期望也会增加企业履行社会责任的压力，他们在与企业交往过程中通过对自身权利的维护来施加对企业开展社会责任行动的压力（Waddock et a1., 2004）。企业履行社会责任是与利益相关者建立互信关系、获取竞争优势、促进企业可持续发展的重要方式。利益相关者理论引入企业社会责任行为的研究，明确说明了企业行为应该对哪些对象承担责任。这些对象除了一些主要的利益相关者，如股东、员工、客户、供应商外，还包括次要利益相关者，如政府、社区、媒体等更广泛的成员。站在企业家和股东视角的社会责任研究由来已久。股东为了降低环境风险便会推动企业的社会责任行为。Klein和Dawar（2004）的研究发现，企业社会责任的不良表现会影响消费者的品牌评价和购买意愿。20世纪90年代以来，一些学者开始关注对企业财务绩效影响最大的利益相关者群体——消费者对企业社会责任的态度和响应。研究证明，企业的社会责任活动通过增加消费者满意、信任与认同，影响消费者的购买意向和产品感知质量，进而通过消费者的购买行为和口碑传播，实现了经济绩效的增长。政府、非政府组织和社区在企业履行社会责任的实践中起着重要的驱动作用，这种驱动作用不同于消费者通过经济绩效和口碑等间接因素的影响，而是通过制度规则直接作用于企业，使企业不得不承担相应的社会责任。此外，在线零售企业的社会责任行为还受到来自其主要供应商和竞争对手的制约。如果在线零售企业陷入社会责任事件，尤其是对其产品质量的质疑，将使供应商面临同样的风险，所以供应商倾向于成为积极履行社会责任企业的长期合作伙伴，而竞争者的社会表现能够影响消费者的态度和购买行为，如果本企业的社会责任表现不佳，还可能导致消费者流失。由此可见，利益相关者的概念使管理者用一种新的方式思考企业的社会责任，在利益相关者利益压力的刺激下，企业已经在社会责任意识上开始转变并采取行动。

5.6 结论、启示和展望

5.6.1 研究结论

本文基于多个企业的调查分析，采用扎根理论的质化研究法，借助管理学、组织社会学的相关理论（制度理论、利益相关者理论、高阶管理理论和资源基础理论），从多因素整合角度分析在线零售企业社会责任的影响因素及驱动机制。本研究采用开放式访谈，在扎根理论资料分析的基础上，采用三级编码，对在线零售企业社会责任行为的影响因素进行考察，形成由若干个一级主题词和副范畴以及四个主范畴（企业社会责任意识和态度、企业战略驱动、制度压力、利益相关者驱动）与一个核心范畴（在线零售企业社会责任行为）构成的脉络体系，明确了在线零售企业实施社会责任行为的不同动因。本研究的理论贡献体现在如下方面：第一，区别于大样本调查的量化分析，本研究通过对典型企业的访谈，应用扎根理论研究方法更全面地梳理在线零售企业社会责任影响因素的相关变量范畴，发现了一些以往研究中很少提及的变量范畴，如高管伦理道德、组织道德氛围、组织结构和管理等；第二，以往研究仅单独关注某个层面或某部分影响因素对企业社会责任行为的影响，很少将多个层面的因素纳入统一的理论框架中进行探索，很少探讨多个层面因素在在线零售企业社会责任行为驱动过程中的共同作用；第三，过往研究主要是基于线下情景的探讨，很少有研究在在线零售情境中分析企业社会责任行为的驱动机制。本研究将弥补上述三个方面的不足，建构和发展了一个在线零售企业社会责任行为影响因素的整合模型，对在线零售企业社会责任的培育实践也有一定启示作用。

5.6.2 在线零售企业社会责任的培育路径与实践启示

在线零售企业从不同层面进行社会责任行动抉择时，会考虑所有而非某项单独动因，需要构建政府、企业、个体、社会的联动机制加以推进在线零售企业社会责任的培育。

（1）政府层面：积极引导在线零售企业社会责任行为，为企业社会责任推进创造良好的制度环境。网络零售市场健康发展离不开政府的合理引导和规制，政府在保护在线零售企业参与公平竞争与公正交易的同时，为在线零售企业履行社会责任创造良好的环境并提供服务。政府可以通过法令、规制制度、公共政策向在线零售企业发出社会责任活动的信号，而不能仅仅依赖企业决策人的良知。政府在推动在线零售企业承担社会责任的重点应该放在表明态度、加强监管及完善相关法律法规等方面，改变在线零售企业履行社会责任的成本与收益。政府应建立和完善法律法规，并形成完善的监督机制。我国政府应加快出台和完善在线零售商业市场相关法律及制度，突出强调在线零售企业必须承担的基本社会责任：保护企业员工的基本权益、为社会提供合格的产品和服务、为环境保护提供必要保证。同时，政府要成立相应的监督机构，并制定相应的法律法规予以监督。另外，应充分发挥非政府组织的监督作用，如消费者协会、媒体、社团、公众等，政府应鼓励、规范其发展，形成多层次、多渠道的监督体系和制度安排，优化在线零售企业承担社会责任的社会环境。政府应在法定责任范围之外，通过宣传教育等方式鼓励企业承担社会责任，创造良好的社会氛围。政府应担负起公益活动"引导人"的角色，建立起统一、规范的组织，把目前零散的公益活动组织起来，为在线零售企业承担社会责任构筑一个稳定的平台。

（2）企业层面：应把企业社会责任融入在线零售企业整体经营战略中，并把承担社会责任视作实现企业战略经营目标的手段和工具。在线零售企业管理者不仅要把承担社会责任当成是谋利的手段，还要更加注重企业经济利益和社会利益的平衡双赢和良性互动，促使企业把履行一定的社会责任融入整体经营战略中，并且寻求回报社会。因此，在线零售企业应正确认识企业社会责任对企业和社会可持续发展的重要作用，把强化企业社会责任建设纳入企业的日常管理工作中。首先，盈利能力是企业承担社会责任的基础。提升在线零售企业的盈利能力，需要企业加强内部管理和创新，增强软硬件水平。其次，应加强企业文化建设和提升企业社会责任理念。通过企业文化建设，帮助企业员工接受企业社会责任价值观，树立统一的道德要求和道德习惯，自觉规范自己的行为，形成企业承担社会责任的内部动力。再次，不断提高在线零售企业人力资源管理水平。在线零售企业应保护员工利益，采取有效措施改善员工的工作和生活条件。最后，在线零售企业应增强品牌意识，加强服务质量标准体系的建设和管理，基于市场需求强化服务供应链建设。并且，强化企业社会责任实际上是强化企业的守法行为，使企业在生产经营过程中严格遵守环境保护、安全生产、职工劳动保障、消费者权益以及市场经济秩序等方面的法律、法规，为社会做贡献。要改变在线零售企业消极承担社会责任的状况，还必须从在线

第 5 章　在线零售企业社会责任行为的影响因素及驱动机制

零售企业的治理结构入手，将企业社会责任理念融入企业治理结构中。可以在企业的决策机构（董事会）和执行机构（管理层）之间设立一个"利益相关者委员会"作为企业决策时的"智囊团"，"利益相关者委员会"由企业众多利益相关者的代表组成。通过设立"利益相关者委员会"，能有效地监督企业决策，保证在线零售企业决策符合利益相关者的利益要求，从而促进企业承担社会责任。

（3）个体层面：提高企业员工，尤其是高管的社会责任意识和价值取向，在企业内部形成良好的伦理制度和道德氛围。企业社会责任意识是现代企业家精神的重要内涵，在线零售企业应重视企业家精神的培育，通过企业家精神的塑造引领企业履行社会责任。企业社会责任是企业家的一种道德期望，企业家个人价值观念对企业社会责任表现产生重要影响。作风优良、品德高尚的领导者在很大程度上影响员工的伦理道德观念，从而赋予企业优良的伦理品质。企业经营者是企业的人格化和神经中枢，其个人哲学必然融入企业经营决策的制定与实施中。如果其具有正确的经营哲学，在制定营销决策时，就能既考虑企业的利润目标，又考虑消费者及社会的利益，体现出企业营销决策的道德性。在个人价值观和较高的企业社会责任认知共同作用下，管理者形成积极的企业社会责任活动支持态度，是决定本企业开展该活动的重要动因。在企业管理实践中，应更多关注企业中的个体，特别是高管的伦理道德水平。因为企业绩效评价体系已经越来越向更加注重社会性指标转型（如环保、节能等），而真正要将企业社会责任落到实处，还需要企业高管的伦理道德起作用。因此，应在在线零售企业内部推进伦理型领导，提升企业高管的伦理承诺水平，并将企业社会责任提升到与经济利润同等重要的位置，高度重视企业社会责任推进计划。另外，在线零售企业承担社会责任也离不开企业员工的作用，通过职业道德培训与教育等手段，强化伦理道德在员工职业发展中的重要作用。应在工作中积极塑造员工的工作伦理意识，提高服务社会的意愿和能力。

（4）社会层面：加强在线零售企业社会责任的宣传、监督和治理。让全社会都参与到推动企业社会责任的运动中来，强化利益相关者共同治理，充分考虑不同利益相关者的利益要求，营造推进在线零售企业社会责任的良好外部环境和社会氛围。大众媒体要加强对在线零售企业社会责任建设的关注，对在线零售市场企业社会责任建设方面的成功经验加大宣传力度，对违反社会道德规范的行为予以曝光谴责，在全社会形成在线零售企业履行社会责任的舆论氛围。应强化行业协会、消费者协会、工会、环保组织等社会组织的监督功能，加强对在线零售企业承担社会责任情况的监督。需要提高在线零售企业社会责任信息披露重要性的认识，不断增强企业披露社会责任信息的动力，明确在线零售企业社会责任信息披露的内容和进度，并且探索针对线上零售企业建立综合性的企业社会责任评价体系。有必要建立一套从经济、社会、环境三方面全方位评价在线零售企业社会责任的指标体系。在线零售企业社会责任的构建是一个系统工程，需要结合中国在线零售市场的实际情况和社会需要，建立切实可行的长效联动机制。

5.6.3 研究局限和展望

本研究提出的在线零售企业社会责任行为影响因素模型是基于探索性质化研究得出的，今后尚需对模型中涉及的变量范畴进行概念化并开发出测量量表，采用大规模问卷调查以检验模型中变量之间的确切（定量）关系。另外，对于在线零售企业如何制定有效的社会责任活动方案和策略体系也是未来关注的重点。而特定在线零售企业社会责任行为类型对消费者行为以及企业线上绩效的影响效应如何，政府、企业、个人和社会之间如何协调整合以最大限度地发挥政策"合力"共同推进在线零售企业社会责任行为及其效果，这些还需要立足跨学科背景（经济学、行为科学、心理学、社会学等）进行深入分析。

第6章 在线零售企业社会责任能促进在线顾客忠诚吗？

在线顾客忠诚是在线零售企业追求的重要运营目标，体现了在线零售企业的经济功能和经济利益，但是企业社会责任作为在线零售企业的社会功能能否促进在线顾客忠诚这一经济功能的实现呢？其中的中介和调节机制是什么？这是本章研究的重要问题。

6.1 问题的提出

长期以来，作为一种提升企业自身形象及其竞争力的高回报战略，企业社会责任在诸多学科领域已成为极富意义，具有较多讨论、评价及理论建构的研究主题。近年来，随着公众社会责任意识的不断提高，企业在履行社会责任方面的表现成为媒体和公众高度关注的话题。一家企业的责任不仅在于向市场提供优质产品，获取利润，同时企业应该按照社会期望的有利于社区和社会总体福利的方式运行。与此同时，全球管理者们越来越意识到企业行为的社会性含义对于组织的重要意义，企业社会责任逐渐被提升到关乎企业发展的战略高度。许多企业开始推行多种多样富有社会责任感的活动，包括慈善活动、善因营销、公益赞助、员工支持计划等。在西方，企业社会责任作为一种普遍社会运动也得到了大规模的发展。现阶段，中国企业已深深地融入全球化浪潮中，国际上风行的社会责任运动将更直接影响到中国企业。当前，中国不少企业已将社会责任列为企业发展战略，有近90%的大中型企业愿意了解CSR等相关概念和知识，中国100强企业中有43.6%的企业发布了CSR报告（李华燊等，2011；黄群慧等，2009）。而表现在互联网领域，随着B2C网站的集体快速成长，涌现出一大批电子商务渠道品牌。以阿里巴巴为代表的一批电子商务企业上市加快了国际化的进程,并日益重视企业社会责任建设,如阿里巴巴集团专设社会责任部门,发表年度社会责任报告。但也有不少企业在追逐自身利润最大化的同时往往忽视其对社会造成的巨大危害,如我国大型在线零售企业价格战和淘宝商城卖家集体抗议事件等,都曾引起市场热议和消费者、政府以及供货厂商的关切,侵害了利益相关者的利益。从整个行业看,在线零售企业社会责任意识仍比较欠缺,很多在线零售企业主动履行社会责任的积极性不高,社会责任失范现象严重,由此带来一些相应的社会问题。在线零售企业在关注经营、追逐利润的同时,越来越需要注重社会责任的承担。

因此,要使中国企业更主动地承担社会责任,仅仅从道德上去激发是远远不够的,除了让企业认识到社会责任对企业的作用和意义,探究企业社会责任对消费者行为的各种影响无疑是一个很好的切入点。现阶段,很多学者开始关注企业社会责任活动对消费者行为的影响(Carrigan & Attalla, 2001;Maignan & Ferrell, 2001;Sen & Bhattacharya, 2001;Verschoor, 2006;Bhattacharya & Sen, 2004;周祖城和张漪杰,2007),主要涉及企业社会责任对消费者购买意愿、产品评价和忠诚度的影响,但是这些研究均是基于线下情境的理论和实证分析,不能有效反映在线零售情境中企业社会责任行为影响的特殊性和差异性。虽然互联网商业实践的推动,近年来开始有学者关注互联网情境下的企业社会责任研究议题。其中,笔者(沈鹏熠)和范秀成(2016)基于实验法的研究发现,在线零售企业社会责任行为对消费者响应的影响关系受到了消费者信任、消费者支持、消费者感知动机的调节作用,但这一研究只分析了其中的调节机制,缺乏对在线零售企业社会责任影响消费者行为关系的被调节的中介机制进行探讨。另外,一些研究对在线零售商道德的影响效应进行了专门分析,主要涉及在线零售商道德对消费者忠诚、口碑推荐、在线购买意愿的影响(Limbu et al., 2011;Roman & Cuestas, 2008;Arjoon et al., 2012;Limbu et al., 2012;Adam et al., 2007;Roman, 2010)。但这些研究仅分析了伦理道德层面的社会责任影响,缺乏对在线零售企业社会责任中其他责任内容进行探讨。综上所述,尽管学界一直在不断强调从消费者视角考察企业社会责任的作用机制,但是关于在线零售企业社会责任对消费者的影响却几乎没有定论,消费者是否因在线零售企业履行社会责任而产生了忠诚呢?在线零售企业社会责任对在线顾客忠诚究竟产生多大影响?关于在线零售企业社会责任行为与在线顾客忠诚之间关系的中介机理及调节效应还需要做进一步探讨。忠诚行为是顾客表达对公司绩效满意的最具代表性方式之一,并且忠诚行为与公司的利润紧密相关(García de los Salmones et al., 2009;Andrea et al.,

2015)。然而，忠诚是一个复杂的概念，并且，学者们在不断加入新的变量来解释顾客忠诚的形成模型。由于在线顾客忠诚是在线零售企业的重要无形资产，更是企业绩效和竞争优势的来源，本文采用在线顾客忠诚反映在线零售的经济功能，而社会责任强调了在线零售企业对社会利益的满足和实现，体现的是在线零售的社会属性。但是，关于在线零售活动的经济功能和社会属性之间的关系，究竟是相互矛盾和相互冲突，还是相互融合和相互促进呢？这还缺少从整合视角、采用实证方法进行回答。因此，本研究将根据社会认同理论和声誉理论，引入企业声誉和顾客认同这两个重要构念作为中介变量，并将社会责任匹配和期望一致性这两个变量作为调节变量，构建一个被调节的中介效应模型，从而理解在线零售活动中社会属性的建立对经济功能实现的过程、机理及策略。具体而言，本研究试图回答以下问题：①探讨在线零售企业社会责任感是否有助于建立在线顾客忠诚；②探讨企业声誉和顾客认同是否在在线零售企业社会责任的影响机制中扮演中介变量的角色；③探讨社会责任匹配和期望一致性是否会改变在线零售企业社会责任对消费者认同和企业声誉感知的影响效力。因此，本研究不仅进一步扩展和丰富在线零售企业社会责任的消费者心理和行为反应理论，并且在实践层面促进了在线零售企业明确承担社会责任的方向和着力点，为在线零售企业实施社会责任活动提供指导。

6.2 理论背景、模型和假设

6.2.1 在线零售企业社会责任的内涵、结构和效应研究

自从 Bowen (1953) 首次将企业社会责任定义为企业有义务按照社会的目标和价值观的要求制定政策、做出决策以及采取行动，企业社会责任的讨论逐渐深入，不少学者在其基础上进一步发展与完善了企业社会责任概念。其中，Carroll (1979) 提出完整的企业社会责任是公司经济责任、法律责任、伦理责任与自愿责任（慈善责任）之和，该研究得到了广泛关注和认可。我国学者也以中国社会文化为背景对企业社会责任结构进行了有益探索。徐尚昆和杨汝岱（2007）基于企业总经理或所有者的调查，总结出中西方企业共有的六个维度包括经济责任、法律责任、环境保护、顾客或客户导向、员工或以人为本、社会捐赠、慈善或公益事业。金立印（2006）基于消费者感知的调查，提出中国企业社会责任包括回馈社会、赞助教育文化等社会公益事业、保护消费者权

益、保护自然环境、承担经济方面的责任五个维度。谢佩洪和周祖城（2009）也基于消费者感知的调查开发了中国背景下企业社会责任行为测量量表，包括企业积极保护消费者权益，企业积极回馈社会的慈善捐赠及公益事业，企业爱护环境、投身环保事业，企业切实关心员工的权益。邓德军和蒋侃（2011）则基于消费者期望的调查，提出企业社会责任包括承担社会公益责任、员工责任、法律责任、消费者责任和经济责任。另外，学者还针对具体行业构建了相应的企业社会责任评价指标体系，涉及石油企业、农药企业、煤炭企业、银行、实体零售企业等。总体来说，学界对企业社会责任界定的主流观点是综合责任说，即把企业社会责任视为企业对社会承担的综合责任，强调企业在创造利润和对股东利益负责的同时，必须承担对员工、消费者、政府以及社区和自然环境的责任。这些企业社会责任的倡导者根据其各自判断或各自理论建构的需要，为企业社会责任一词注入各种不同的内涵，但对于企业社会责任概念的界定和企业社会责任的范围仍有争议，在企业社会责任的评价指标上也没有达成统一认识，所选定的特定维度缺乏普适性和理论依据。造成这种状况的原因除了大家分析企业社会责任的视角及行业不同外，更重要的是企业社会责任的内涵和外延随着社会经济的发展而不断变化。

  国内外直接对在线零售企业社会责任进行全面、系统研究的文献较少，已有文献主要集中在互联网企业对社会责任的表述、企业网络营销的道德分类（甘碧群，2004；时刚强等，2006）以及在线零售商道德的内涵和效应。其中，在线零售商道德问题得到了较多关注和专门研究。过去的研究表明，消费者在线购物时所担心的道德问题是财务信息的隐私、网络安全、欺诈、在线零售商可靠性、质量，并且隐私和安全（Bush et al.，2000；Miyazaki & Fernandez，2001）多被视为在线消费者最看重的道德问题。Roman（2007）提出了消费者感知的在线零售商道德的具体框架和测量内容由安全、隐私、非欺诈、履行/可靠性四个维度构成，Nardal 和 Sahin（2011）又在土耳其在线零售市场对这一维度体系做了进一步检验。国内的阎俊等（2008）构建了消费者对本土 B2C 网站营销道德的评价模型和指标。但是，由于在线零售商道德问题涉及面广，判断在线零售商某一行为是否合乎道德，无论是国内还是国外，至今都没有统一的普遍适用的准则。现有文献对消费者特征在在线零售商道德感知中的作用进行了一定程度的分析。Roman 和 Guestars（2008）分析了消费者网络专长对在线零售商道德感知的影响。Shergill 等（2005）的研究发现，不同类型的在线购买者对网站安全/隐私问题的评价类似。Yang 等（2009）的研究表明，宗教信仰和性别与网站道德绩效显著相关。但上述研究并没全面、清晰地解读出不同类型消费者感知的在线零售商道德的差异。另外，也有一些研究涉及到在线零售商道德对消费者行为的影响，主要包括以下几点。①对满意、信任和忠诚的影响。研究表明，购物网站道德绩效对消费者信任有影响（Yang 等，2009）。Roman（2010）证实在线零售商欺诈行为对消费者满意和忠诚意图有消极影响，并且产品类型、消费者态度和人口统计特征有调节作用。Limbu 等（2011）检验了在线零售商道德对消费者满意和忠诚的影响，Arjoon 等（2011）证实在线零售商道德与消费者忠诚成正向关系。②对口碑的影响。研究发现，在线零售商道德不仅对口碑有积极影响（Roman & Cuestas, 2008），还通过企业道德识别和消费者—企业认同对口碑产生间接影响（蒋侃，2012）。③对购买意愿的影响。隐私和安全影响了消费者的在线购买意愿（Adam et al., 2007），Limbu 等（2012）证实消费者态度和信任中介感知道德对行为意愿的影响。但是，现有研究对在线零售商道德与消费者响应关系的解释仍不充分，尤其是为什么不同的消费者会对在线零售商道德行为产生不同的响应还没有得到理论和实证上的应有关注和深入分析。并且，现有研究主要关注的是在线零售企业的道德责任，而没有对在线零售企业社会责任的其他责任内容进行全面分析。

现有文献对在线零售企业社会责任影响机制的探讨还很有限。根据信息不对称理论，消费者对在线零售企业履行社会责任的情况实际上很难有一个全面真实的了解，因此在线零售企业社会责任对在线顾客忠诚的影响可能会通过一些中间力量来实现。本研究将深入探讨在线零售企业社会责任通过企业声誉和消费者认同因素影响在线顾客忠诚的路径和机制，并进一步分析企业社会责任匹配和期望一致性因素的调节作用。

6.2.2 在线零售企业社会责任与在线顾客忠诚

过去 90 余年营销学界围绕忠诚构念而展开研究，顾客忠诚作为企业获得持续竞争优势的一个重要概念得到了广泛认同（Lee & Cunningham, 2001），认为它通过重复购买行为而增加企业市场份额和提高获利能力（Kumar et al., 2006）。培养忠诚顾客是企业赢利并实现持续发展的关键，顾客忠诚一直是企业营销的基础目标。根据利益相关者理论，企业的利润最大化目标受制于不同利益相关群体的需求，企业不仅要对股东利益负责，还应承担对员工、消费者、社区和环境的社会责任，因此企业的运营不仅要达到经济标准，还要达到或超过道德、法律及公众要求的标准。在服务消费中，顾客忠诚被用于描述顾客对企业的长期惠顾行为以及将企业产品或服务推荐给亲友的一种意愿。维系顾客忠诚涉及服务质量、顾客满意和营销道德等诸多因素。在消费者看来，企业社会责任是企业对社会作出的消除有害影响并创造长期利益的承诺，具有良好道德形象的企业更值得信赖。Salmones等（2005）分析了移动运营商履行企业社会责任的商业价值，他们的研究发现伦理—法律责任和慈善责任会影响顾客对服务的总体评价，进而影响顾客忠诚。Luo和Bhattacharya（2006）的研究发现，通过积极的社会责任行为，企业会享有更高的顾客满意度，并通过顾客的忠诚、口碑宣传和为产品支付溢价的意愿而产生更高的企业市场价值。因此，本研究提出如下假设：

H1：在线零售企业社会责任对在线顾客忠诚具有显著的积极影响。

6.2.3 企业声誉和顾客认同的中介作用

在组织行为学和营销学文献中，对企业声誉已有较多研究，一些研究从企业视角对其进行界定，认为企业声誉是指企业过去行为和结果的集合表征，它描述了企业对多重利益相关者传递有价值的结果的能力，衡量对内部员工和对外部利益相关者的相对地位，包括它的竞争力和制度环境（Fombrun，1996）。Smaiziene和Jucevicius（2009）从多学科视角对企业声誉进行了系统分析，从利益相关者的视角将其界定为建立在过去一段时间上，利益相关者对社会传播企业的特征、实践、行为和结果的评价，表明与竞争对手相比，对企业的可信性和好感水平。企业形象是得到来自企业的信号或信息后，个体突然间的印象，声誉则表示利益相关者在过去一段时间内对企业的集合评价。也就是说，一个企业的形象是一个瞬间含义，是个体对来自企业信号的直接反应。企业声誉则更深刻，它具有相对一致性和稳定性，且不能快速和轻易塑造，是在长期的组织行为、行动和交流上建立的（Cornelissen，2004）。企业声誉反映了企业在消费者眼中受到了多大程度的尊重（Weiss et al., 1999）。企业声誉是消费者累计感知的组织如何满足他们的需要和期望的结果（Abratt & Kleyn, 2012）。从在线零售商视角看，在线零售企业声誉是在线零售企业试图塑造、传递给其利益相关者的有关自身的集合表征，它是有关企业是什么和它做什么在社会上传递的信念。从利益相关者视角出发，在线零售企业声誉是利益相关者根据过去一段时间内社会传播有关在线零售企业的行动、行为等评价的基础上，对企业本身的信赖水平和好感程度。在线零售企业声誉具有社会认知性质，是对在线零售企业过去一段时间的评价、形象传播。在营销学领域，企业声誉是消费者个体所建立的对企业联想的总和，它是一个描述多重利益相关者对于企业绩效整体感知的多维度总体性构念（Fombrun et al.，

第6章 在线零售企业社会责任能促进在线顾客忠诚吗?

2000)。本研究主要从核心利益相关者——消费者的视角分析在线零售企业声誉。相对于企业形象,企业声誉更具有持久性和主观性,它更侧重于消费者从情感上对企业的感知。

公司通过发起社会责任活动来改善社会幸福,并且构建和增强公司的声誉(Park et al., 2014)。Porter 和 Kramer(2002)认为,经济或非经济企业社会责任的履行是构建企业声誉的一个战略手段。经济责任的履行增加了公司声誉(Fombrun, 1996)。Brown 和 Dacin(1997)认为,公司制造和传递产品的能力(公司能力)是公司声誉的决定因素。在其他的研究中,服务质量和产品质量被发现对公司声誉有积极影响(Walsh & Beatty, 2007; Wang et al., 2003),由于质量问题产品被召回和公众抱怨产品不利于建立企业声誉(Grunwald & Bernd, 2010)。并且,企业必须在法律框架内实现经济任务。研究表明,由于违反职业安全和健康或环境有关的规定,企业声誉会明显地恶化(Williams & Barrett, 2000)。毫无争议,公司的违规行为能严重损坏企业声誉。道德责任超越了公司法律义务。研究表明,消费者感知的公司道德活动积极影响企业声誉(Bendixen & Abratt, 2007)。公司通过贡献财务或非财务资源为人道主义事业尽他们的慈善责任。Williams 和 Barrett(2000)认为,公司的慈善活动对企业声誉有积极影响。营销学中有更多证据表明,慈善活动提升了顾客对公司的态度,并且因此增加了企业的竞争优势(Brown & Dacin, 1997; Sen & Bhattacharya, 2001; Yoon et al., 2006)。企业履行社会责任对企业建立良好的声誉有着非常显著的积极作用(Hillenbrand, 2007)。企业在履行自身社会责任过程中所做出的行为都会对企业的各利益相关者产生影响,进一步造成整体利益关系的变化,从而持续地影响着各方面相关者对企业的评价,最终在各个维度上组成企业的信誉资本(刘建秋, 2010)。Carroll 和 Buchholtz(2008)的研究认为企业在履行社会责任的过程当中,经过信息的传递,会在员工、消费者、政府等利益相关者中留有自己的符号,形成企业声誉,在利益相关者认知企业价值时产生良好的感受性,进而在促进企业利益相关者对企业的价值认同过程中起到积极的推动作用,使企业和利益相关者间建立一个良好的相互了解和促进的关系,直接或间接提升企业声誉。Brammer(2004)采用上市公司数据分析企业社会责任和企业声誉关系,发现企业社会责任的3个方面(社区关系、环境保护、员工责任)均与企业声誉正相关。Maignan 和 Ferrell(2003)从经济责任、法律责任等方面考察企业社会责任对企业声誉的影响,发现它们显著正相关。根据利益相关者理论,在线零售企业承担环境保护、关心员工、促进当地社区发展等社会责任行为,这些行为符合社会价值标准和社会期望，有利于利益相关者（包括顾客）利益的实现，从而促使顾客对其作出正面的评价，并在其心中树立良好的声誉。Godfrey（2005）认为企业社会责任活动使企业能从包括消费者在内的利益相关者中享有积极的、以整体评价为基础的声誉。Lichtenstein 等（2004）认为，企业在社会责任领域的付出会为其带来一种积极响应社会需求的形象，令消费者感受到企业与社会共同发展的长远愿景。

企业声誉是外界对企业过去行为和未来价值的一种感知，描述了企业与主要竞争者相比所存在的吸引力，企业借此获取社会认同并与外界建立牢固的关系。在线零售企业通过积极履行企业社会责任，可以满足不同利益相关者（尤其是消费者）对企业的"期望"并获得认可。在线零售企业良好的社会形象经过一定时期的积累和传播，即所谓的"广告效应"，企业声誉得以大大提升。另外，信号理论表明，顾客将企业的声誉作为外部信息，用以判断企业的质量，从而形成对企业的态度（Walsh et al.，2009）。作为驱动顾客态度和行为的信号的重要作用源于信息不对称——在交易中，双方拥有不同数量的信息（Kirmani & Rao，2000）。特别是在高度不确定情景下，顾客在做出决策前，需要寻求更多相关信息，以便最小化或避免损失（Erdem et al.，2002）。顾客忠诚对声誉信号的响应涉及认知学习和回顾过程，结果是消费者将声誉特征储存于他们的记忆中，作为对企业积极或消极的联想（Kirmani & Rao，2000）。根据认知一致性理论，当企业拥有越多的积极特征，顾客越有可能做出未来购买决策（Erdem et al.，2002）。企业声誉是有关消费者了解在线零售企业的外部信号，根据信号理论，由于信息不对称，消费者将根据对外部信号的感知来采取相应的行动，因而良好的声誉有利于消费者对在线零售企业产生积极的态度，并采取相应的行为，而声誉较差的在线零售企业将促使消费者寻找声誉良好的企业。Fombrun（1996）认为，声誉资本是企业的一种无形资产，它会使企业的利益相关者尤其是消费者参与一些会提升或损害股东价值的活动，包括对企业负面消息的宽容和积极地向他人进行口碑宣传等。Tucker 和 Melewar（2005）认为，好的声誉如同一个"善意的存储器"，能使企业在危机发生时令自己的辩护更能被接受，企业的社会责任活动可为企业带来良好的道德资本。这种积极的道德资本之所以能完成这种类似保险的功能，是因为它产生了预防"犯罪意图"的作用（Godfrey，2005）。在其他条件相同的情况下，消费者能从积极承担社会责任的企业生产的产品中获得更多的感知价值（Fornell et al.，1996），使消费者产生更高的满意度和忠诚度。综上所述，本研究提出如下假设：

H2：在线零售企业社会责任对企业声誉具有显著的积极影响。

第 6 章　在线零售企业社会责任能促进在线顾客忠诚吗？

H3: 企业声誉对在线顾客忠诚具有显著的积极影响。

H4: 企业声誉中介了在线零售企业社会责任对在线顾客忠诚的影响。

社会认同方法是一个包含探讨自我概念、组以及组际之间相互关系现象的理论框架。该方法的一个主要假设是组成员为自我定义做出贡献。也就是说，人们既把自己定义为具有个体特征的独立个人，又把自己定义为具有集体特征的属于某个或某些组的成员。近期，研究者将社会认同方法引入了顾客领域的研究，并发展出了顾客认同的概念框架。该概念框架的一个主要假设就是与雇员相类似，顾客同样会对公司产生认同。同时，这种组认同的发生甚至不需要个体是某个组的正式成员（Bhattacharya & Sen，2003）。也就是说，顾客的自我定义需求可以通过其光顾的公司得到部分的满足。总体来看，已有文献已经将社会认同方法引入了公司与顾客之间关系的研究，但是还缺少研究考查顾客认同在在线零售企业社会责任与在线顾客忠诚关系中的影响作用。社会认同理论认为，个体通过社会分类，对与自己密切相关的群体产生认同，同时对群体内部产生偏好而对群体外部产生偏见。个体通过与群体实现或维持一致性思想或行为来获得群体认同感，从而提高自身在群体中的地位和自尊。当个体对群体产生认同时，他就会认识到作为群体成员带给他的情感和价值意义，从而强化其成为群体成员。Tajfel（1978）将社会认同定义为个体认识到他（或她）属于特定的社会群体，同时认识到作为群体成员带给他的情感和价值意义。人们通过将自己作为特定社会成员的归类而建立自我概念和社会认同。社会认同理论引入管理学科便产生了组织成员作为个体社会认同的观点，且组织认同是显著的组织标识的必要条件（Ashforht & Mael，1989）。对消费者而言，组织认同作为顾客—企业关系的一个关键构念，代表"深的、承诺的和有意义的"关系（Bhattacharya & Sen，2003）。在营销学中，一些学者提出了顾客—企业认同概念，简称顾客认同，它指顾客出于自我表达和自我强化的需要，对符合其需求和价值观的企业产生认同感，并愿意与其建立牢固的情感关系（Bhattacharya & Sen，2003）。在顾客与企业的关系中，为了自我区分与保持自我相一致，顾客会对那些有吸引力身份的企业产生认同。所谓顾客认同，是指顾客基于对自我的感知和对企业的感知相当契合而产生的对企业的心理上的依恋感（Du et al.，2007），即顾客认同的产生是由于一个有吸引力的企业身份与消费者的自我感知相吻合，从而令顾客产生心理上的依恋感。本研究中的顾客认同是指消费者对在线零售企业的认同，是消费者因为对在线零售企业某一方面或某些方面符合自我表达和自我强化的需要，而对企业产生强烈的情感依附和承诺，并与之建立牢固、持久的关系，从而将自己视为企业的密切关联者，甚至视为其重要组成部分。

根据社会认同理论和自我归属理论，组织成员身份可以使个体形成自我概念，由此带来价值观上的同一性和情感上的归属感（Riketta，2005），消费者对特定企业的认同感源于企业的社会形象与消费者自我形象的契合，当企业具有与社会主流规范、价值观念相一致的特征，并且与消费者自我概念产生重叠，就会引发消费者对企业的美好联想，进而对消费者与企业之间的关系产生持久影响。当消费者感知到某企业具有较高社会责任水平时，可以提高在顾客心目中的公司形象，从而获得消费者认同感。现有的研究认为企业社会责任促进了企业与利益相关者之间的良好的关系（Brammer & Pavelin，2004）。这是因为企业社会责任加快了"识别"的过程，通过这个过程，利益相关者感受到其个人的价值观与企业价值观的融合（Bowling，2004）。顾客认同反映了消费者基于自我感知和公司感知的重叠而对公司产生的心理依恋（Du et al.，2007）。企业社会责任行为与公司响应社会需求的形象密切相关。公司通过企业社会责任活动创造效益的一个方法就是通过增加消费者对公司的认同来达到的。顾客认同反映了顾客对公司的心理上的依恋，这种依恋建立在顾客对自己的感知与顾客对公司的感知相互重叠的基础之上，顾客认同的产生则是顾客对公司的企业社会责任信念的内在结果。在实证研究中，David等（2005）检验了企业社会责任和顾客认同之间的关系，他将顾客认同划分为企业专长和企业社会责任价值观两个维度，并通过4个调查数据进行实证研究，发现企业社会责任显著影响顾客认同的两个维度。Sen等（2006）认为企业社会责任具有溢出效应或者光环效应，出于自我表达和自我强化的需要，消费者会对具有吸引力的公司产生认同感并与之建立密切的关系。根据社会认同理论，对于在线零售企业而言，通过保护环境、参与社会公益、促进经济发展、努力保护消费者权益等社会责任行为来谋求与社会认同的价值标准、伦理观等相一致，以增强社会认同感，而消费者作为社会成员，具有一般的社会价值标准和伦理观，他们通过对在线零售企业社会责任的感知和评价而对企业作出正面评价和积极肯定，从而促使他们对企业产生认同感，愿意与企业建立长期的牢固关系。企业社会责任形象对顾客—公司认同有直接的积极影响（Marín et al.，2009）。企业社会责任形象作为差异化价值系统的收发器，它支持了公司身份的吸引力（Sen et al.，2006）。顾客不仅可以识别那些身份看上去有吸引力的公司，因为他们感觉到与自己的身份更靠近，还可以分享共同的价值和原则（Pérez et al.，2015）。因此，企业社会责任形象增加了顾客对公司认同的感觉，并使他们发展出一种与公司的联系（Matute et al.，2011）。

第6章 在线零售企业社会责任能促进在线顾客忠诚吗？

Pérez（2009）将顾客认同定义为顾客的自我概念与对企业身份感知达成一致，在心理和情感上认为自己属于某社会群体（组织）。出于自我定义和自我表达的需要，顾客常常与社会中的组织发生关联，与企业的认同至少部分满足了他们自我定义的需求，因此人们常常以此将他们自己与优秀的组织联系起来，去丰富、提升他们的社会身份，实现自我的构建与提升。Du等（2007）则将CSR称之为表达企业身份的特别模式。企业通过社会责任行为的设计和履行，向顾客传递企业的价值观，而通过企业社会责任履行，顾客能够观察、体验到企业的价值主张、经营哲学，从而建立基于正向企业知识之上的企业身份识别。另外，顾客—企业认同还需要企业的社会责任者身份对顾客具有吸引力。企业慈善责任、道德责任等履行行为向顾客传递了企业亲社会的价值观，主张助人、利他与友善，是具有吸引力的社会身份（角色）表达（Stoner et al., 2011）。事实上，过去的一些实证研究也表明了顾客CSR感知与顾客认同存在正向的关系（涂铭等，2013；Marin et al., 2009）。消费者一旦在CSR行为促进下形成企业认同，则愿意主动对其认同的企业实施口碑推荐，参与企业活动等具有社会责任、助人及友善特质的行为，从而实现自我表达与自我一致。消费者与企业之间的牢固关系部分源于消费者对企业的认同感，这种认同感正是基于消费者自我概念和社会身份而产生的，它们驱使消费者与特定的组织发展出一种关联性（Bergami & Bagozzi, 2000）。顾客认同感可能会驱使消费者做出有利于企业的行为，如忠诚、口碑传播等，即这些消费者反应变量可以视为顾客认同的结果变量。Lichtenstein等（2004）发现，当公司实施社会责任活动，在一定程度上传递了公司特征与消费者特征一致和重叠的信号，那么消费者更可能支持公司。行为表现对社会负责的企业对顾客—公司认同是更有吸引力的，并且消费者更可能支持他们认同的企业（Marin et al., 2009）。基于认同的消费者支持可能对公司产品产生持续和长期偏好（Bhattacharya & Sen, 2003）。Sen等（2006）认为消费者的社会责任感知通过顾客认同感影响消费者的购买行为，具有强烈的企业认同和归属感的消费者则会表现出更高的忠诚度。Du等（2007）的研究发现，企业社会责任活动有助于增进消费者与企业之间的关系，从而产生口碑宣传这一拥护性行为。而Brown等（2005）认为，顾客认同是口碑宣传的一个前因变量，它是消费者口碑宣传的基础。同时，对组织有认同感的顾客在面对组织的负面信息时，会忽略或淡化处理这一信息，尤其当这些信息的负面影响并不严重时（Alsop, 2002）。Klein和Dawar（2004）的研究也表明，基于企业社会责任的顾客—公司认同能使顾客在面对有关企业的不利消息时，相信企业并对负面报道产生一定的抵制。Bhattacharya和Sen

（2003）认为消费者对顾客认同水平越高，越容易对企业产生有利的消费者反应，如高忠诚度、高产品试用率与产品推介，以及好的口碑等。其他学者也已经证实，通过对公司产品和服务的消费与推荐，顾客强化了他们的认同（Pérez et al.，2015）。因此，对公司价值的认同越高，消费者对公司越忠诚，并且希望建立长期关系（García de los Salmones et al.，2009）。支持扩展自我理论的学者认为推荐和购买成了表达和突显自我的行为，这对个人定义是必要的。因此，一旦对企业认同，消费者就会使用消费和沟通作为表达自我身份的方式，并且消费者会更加支持他们认同的企业（Marín et al.，2009）。总之，顾客认同代表了消费者对在线零售企业的一种深度情感依恋。根据消费情感理论，消费行为受到情感的影响，因此顾客认同将影响他们对企业的态度和行为。综上所述，本研究提出如下假设：

H5: 在线零售企业社会责任水平对顾客认同具有显著的积极影响。

H6: 顾客认同对在线顾客忠诚具有显著的积极影响。

H7: 顾客认同中介了在线零售企业社会责任对在线顾客忠诚的影响。

顾客认同代表一个深度的和有意义的关系（Bhattacharya & Sen，2003；He & Mukherjee，2007），企业声誉与顾客对企业的认同高度相关（Berens et al.，2005）。与其他品牌相比，若品牌由于独特性和声望而具有更强的标识，则消费者更愿意认同该品牌（Bhattacharya & Sen，2003）。这种观点与由于企业标识独特而形成的消费者—企业认同观点一致（Ahearne et al.，2005）。根据信号理论，对于消费者而言，由于在线消费的信息不对称性和风险性，良好的企业声誉是优质产品和服务的信号。同时，良好的声誉代表一定的声望，消费者对具有良好声望的在线零售企业所提供的信息更为信任，从而产生认同倾向。此外，根据社会认同和组织认同理论，当个体对群体产生认同感时，会将自身作为群体的一部分，而个体均希望在社会上或组织中树立良好（正面）的形象表征，因此对于具有良好声誉的在线零售企业，消费者更易产生认同感，即企业声誉对顾客认同具有正面效应。因此，本研究提出如下假设：

H8: 在线零售企业声誉对顾客认同具有显著的积极影响。

6.2.4 企业社会责任匹配和期望一致性的调节作用

企业社会责任匹配指企业与其所从事的社会事业之间的相似性、相关性、兼容性或者一致性（Trimble & Rifon，2006）。企业社会责任匹配越高，消费者感知的企业—消费者一致性越大（Sen & Bhattacharya，2001）。换言之，当企业社会责任匹配较高时，基于道德的驱动，个体可能会将部分外群体纳入内群体的心理范围（Reed & Aquino，2003）。通过缩小群体的心理距离实现内群体边界的扩展。群体关系边界的变化可能会引起品牌态度的变化。企业社会责任匹配吸纳了品牌延伸理论的内涵，与品牌匹配性有相似的维度划分（Kim et al.，2012）。多数研究将企业社会责任匹配划分为功能匹配与形象匹配（Nan & Heo，2007；田虹和袁海霞，2013）：功能匹配是企业产品的属性、功能与社会事业类型间段匹配，涉及与有形资产有关的匹配；形象匹配是品牌联想与非营利组织或社会事业活动本身的匹配，涉及无形资产间的匹配。也有学者认为企业社会责任匹配可分为产品种类匹配与品牌名称匹配（Lafferty et al.，2004），前者是指企业产品与社会事业在功能上的一致性，与功能匹配类似，后者是企业品牌与社会事业合作合乎情理的程度，其本质是形象匹配。Kim等（2012）从组织视角出发，将企业社会责任匹配划分为业务匹配、活动匹配和熟悉度匹配。业务匹配是"与谁合作"，活动匹配是指"做什么"，熟悉度匹配是组织间的匹配即对企业和非营利组织在熟悉度上的相似性；Ringer等（2005）将企业社会责任匹配分为认知匹配、情感匹配和行为匹配，但由于感知的复杂性，该观点并未在学术界得到广泛关注。在营销战略领域，企业社会责任匹配作为成功的关键因素已经引起学界的广泛关注（Rifon et al.，2004）。大部分研究认为，企业社会责任匹配对提升品牌态度和购买倾向有重要影响（田虹和袁海霞，2013）。从企业角度看，大部分研究认为企业社会责任匹配对企业资产（David，2005）、品牌资产（Becker-Olsen et al.，2006）、企业态度与品牌态度（Nan & Heo，2007）和购买倾向（Barone et al.，2000）等有重要的影响。但也有研究认为匹配性与品牌评估的关系是不明确的，需要建立在企业—消费者和消费者—社会事业一致性的基础上。企业不仅要选择与其匹配的社会事业，还要能够吸引目标客户群体。但如何吸引或引导客户，现有研究主要从企业和社会事业活动的特性出发进行了探究，忽略了消费者个人特质的影响（袁海霞和田虹，2013）。

现有许多研究对善因匹配问题进行了分析。Aaker（2009）在研究品牌延伸时发现，企业延伸品牌如果与核心品牌具有很强的联系，则这种匹配性能够加强消费者对延伸品牌的评价。在一些关于善因营销的研究中，品牌与善因的匹配性被定义为企业与善因在使命、形象、定位以及价值观方面的可感知关系。当企业与善因行为的匹配性较高时，能够改善消费者对品牌的评价。企业与善因营销之间的匹配通常体现在两个方面：形象匹配和功能匹配。功能匹配是产品的特色、性能与赞助的善因之间具有相似性或相关性。当功能匹配越高，消费者对品牌评价就越好。形象匹配是消费者感知的品牌与善因合作关系的关联度。与企业社会责任相关的善因匹配是企业从事社会责任给消费者带来的联想与产品本身引起的联想之间的相似程度（黄苏萍，2012）。Dacin等（2002）探讨了善因匹配水平对消费者行为的影响。Hoeffler等（2002）进一步提出更详细的理论分析企业是否应该赞助的战略问题，高的善因匹配将加强企业现有的品牌联想。Rifon等（2006）也证实善因匹配对企业社会责任动机和企业评价具有影响。有诸多企业进行的社会责任活动与企业的核心业务没有关联的善因，这种低的善因匹配使企业的社会责任投资没有任何收益（田虹等，2015）。

根据社会认同理论，为满足自我一致性与自我提高，个人会将组织的积极方面纳入自我概念中（Dutton，1994）。企业社会责任行为是个人认同的主要来源，且研究证实，企业社会责任行为能够提升企业—消费者一致性（Sen & Bhattacharya，2001）。尤其当企业社会责任匹配较高时，企业—消费者一致性和对企业伦理行为的感知更明显（Lee et al.，2012）。基于对目标客体的投入，这种较高的一致性会促使个体对其产生积极的评估（Marin & Ruiz，2007）。匹配性对利他性归因的影响取决于消费者信息处理过程中认知精细化程度。根据认知图式和说服知识模型，当社会责任匹配性较低时，将会刺激个体认知的评估和精细，试图将更多新信息加入预先的认知框架中并对信息进行处理，这种精细的认知过程将会导致个体详细审查社会责任活动的动机，刺激消费者质疑利他性动机，并产生利己性归因。当社会责任匹配性较高时，个体无须对交流中的信息给予太多的认知加工，可能会弱化利己性归因的产生，显著提升企业信誉。根据归因的两阶段模型，消费者会先将企业社会责任活动归因于意向动机，但如果消费者有足够的信息处理能力或者对情景因素进行深入思考，便会"纠正"前期推断。当匹配性较低时，由于企业所关注的社会问题与其商业活动缺乏逻辑上的联系，将会刺激消费者认知的深化，外在动机的归因更加明显，从而减少对企业社会责任活动的积极响应（田虹和袁海霞，2013）。利益相关者期望公司关注与其业务活动高度匹配或者有逻辑关系的社会问题。匹配性越高，消费者认为企业的真诚性动机越高。根据一致性理论，产品伤害危机的发生与主体原有的信念冲突较大，引起主体认知紧张，企业社会责任匹配越高，消费者感知到企业的利他性动机越强（Menon & Kahn，2003；Simmons & Becker-Olsen，2006），对主体认知紧张的缓解就越大，消费者感到不适的程度就越弱。另外，匹配在社会营销情景中被定义为事件与公司的产品线、品牌形象、定位以及目标市场的感知联系（Varadarajan & Menon，1988）。在许多赞助、品牌化和背书文献中的发现与联想网络理论是一致的。具体来说，高水平的感知关联性提升了消费者对公司/品牌的态度，因为他们将公司行为视为合适的（Becker-Olsena et al., 2006）。因此，先期预期、知识、联想、行动、公司能力与一个给定的社会活动之间有一个好的匹配能更容易整合消费者现有的认知结构，增加公司和社会活动之间的联系（Fiske & Taylor, 1991；Wojciske et al., 1993）。低匹配的活动可能被感知为与先前的预期和行动是不一致的，使它更难将新知识融入现有的记忆结构中。社会责任是品牌声誉的中心维度，企业的声誉受品牌和社会事业之间的匹配影响，所以高的品牌声誉与低的品牌声誉相比，消费者的品牌认识与社会事业之间更具有一致性，当社会事业与企业品牌匹配的一致性较高时，消费者更容易承认企业传递的信息和企业动机，企业声誉也会因此提升（田虹等，2015）。基于上述分析，本研究提出如下假设：

H9：企业社会责任匹配正向调节了在线零售企业社会责任对企业声誉的影响，即当匹配性高时，在线零售企业社会责任表现对企业声誉的影响更积极。

H10：企业社会责任匹配正向调节了在线零售企业社会责任对顾客认同的影响，即当匹配性高时，在线零售企业社会责任表现对顾客认同的影响更积极。

总之，在线零售企业社会责任正向影响企业声誉和顾客认同，进而导致积极的在线顾客忠诚，企业声誉、顾客认同与在线顾客忠诚关系受到企业社会责任匹配的影响。上述假设说明了一个调节中介模型，即在线零售企业社会责任通过企业声誉或顾客认同的中介作用对在线顾客忠诚的间接影响取决于在线零售企业社会责任匹配。因此，本研究提出如下假设：

H11：企业社会责任匹配正向调节在线零售企业社会责任通过企业声誉影响在线顾客忠诚的中介效应，即企业社会责任匹配水平越高，在线零售企业社会责任通过企业声誉影响在线顾客忠诚的中介效应越强。

H12：企业社会责任匹配正向调节在线零售企业社会责任通过顾客认同影响在线顾客忠诚的中介效应，即企业社会责任匹配水平越高，在线零售企业社会责任通过顾客认同影响在线顾客忠诚的中介效应越强。

消费者在评价产品、服务和企业时，会将他们的期望与主观判断的产品、服务和企业的表现进行私下比较。Oliver（1980）提出了期望一致性模型，认为满意经由消费者感知的产品绩效与其期望的比较产生。当感知绩效超过消费者的期望（正向的不一致），消费者产生满意；当感知绩效低于消费者的期望（负向的不一致），消费者产生不满意。消费者对企业社会责任的期望是消费者估计企业是否承担社会责任和承担多少社会责任的可能性（卢东，2009），期望一致性则是指消费者获得的绩效与其期望之间差距的估计。由于期望一致性模型认为期望一致性对满意有直接效应,由此可以推论,企业社会责任的期望一致性也直接正向影响消费者对企业社会责任的评价。当期望一致性高时,即企业社会责任感知绩效超过消费者的期望,消费者会产生满意,对企业行为作出正面的评价;当期望一致性低时,即企业社会责任感知绩效低于消费者的期望,消费者会产生不满意,对企业行为作出负面的评价(卢东等,2010)。期望一致性存在两个前导变量——感知绩效与期望。企业社会责任的感知绩效是指消费者对企业社会责任表现水平的信念。期望则是指事件发生的可能性或概率和事件本身好坏的评价,是对所期待事物的信念,在众多类型的决策中扮演重要角色(Creyer et al.,1997)。有关企业社会责任的期望在不断增加,大众媒体和其他利益相关者也越来越不能容忍企业对承担社会责任的忽略。Monsen(1997)认为企业社会责任的期望是社会责任最低水平的表达,消费者可能会期望企业的行为至少应该符合法律规范和道德准则。在期望一致性模型中,感知绩效是期望与之比较的参考点。感知绩效越高,感知绩效越可能超过期望,即正的期望一致性;感知绩效越低,感知绩效越可能低于期望,即负的期望一致性(Spreng et al.,1996)。因此,感知绩效正向影响期望一致性。消费者感知的企业社会责任会受期望的正向影响,消费者期望越高,感知的企业社会责任越强。同时,期望一致性受感知企业社会责任的正面影响,感知企业社会责任越高,期望一致性越高。消费者对企业的评价一方面受感知企业社会责任的正面影响,另一方受期望一致性的正面影响。

Dawkins和Lewis(2003)的研究进一步发现消费者响应是依赖其期望和感知的一致性。在理解消费者对企业社会责任的反应时,不能忽略期望的作用。只有企业的社会责任行为符合以及超过了消费者的期望,消费者才会认为企业具有社会责任,才会对企业作出肯定的评价,企业也才有机会从企业社会责任中获得消费者的回报。消费者对企业社会责任行为的期望是否被满足或超越将影响其对品牌的认同或抵制。公众对企业社会责任的期望在不断提高,他们不能容忍那些未能承担社会责任的企业,并且会惩罚他们。企业的发展前景有赖管理层对公众不断变化的期望的满足程度,因为通过承担企业社会责任可以满足利益相关者的期望和需求,提高组织"合法性",形成积极的道德资本和社会资本,避免企业品牌关系资产的损失(钟宏武,2007)。当消费者的企业社会责任感知超过期望则会产生满意,对企业作出更为积极正面的评价,从而影响后续购买行为;当消费者的企业社会责任感知高于期望(负向的期望一致性),消费者则会不满意,对企业作出负面的评价,从而影响后续购买行为

第6章 在线零售企业社会责任能促进在线顾客忠诚吗？

（辛杰，2012）。企业在社会责任方面的表现虽然能够引起企业声誉和消费者认同的增加，但是这个影响过程要通过消费者感知企业社会责任来实现，若企业社会责任表现并未满足消费者的期望，那么企业社会责任对企业声誉和消费者认同的影响将会大打折扣。因此，本研究提出如下假设：

H13：期望一致性正向调节了在线零售企业社会责任对企业声誉的影响。即当期望一致性高时（企业社会责任感知绩效超过消费者的期望），在线零售企业社会责任表现对企业声誉的影响更积极。

H14：期望一致性正向调节了在线零售企业社会责任对顾客认同的影响。即当期望一致性高时（企业社会责任感知绩效超过消费者的期望），在线零售企业社会责任表现对顾客认同的影响更积极。

总之，在线零售企业社会责任正向影响企业声誉和顾客认同，进而导致积极的在线顾客忠诚，企业声誉、顾客认同与在线顾客忠诚关系受到期望一致性的影响。上述假设说明了一个调节中介模型，即在线零售企业社会责任通过企业声誉或顾客认同的中介作用对在线顾客忠诚的间接影响取决于期望一致性。因此，提出如下假设：

H15：期望一致性正向调节在线零售企业社会责任通过企业声誉影响在线顾客忠诚的中介效应，即期望一致性水平越高，在线零售企业社会责任通过企业声誉影响在线顾客忠诚的中介效应越强。

H16：期望一致性正向调节在线零售企业社会责任通过顾客认同影响在线顾客忠诚的中介效应，即期望一致性水平越高，在线零售企业社会责任通过顾客认同影响在线顾客忠诚的中介效应越强。

基于上述的理论分析和文献回顾，本研究提出如下研究模型（图6-1所示）：

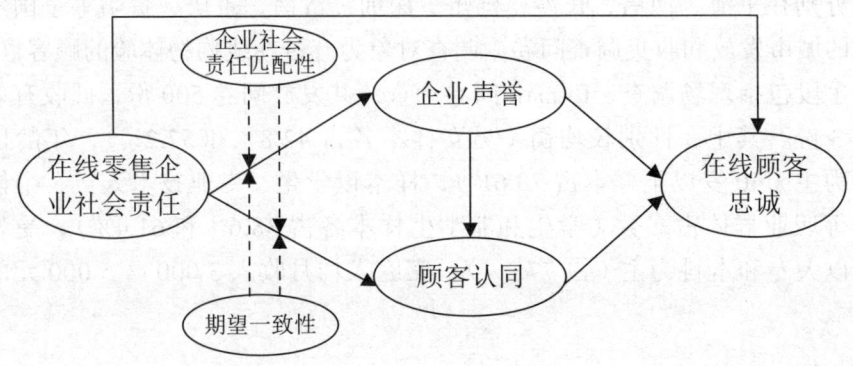

图6-1 研究模型

6.3 研究设计

6.3.1 问卷设计

本研究问卷设计包括样本特征和 6 个潜变量两部分。样本基本特征包括性别、年龄、职业、文化程度、月收入，这些变量在本研究中作为控制变量。6 个潜变量中在线社会责任为外生变量，企业声誉、顾客认同和在线顾客忠诚为内生变量，社会责任匹配性和期望一致性为调节变量。其中，在线零售企业社会责任测量参考金立印（2006）、笔者（沈鹏熠，2016）的研究，并结合访谈法确定了消费者能准确了解和关注度较高的在线零售企业社会责任内容，由于在线零售企业社会责任的测量内容较多，本研究主要选取了 12 个代表性的题项，这些题项体现了在线零售企业社会责任与线下企业社会责任的差异；企业声誉测量参考 Taghian（2015）的量表，由 3 个题项构成；顾客认同测量参考 Pérez（2009）的量表，形成 4 个题项；企业社会责任匹配测量参考 Alcañiz 等（2010）、Lafferty（2007）的量表，形成 6 个题项；期望一致性测量参考卢东等（2010）的量表，形成 2 个题项；在线顾客忠诚测量参考 Sousa（2012）、Herhausen 等（2015）的量表，形成 4 个题项。测量采用 Likert 7 点评分尺度，1 代表"完全同意"，7 代表"完全不同意"。

6.3.2 数据采集和样本特征

分别在上海、南昌、长沙、杭州、深圳、济南、重庆、贵阳等全国不同区域的城市发放和收集调查问卷，调查对象为有过在线购物体验的顾客群体，调查手段包括现场调查、E-mail 问卷调查，共发放问卷 500 份，回收有效问卷 473 份。其中，性别较均衡（男女样本各占 42.8% 和 57.2%），年龄以中青年为主（40 岁以下样本占 70.6%），样本以学生、专业技术人员、个体经商户等职业群体占多数（学生和非学生样本各占 38.6% 和 61.4%），受教育程度以大专和本科为主（占 77.2%），家庭人均月收入 3 000～5 000 元的占 55.3%。

6.4 数据分析

采用 SPSS20.0 和 AMOS20.0 进行所有的统计分析。具体如下：先针对研究所涉及的变量，运用 AMOS20.0 进行验证性因素分析，以检验相关量表的区分效度和建构效度，然后使用 SPSS20.0 进行描述性统计分析，最后采用层次回归分析和 Hayes（2013）开发的 SPSS/SAS 宏 PROCESS 考察企业声誉和顾客认同的中介作用，以及企业社会责任匹配和期望一致性的调节作用。

6.4.1 信度和效度分析

为了检验研究理论模型，应先对理论模型中所涉及的变量进行信度和效度检验。本研究根据结构方程模型的一般方法，先构建测量模型进行分析。

（1）拟合指数。使用 AMOS19.0 构建测量模型，从其拟合指数看，x^2/df 为 2.047，小于 3，RMSEA 为 0.044，小于 0.05，GFI、AGFI、CFI、NFI、IFI、TLI 均大于 0.90，说明测量模型拟合得很好，是一个十分优秀的模型。

（2）信度检验。本研究通过两个方面进行信度检验，一是通过 Cronbach's alpha 值考察量表总体信度和各潜变量的量表信度；二是通过组合信度考察各测量指标对各潜变量的测量信度。使用 SPSS20.0 软件检测到量表的总体 Cronbach's alpha 值为 0.875，大于 0.70。从表 6-1 可知，各潜变量量表的 Cronbach's alpha 值在 0.738～0.846 之间，大于 0.70 的标准，组合信度在 0.768～0.932 之间，也大于 0.70 的标准。因此，本研究的数据具有较高的信度。

（3）效度检验

根据结构方程模型分析要求，需要进行聚合效度和区分效度两个方面的效度检验。聚合效度主要是考察各测量指标对其潜变量测量的有效性，检验指标包括标准化因子载荷及对应的 T 值、平均方差抽取量；区分效度主要考察不同潜变量之间的差别，检验指标主要比较平均方差抽取量的平方根与潜变量之间相关系数的大小。从表 6-1 可知，所有观察变量的因子载荷为 0.652～0.863，平均方差抽取量（AVE）为 0.525～0.699，满足因子载荷大于 0.40，且在 0.01 水平下显著和平均方差抽取量大于 0.50 的标准，故说明各构念具有充分的聚合效度。各潜变量之间的相关系数在 0.058～0.606，而平均方差抽取量（AVE）的平方根为 0.725～0.836，满足所有潜变量之间的相关系数小于平均方差抽取量平方根的条件，故说明各构念之间具有充分的区分效度。

表6-1 验证性因子分析结果

潜在变量	观测变量	标准化载荷	T值	组合信度	Cronbach's alpha	AVE
在线零售企业社会责任	该企业不非法收集、使用和泄露消费者个人信息	0.735	—	0.932	0.738	0.533
	该企业不虚构交易记录或交易评价误导消费者	0.801	15.545			
	该企业的网络购物系统和支付方式有安全保证	0.652	14.768			
	该企业网站提供隐私保护声明	0.717	16.133			
	该企业不采用违规方式在网站上"刷"信誉度	0.723	15.829			
	该企业的网上产品与订购是一致的	0.711	16.555			
在线零售企业社会责任	该企业不在网上销售假冒伪劣商品	0.667	16.012	0.932	0.738	0.533
	该企业在网络零售市场中参与公平竞争	0.728	15.486			
	该企业不非法诱导消费者在线购买	0.791	15.874			
	该企业员工的福利待遇是令人羡慕的	0.695	14.925			
	该企业的网站流量和利润保持稳定增长	0.746	15.636			
	该企业积极参加慈善捐赠公益事业	0.778	15.748			

续 表

潜在变量	观测变量	标准化载荷	T值	组合信度	Cronbach's alpha	AVE
企业声誉	该企业是值得信赖的	0.712	—	0.768	0.793	0.525
	该企业是成功的	0.728	14.235			
	该企业为顾客提供了卓越的价值	0.733	14.761			
顾客认同	我的个性与该企业的个性相符	0.787	—	0.868	0.822	0.621
	我认为我和该企业所代表的形象相似	0.805	17.952			
	我怎么评价自己就如同我如何评价该企业	0.766	17.028			
	该企业给我的印象与我的个人形象相呼应	0.793	17.433			
企业社会责任匹配	该企业主营业务与其社会责任活动的结合是合适的	0.698	—	0.892	0.748	0.580
	该企业主营业务与其社会责任活动的结合是一致的	0.768	18.732			
	该企业主营业务与其社会责任活动结合是合逻辑的	0.727	18.197			
	该企业的形象与其社会责任活动的形象是合适的	0.765	18.538			
	该企业的形象与其社会责任活动的形象是一致的	0.811	19.224			
	该企业的形象与其社会责任活动的形象是合逻辑的	0.796	19.015			
期望一致性	该企业不只为利润，也尽到社会成员的责任，符合我的期望	0.808	—	0.823	0.846	0.699
	该企业对整个社会的贡献与我的期望相符	0.863	21.553			

续表

潜在变量	观测变量	标准化载荷	T 值	组合信度	Cronbach's alpha	AVE
在线顾客忠诚	我在该企业网站有强烈的在线搜索意图	0.802	—	0.867	0.835	0.620
	我在该企业网站有强烈的在线购买意愿	0.776	24.108			
	我下次还会重复惠顾该企业网站	0.818	25.526			
	我会向亲朋好友积极推荐该企业网站	0.753	24.742			

6.4.2 结构方程建模分析

针对 H1、H2、H3、H5、H6、H8 构成的路径关系模型，进行结构方程模型检验。拟合结果显示：x^2/df 为 2.461，RMSEA 为 0.047，GFI 为 0.914、NFI 为 0.908，IFI 为 0.927、TLI 为 0.911、CFI 为 0.922，模型拟合情况较好。采用最大似然法对该模型进行估计，结果如图 6-2 所示。除 H1 的标准化路径系数不显著外，H2、H3、H5、H6、H8 的标准化路径系数均在 0.01（** 代表 $p<0.01$）或 0.001（*** 代表 $p<0.001$）的置信水平上得到验证和支持。因此，在线零售企业社会责任不能直接促进在线顾客忠诚，而是通过一些中间因素和调节因素的作用对在线顾客忠诚产生间接影响。但是，在线零售企业社会责任促进在线顾客忠诚的过程中，企业声誉、顾客认同的中介作用以及企业社会责任匹配和期望一致性的调节作用还需要进一步的检验。

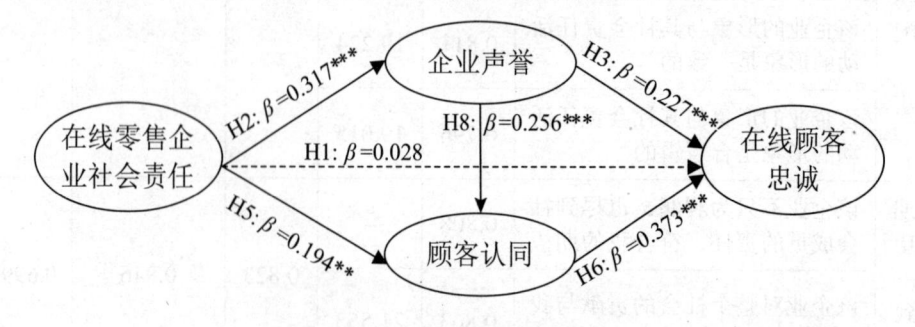

图 6-2 结构方程模型检验结果

6.4.3 中介效应检验

对于H4（企业声誉的单纯中介作用）和H7（顾客认同的单纯中介作用），将使用Hayes（2013）开发的SPSS/SAS宏PROCESS进行检验。表6-2显示，在控制了人口统计变量后，在线零售企业社会责任与企业声誉（M1，$\beta=0.375$，$p<0.001$）显著正相关；将在线零售企业社会责任与企业声誉同时置入回归模型后，结果显示企业声誉的影响显著（M2，$\beta=0.413$，$p<0.001$）。从基于5 000个Bootstrap样本所导出的"偏差校正置信区间"可发现，在线零售企业社会责任通过企业声誉对在线顾客忠诚产生的间接效应达到了显著性水平（$\beta=0.193$，Boot95%CI不包含0）。此结果说明企业声誉的单纯中介效应显著，H4得到支持。表6-3显示，在控制了人口统计学变量后，在线零售企业社会责任与顾客认同（M3，$\beta=0.408$，$p<0.001$）显著正相关；将在线零售企业社会责任与顾客认同同时置入回归模型后，结果显示顾客认同的影响显著（M4，$\beta=0.486$，$p<0.001$）。从5 000个Bootstrap样本所导出的"偏差校正置信区间"显示，在线零售企业社会责任通过顾客认同对在线顾客忠诚的间接效应是显著性（$\beta=0.178$，Boot 95% CI不包含0）。这表明顾客认同的单纯中介效应显著，H7得到支持。

表6-2 企业声誉的单纯中介效应分析结果

因变量	企业声誉			在线顾客忠诚		
	M1			M2		
预测变量	b	SE	t	b	SE	t
控制变量						
性别	−0.012	0.109	−0.106	1.018	0.104	1.248
年龄	0.058	0.097	0.955	−0.055	0.086	0.883
文化程度	0.166	0.053	2.782**	0.082	0.082	0.551
收入	0.107	0.065	1.338	−0.032	0.078	−0.367
职业	−0.018	0.061	−0.224	0.043	0.067	0.795
自变量						

续 表

因变量	企业声誉			在线顾客忠诚		
在线零售企业社会责任	0.375	0.056	8.663***	0.068	0.073	0.488
中介变量						
企业声誉				0.413	0.075	8.956***
R^2	0.343			0.238		
F	30.586***			18.672***		
间接效应	中介变量	效应值	SE	Boot 95% CI		
	企业声誉	0.193	0.05	[0.033, 0.427]		

注：* 代表 $p<0.05$；** 代表 $p<0.01$；*** 代表 $p<0.001$。下同。

表6-3 顾客认同的单纯中介效应分析结果

因变量	顾客认同			在线顾客忠诚		
	M3			M4		
预测变量	b	SE	t	b	SE	t
控制变量						
性别	0.076	0.085	0.825	−0.053	0.087	−0.418
年龄	0.083	0.087	0.966	−0.026	0.085	−0.225
文化程度	−0.028	0.071	−0.287	0.095	0.081	0.116
收入	0.044	0.068	0.372	0.018	0.068	0.125
职业	0.164	0.072	2.861**	0.068	0.067	0.773
自变量						
在线零售企业社会责任	0.408	0.058	8.698***	0.088	0.075	1.027
中介变量						
顾客认同				0.486	0.082	11.553***

续 表

因变量	顾客认同			在线顾客忠诚	
R^2	0.317			0.159	
F	26.782***			13.981***	
间接效应	中介变量	效应值	SE	Boot 95% CI	
	顾客认同	0.178	0.04	[0.102, 0.563]	

6.4.4 调节效应检验

对于 H9、H11（企业社会责任匹配对在线零售企业社会责任与企业声誉的关系及企业声誉的中介效应的调节作用）以及 H13、H15（期望一致性对在线零售企业社会责任和企业声誉的关系及企业声誉的中介效应的调节作用），本研究亦采用 PROCESS 进行分析，结果如表 6-4 所示。在线零售企业社会责任与企业社会责任匹配的交互作用、在线零售企业社会责任和期望一致性的交互作用对企业声誉的影响达到了显著性水平（M5，$\beta=0.263$，$p<0.001$；M6，$\beta=0.195$，$p<0.01$）。相应的调节效应图如图 6-3 至图 6-4 所示。图 6-3 显示，企业社会责任匹配高时，在线零售企业社会责任与企业声誉的正向相关较强（$\beta=0.464$，$p<0.001$）；当企业社会责任匹配低时，在线零售企业社会责任对企业声誉的正向影响较弱（$\beta=0.138$，$p<0.01$），因此 H9 获得验证。图 6-4 显示，期望一致性较高时，在线零售企业社会责任与企业声誉呈显著正相关（$\beta=0.377$，$p<0.001$），反之，在期望一致性低时，在线零售企业社会责任与企业声誉无显著相关性（$\beta=-0.075$，不显著），因此 H13 获得验证。

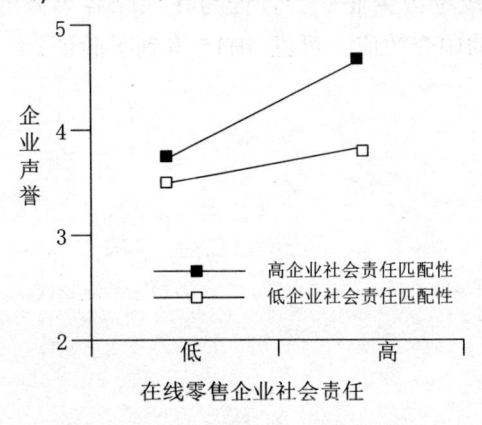

图 6-3 企业社会责任匹配对在线零售企业社会责任行为与企业声誉的调节效应

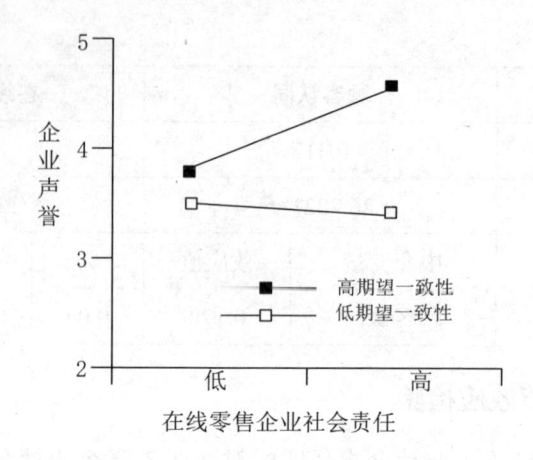

[图:企业声誉 vs 在线零售企业社会责任,高/低期望一致性两条折线]

图 6-4 期望一致性对在线零售企业社会责任行为与企业声誉的调节效应

由表 6-4 的下半部分可知，当企业社会责任匹配较高时，在线零售企业社会责任通过企业声誉作用于在线顾客忠诚的间接效应较强（$\rho=0.265$，Boot 95% CI 不包含 0）；当企业社会责任匹配较低时，在线零售企业社会责任通过企业声誉作用于在线顾客忠诚的间接效应较弱（$\rho=0.102$，Boot 95% CI 不包含 0）。因此，企业社会责任匹配调节了企业声誉对在线零售企业社会责任和在线顾客忠诚的中介效应，也就是说，形成了被调节的中介效应。可见，H11 得到了验证。同理，在期望一致性较高的情况下，在线零售企业社会责任通过企业声誉作用于在线顾客忠诚的间接效应较强（$\rho=0.251$，Boot 95% CI 不包含 0）；当期望一致性较低时，在线零售企业社会责任通过企业声誉作用于在线顾客忠诚的间接效应不显著（$\rho=-0.043$，Boot 95% CI 包含 0）。所以，期望一致性调节了企业声誉对在线零售企业社会责任与在线顾客忠诚的中介效应，也就是说，形成了被调节的中介效应。可见，H15 得到了验证。

第6章 在线零售企业社会责任能促进在线顾客忠诚吗?

表6-4 被调节的中介效应分析结果(企业声誉)

因变量	企业声誉 M5			企业声誉 M6			在线顾客忠诚 M7		
	b	SE	t	b	SE	t	b	SE	t
预测变量									
控制变量									
性别	−0.021	0.091	−0.071	0.048	0.083	0.785	1.018	0.104	1.248
年龄	−0.063	0.083	−0.628	−0.073	0.085	−0.884	−0.055	0.086	0.883
文化程度	0.198	0.085	2.788**	0.029	0.078	0.137	0.082	0.082	0.551
收入	0.083	0.077	0.995	−0.036	0.075	−0.528	−0.032	0.078	−0.367
职业	−0.055	0.075	−0.586	0.091	0.068	1.485	0.043	0.067	0.795
自变量									
在线零售企业社会责任	0.372	0.066	8.017***	0.228	0.058	5.973***	0.068	0.073	0.488
中介变量									
企业声誉							0.413	0.075	8.956***
调节变量									
社会责任匹配性	0.225	0.058	5.438***	0.263	0.052	6.635***			
期望一致性									

续 表

因变量	企业声誉	企业声誉	企业声誉	在线顾客忠诚
交互项				
在线零售企业社会责任 × 社会责任匹配性	0.263	0.055	6.246***	
在线零售企业社会责任 × 期望一致性	0.195	0.046	4.881**	
R^2	0.375		0.316	0.238
F	25.992***		22.717***	18.672***

调节变量	水平	效应	SE	Boot 95% CI
有条件的间接效应				
企业社会责任匹配性	高	0.265	0.053	[0.186, 0.423]
	低	0.102	0.045	[0.077, 0.235]
期望一致性	高	0.251	0.052	[0.124, 0.348]
	低	−0.043	0.044	[−0.086, 0.073]

第6章 在线零售企业社会责任能促进在线顾客忠诚吗？

对于 H10、H12（企业社会责任匹配对在线零售企业社会责任与顾客认同的关系及顾客认同的中介效应的调节作用）及 H14、H16（期望一致性对在线零售企业社会责任和顾客认同的关系及顾客认同的中介效应的调节作用），本研究亦采用 PROCESS 进行分析，结果如表 6-5 所示。在线零售企业社会责任与企业社会责任匹配的交互作用、在线零售企业社会责任和期望一致性的交互作用对顾客认同的影响达到了显著性水平（M8，$\beta=0.155$，$p<0.01$；M9，$\beta=0.218$，$p<0.001$）。相应的调节效应图如图 6-5 和图 6-6 所示。图 6-5 显示，企业社会责任匹配高时，在线零售企业社会责任与顾客认同有显著的正向相关性（$\beta=0.335$，$p<0.001$）；企业社会责任匹配低时，在线零售企业社会责任与顾客认同无显著相关性（$\beta=0.058$，不显著），因此 H10 获得验证。图 6-6 显示，期望一致性较高时，在线零售企业社会责任与顾客认同呈显著正相关（$\beta=0.263$，$p<0.001$），反之，期望一致性低时，在线零售企业社会责任与顾客认同无显著相关性（$\beta=-0.073$，不显著）。因此，H14 获得验证。

表6-5 被调节的中介效应分析结果（顾客认同）

因变量	顾客认同 M8			顾客认同 M9			在线顾客忠诚 M10		
	b	SE	t	b	SE	t	b	SE	t
预测变量									
控制变量									
性别	0.053	0.082	0.627	0.077	0.075	0.868	−0.053	0.087	−0.418
年龄	−0.078	0.078	−0.838	−0.012	0.072	−0.091	−0.026	0.085	−0.225
文化程度	0.084	0.076	0.952	0.096	0.068	0.225**	0.095	0.081	0.116
收入	0.027	0.074	0.193	0.033	0.065	0.421	0.018	0.068	0.125
职业	0.116	0.068	0.272**	0.121	0.058	2.448**	0.068	0.067	0.773
自变量									
在线零售企业社会责任	0.325	0.058	5.744***	0.237	0.055	5.983***	0.088	0.075	1.027
中介变量									
顾客认同							0.486	0.082	11.553***
调节变量									
社会责任匹配性	0.228	0.052	4.668***	0.352	0.051	6.745***			
期望一致性									

第6章 在线零售企业社会责任能促进在线顾客忠诚吗?

续 表

因变量	顾客认同			顾客认同		在线顾客忠诚
交互项						
在线零售企业社会责任 × 社会责任匹配性	0.155	0.048	3.193**			
在线零售企业社会责任 × 期望一致性				0.218	0.048	4.636***
R^2	0.373			0.422		0.159
F	28.523***			33.656***		13.981***

	调节变量	水平	效应	SE	Boot 95% CI
有条件的间接效应	企业社会责任匹配性	高	0.228	0.055	[0.127, 0.311]
		低	0.046	0.049	[−0.053, 0.128]
	期望一致性	高	0.155	0.056	[0.248, 0.472]
		低	−0.016	0.048	[−0.051, 0.126]

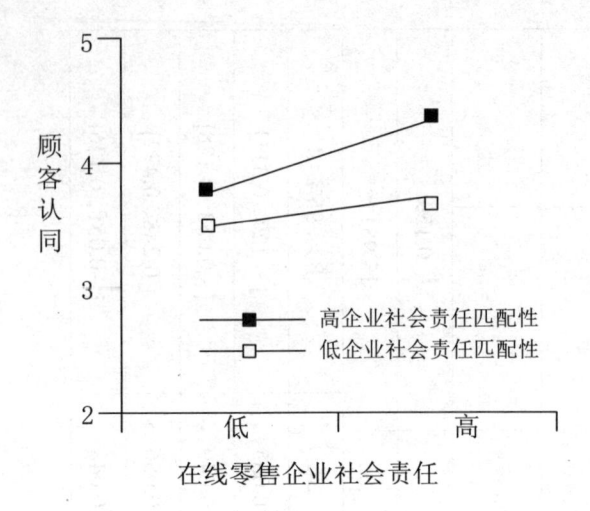

图 6-5 企业社会责任匹配对在线零售企业社会责任行为与顾客认同的调节效应

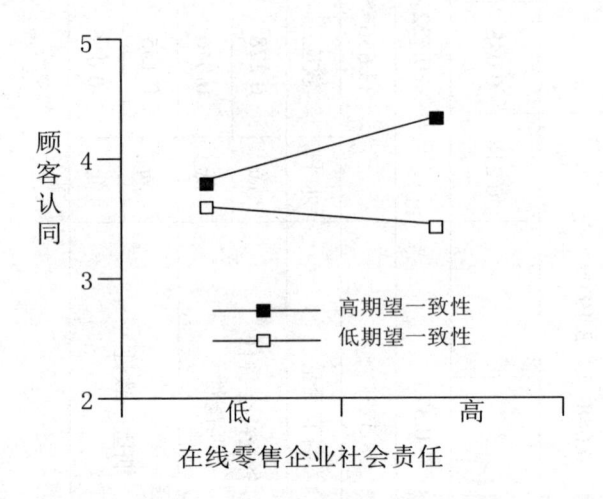

图 6-6 期望一致性对在线零售企业社会责任行为与顾客认同的调节效应

最后，由表 6-5 的下半部分可见，当企业社会责任匹配较高时，在线零售企业社会责任通过顾客认同作用于在线顾客忠诚的间接效应较强（$\rho=0.228$，Boot 95% CI 不包含 0）；当企业社会责任匹配较低时，在线零售企业社会责任通过顾客认同影响在线顾客忠诚的间接效应不显著（$\rho=0.046$，Boot 95% CI 包含 0）。因此，企业社会责任匹配调节了顾客认同对在线零售企业社会责任和在线顾客忠诚的中介效应，也就是说，形成了被调节的中介效应。可见，H12 得到了验证。同理，在期望一致性较高的情况下，在线零售企业社会责任通过顾客认同作用于在线顾客忠诚的间接效应较强（$\rho=0.155$，Boot 95% CI 不包含0）；当期望一致性较低时，在线零售企业社会责任通过顾客认同作用于在线顾客忠诚的间接效应不显著（$\rho=-0.016$，Boot 95% CI 包含 0）。所以，期望一致性调节了顾客认同对在线零售企业社会责任与在线顾客忠诚的中介效应，也就是说，形成了被调节的中介效应。可见，H16 得到了验证。

6.5 结论与讨论

本研究旨在探索在线零售企业社会责任对在线顾客忠诚的影响过程及机制，尤其是考察在线零售企业声誉和顾客认同的中介作用与企业社会责任匹配和期望一致性的调节作用。针对 473 份有过在线购物体验的消费者进行问卷调查，数据分析结果显示：①在线零售企业社会责任不能直接促进在线顾客忠诚的形成；②在线零售企业社会责任通过企业声誉和顾客认同的中介作用对在线顾客忠诚的形成产生间接影响；③企业社会责任匹配和期望一致性显著强化了在线零售企业社会责任与企业声誉、顾客认同之间的正向关系，同时强化了企业声誉和顾客认同对在线零售企业社会责任与在线顾客忠诚之间关系的中介作用。这表明，在线零售活动的社会属性和经济功能两者之间并不相互矛盾和冲突，而是相互融合和促进，从而充分说明零售活动的复合性。由此可见，在线零售企业经营管理过程中，使企业社会责任行为与顾客需求充分结合，经济功能和社会属性可以同时实现，且通过承担相应的社会属性有利于其经济功能的实现。

6.5.1 理论意义

（1）已有在线顾客忠诚的研究很少将在线零售企业社会责任作为前因加以讨论与验证。本研究将在线零售企业社会责任引入在线顾客忠诚研究，阐明了在线零售企业社会责任对在线顾客忠诚的重要意义，拓展了在线顾客忠诚组织层面影响因素的范围。

（2）为"在线零售企业社会责任为何会影响在线顾客忠诚"这一问题确认了重要的解释机制和视角。已有研究大都验证了影响因素对在线顾客忠诚的直接效应而很少探究其中介机制和调节机制。本研究基于社会认同理论、声誉理论、品牌延伸匹配理论和期望不一致理论，证实了在线零售企业社会责任完全通过企业声誉和顾客认同而影响在线顾客忠诚，并且企业声誉和顾客认同的中介作用还受企业社会责任匹配和期望一致性的调节,从而有助于我们从不同的理论或视角来理解在线零售企业社会责任发生作用的机制,也有助于揭开在线零售企业社会责任与在线顾客忠诚之间关系的"黑箱"。

(3)初步确立了在线零售企业社会责任借由企业声誉和顾客认同对在线顾客忠诚发挥影响的边界条件,显示出在线零售企业社会责任作用于在线顾客忠诚的过程中,企业声誉和顾客认同这两个中介通道依赖一定的权变条件,如本研究中的企业社会责任匹配和期望一致性这两种个体特征因素,也再次证明了应重视顾客在企业社会责任行为开展中的地位与作用的必要性。具体来说,运用 PROCESS 进行分析的结果证实了企业社会责任匹配和期望一致性对"在线零售企业社会责任→企业声誉/顾客认同→在线顾客忠诚"这一中介过程所起到的调节作用。企业社会责任匹配和期望一致性较高时,通过企业声誉/顾客认同所传导的在线零售企业社会责任对在线顾客忠诚的间接影响较强;相反,企业社会责任匹配和期望一致性较低时,通过企业声誉/顾客认同所传导的间接影响较弱或不显著。亦即在线零售企业社会责任通过企业声誉/顾客认同的中介作用对在线顾客忠诚产生的影响效应仅限于一部分顾客(即高企业社会责任匹配或高期望一致性的个体)。这说明了个体感知差异因素在促使顾客将他们的企业声誉感知和企业认同感知转化为在线顾客忠诚方面发挥重要影响。

(4)表明了将中介变量和调节变量纳入同一理论框架加以探讨和整合分析的必要性,有助于我们更加全面而完整地了解变量之间影响的传导过程及其权变情形的全貌。在中介变量的单纯中介效应显著的情况下,如果纳入权变因素后中介效应产生分化(即在不同条件下,中介效应的大小或方向发生显著变化),则恰恰说明了该变量的这一中介效应的复杂性及考察其边界条件的重要意义。

6.5.2 实践启示

本研究对在线零售企业的管理实践也具有一些启示意义。具体而言,本研究显示在线零售企业社会责任是在线顾客忠诚的重要前置驱动因素,但企业声誉和顾客认同在其中担当有条件的中介角色。这为在线零售企业管理者提供了值得参考的管理方式,并提示管理者应意识到激发企业声誉感知和顾客认同的重要性。因此,组织实施企业社会责任行为的关键是要提升顾客对企业声誉的感知及顾客对企业的认同。社会责任运动已不仅是"社会期待企业应履行的责任",还是在线零售企业获得良好声誉和赢得消费者认同乃至创造竞争优势

第6章 在线零售企业社会责任能促进在线顾客忠诚吗?

的源泉。在线零售企业应该积极地保护消费者权益不受侵犯,遵纪守法,注重环保和实施绿色营销,不断创造社会就业机会,积极参与慈善捐赠和公益事业等方面来提高企业声誉及增强消费者对企业的认同来增加顾客对企业的在线忠诚。并且,在线零售企业还应出于利他动机而非出于利己动机去积极承担和履行社会责任。让消费者意识到在线零售企业承担社会责任是真正出于社会利益和消费者利益的考虑而采取的决策和行为,而不是沽名钓誉或为了拉动企业销售而采取的短期行为。另外,在线零售企业在开展社会责任活动时,应注意增强消费者对企业的认同感,让消费者感知到企业对社会尽责的经营理念与消费者自身价值观的一致性,使他们成为企业的义务宣传者。企业应通过积极的社会责任活动建立良好的"企业公民"形象,树立成功的企业形象和公益形象,为消费者提供卓越的价值,从而赢得消费者信赖,让消费者能对企业社会责任行为做出积极响应,提升在线忠诚。顾客对企业的认同作为顾客—企业关系的一个关键构念,代表顾客与企业深厚的关系,是一种深度的心理承诺。顾客认同对在线顾客忠诚影响的内在机理是通过消费者满足的自我界定需要实现的。当企业的社会责任属性特征满足消费者自我界定需要时,进而强化自我概念或认同,消费者便会形成对企业的认同,而一旦消费者形成对企业的认同后,便会形成积极的行为反应。因此,企业可以对目标顾客进行深入分析,发掘消费群整体特征及潜在的自我界定需要,据此开展有针对性的社会责任营销努力,传递目标消费群体自我界定所需要的企业社会责任属性特征,使消费者个人形象与企业社会责任所传递的企业形象相一致。又由于企业声誉相对稳定,因此在线零售企业的社会责任营销行为应一如既往地坚持对自身声誉的塑造和维护,使其在顾客心中不断强化。

　　本研究结果中企业社会责任匹配和期望一致性对企业声誉和顾客认同中介效果的调节作用则提示在线零售企业的社会属性(企业社会责任)不是能必然直接导致经济功能(在线顾客忠诚)的实现,而是需要意识到企业社会责任匹配和期望一致性是保证在线零售企业社会责任通过企业声誉和顾客认同促进在线顾客忠诚这一效果的重要战略手段。就社会责任匹配性而言,在线零售企业的经营内容与社会责任行为的匹配及企业形象与社会责任活动形象的匹配是企业获得良好声誉和顾客认同的重要条件。在线零售社会责任行为与企业经营的产品和范围匹配程度越高,企业形象与社会责任活动的形象匹配程度越高,消费者和员工对企业的认可程度也就越高,这能够提升顾客对企业的在线搜索意图、在线购买意愿、口碑推荐和重顾行为,有利于企业差异化战略的实现。因此,在社会责任的履行过程中,管理者应选择与企业的经营业务和企业形象相匹配的社会责任行为。

企业在社会责任方面的表现虽然能够吸引在线顾客忠诚的增加，但是这个影响过程要通过消费者感知企业社会责任来实现，若企业社会责任表现并未满足消费者的期望，那么企业社会责任对在线顾客忠诚的影响将会大打折扣。因此，探究消费者的心智模式和掌握消费者对企业社会责任的需求就成为一个重要的课题。在期望一致性方面，只有当消费者对在线零售企业社会责任的实际感知超过期望（正向期望一致性）则会产生满意，对在线零售企业作出更为积极正面的评价，促进企业声誉感知和顾客认同，从而促进在线顾客忠诚。反之，当消费者的企业社会责任感知低于期望（负向期望一致性）时，消费者则会不满意，对企业作出负面的声誉感知和认同，从而阻碍在线顾客忠诚。因此，基于期望不一致理论，在线零售企业应识别社会及消费者对其承担社会责任行为的要求，开展符合消费者期望的社会责任活动，从而使消费者对在线零售企业社会责任行为的感知绩效高于期望，使期望一致性提高，从而提高企业声誉感知和顾客认同并转化为在线顾客忠诚行为。为了满足消费者的期望，在线零售企业履行社会责任行为的力度需要加深，范围需要扩大，全面社会责任营销的履行势在必行。并且，也要让消费者知晓和感知到在线零售企业的社会责任行为表现，不断提高顾客对在线零售企业社会责任行为的感知绩效水平。

6.5.3 局限与展望

本文还存在一些不足之处，需要在未来的研究中加以改进。首先，数据来自顾客方面的问卷调查，变量之间的关系容易受到共同方法偏差的干扰。在未来的研究中，可以通过采取包含企业、员工、顾客等多个主体的方式来获取数据，从源头上来降低共同方法偏差问题。其次，本文只探讨了部分中介变量和调节变量。在线零售企业社会责任驱动在线顾客忠诚是一个复杂的过程，可能存在其他重要的心理影响机制，如消费者的责任意识、消费者的信任倾向等，今后的研究应将这些变量设为干扰变量来进行更细致的探索。最后，本文只从总体层面考察了在线零售企业社会责任的影响，未来可以将在线零售企业社会责任行为细分为不同的类型，并进一步比较不同类型的企业社会责任行为对在线顾客忠诚的影响过程及机制。

第 7 章　在线零售企业社会责任行为与消费者响应

——基于中国背景的调节效应模型

在线零售企业社会责任行为与消费者响应的关系并非简单的相关关系，而是涉及复杂的调节变量干扰，为了进一步探讨在线零售企业社会责任与消费者响应之间的复杂关系机制，本章将消费者感知动机、消费者信任、消费者支持、网络店铺形象纳入其中进行理论和实证分析，从而提出相应的管理启示。

7.1　问题的提出

根据中国互联网络信息中心(CNNIC)发布的第 46 次《中国互联网络发展状况统计报告》显示，截至 2020 年 6 月，我国网民规模达 9.4 亿，互联网普及率达 67%。网络零售用户规模达 7.49 亿，占网民整体的 79.7%，市场连续七年保持全球第一。我国网络支付用户规模达 8.05 亿，占网民整体的 85.7%，移动支付市场规模连续三年全球第一。随着网购市场的成熟，产品品质及服务水平逐渐成为影响用户网购决策的重要原因，未来这一诉求将推动 B2C 市场继续高速发展，成为网购行业的主要推动力。未来随着企业大规模进入电商行业、移动互联网的快速发展促使移动购物日益便捷，中国网络购物市场整体还将保持较快增长速度。但是，在在线零售快速发展的同时，也带来了许多伦理道德和社会问题（张国宝，2009），与在线购物相关的道德问题关注正在增加（Cheng et al.，2014）。例如，我国大型在线零售企业价格战和淘宝商城卖家集体抗议事件等，都曾引起市场热议，侵害了利益相关者的利益。随着电子商务实践的纵深发展，在线零售企业社会责任问题应引起学界和业界的高度重视。尽管以阿里巴巴为代表的一批电子商务企业上市加快了国际化的进程，并日益重视企业社会责任的建设。例如，阿里巴巴集团专设社会责任部门，发表年度社会责任报告。然而，从整个行业看，在线零售企业社会责任意识和行动仍比较欠缺。虽然有些在线零售企业履行了一定的社会责任，但主要是迫于媒体、政府公众社会监督的压力，或者出于提升品牌和公司形象的考虑，拉动企业营销。更有甚者，一些中小在线零售企业对企业社会责任的概念相对模糊，这些中小在线零售企业群体成为履行社会责任的盲点和难点。

由于消费者是商业活动中的主要参与者，如果不考虑消费者的观点，对企业社会责任行为的了解将不够完整。消费者是评价在线零售企业社会责任行为是否积极并抵制消极企业社会责任行为的重要市场力量。所以，在线零售企业在制定经营决策时应该充分考虑消费者的感受和意见，以制定出符合消费者社会责任要求的决策。这就要求在线零售企业明确消费者评价企业社会责任行为的角度，了解消费者对其社会责任行为的响应。国外很早就开始关注企业社会责任对消费者响应（如品牌评价、购买意向、品牌忠诚等）所产生的影响，并且通过大量的实证研究证实了两者之间的正相关关系（Bhattacharya & Sen, 2004）。国内也有研究实证分析了企业社会责任活动对最终消费者行为所产生的影响（周祖城和张漪杰，2007；周延风等，2007；李程骅和胡亚萍，2008）。现有研究对为什么不同的消费者会对企业的社会责任活动产生不同的响应还没有得到应有的关注（Schuler & Cording, 2006；Du, 2007；Sen & Bhattacharya, 2007）。并且，现有研究均是基于线下情境的分析，很少有研究针对在线情境中在线零售企业社会责任与消费者响应的关系进行分析。关于在线零售企业社会责任水平是否影响中国消费者的购买决策？在线零售企业社会责任对中国消费者购买行为的影响受到哪些因素制约？其影响机制是怎样的？仍缺乏有效的解释。因此，本文认为在线零售企业社会责任与消费者购买意愿之间的关系并不是在任何条件下都表现出恒定的正相关关系，在线零售企业社会责任对消费者购买意愿的影响会受到诸多因素的影响。本文针对这一议题对现有研究进行扩展，进一步厘清消费者对在线零售企业社会责任行为的响应过程及其调节机制。由于消费者的个体特征因素在信息技术和接受在线服务中发挥了重要作用。最近有研究关注个体差异对于在线顾客忠诚的影响（Sanchez-Franco et al., 2009；Lu & Lee, 2010）。那么，消费者的个体特征因素对在线零售企业社会责任行为与消费者响应的影响是否存在显著差异？这是个值得去探讨和研究的新问题。本文将构建一个基于在线零售企业社会责任行为与消费者响应关系的研究框架，并实证检验消费者信任、消费者支持、消费者感知动机三个消费者个体特征因素和在线零售企业网络店铺形象对这种关系的调节效应,从而揭示不同个体差异和网络店铺形象差异条件下在线零售企业社会责任行为对消费者响应的影响机理。这对深入理解在线零售企业社会责任行为的消费者心理反应机制,并有效提升在线零售企业社会责任培育水平提供了启示。

7.2 文献回顾和假设推演

7.2.1 关于企业社会责任的消费者响应研究

关于企业社会责任的研究由来已久,自 Bowen(1953)正式提出"企业社会责任"以来,专家学者进行了大量研究。具有代表性的观点是,Carroll(1979)提出完整的企业社会责任是公司经济责任、法律责任、伦理责任与自愿责任(慈善责任)之和。有许多学者验证了 Carroll 的研究,并将其作为研究基础和框架。消费者视角的企业社会责任一直是个重要的学术议题,多数研究都同意消费者是推动企业社会责任活动的最主要的动力。其中,金立印(2006)基于消费者感知的调查,提出中国企业社会责任包括回馈社会、赞助教育文化等社会公益事业、保护消费者权益、保护自然环境、承担经济方面的责任五个维度。谢佩洪和周祖城(2009)也基于消费者感知的调查开发了中国背景下企业社会责任行为测量量表,包括企业积极保护消费者权益、企业积极回馈社会的慈善捐赠及公益事业、企业爱护环境、投身环保事业、企业切实关心员工的权益。邓德军和蒋侃(2011)则基于消费者期望的调查,提出企业社会责任包括承担社会公益责任、员工责任、法律责任、消费者责任和经济责任。有诸多研究从消费者视角去考察企业社会责任的微观后果,涉及企业社会责任对消费者的企业和产品评价、消费者公司认同、消费者态度、企业声誉、消费者满意、消费者购买意愿等变量的影响作用(Berens et al., 2005;Brown & Dacin, 1997;Luo & Bhattacharya, 2006;Mohr & Webb, 2005;周延风等, 2007)。已有研究表明,企业积极从事 CSR 活动能使企业获得消费者对产品与品牌的更高的评价、品牌选择及品牌推荐(Sen & Bhattacharya, 2001;Brown & Dacin, 1997;Handelman & Arnold, 1999),有助于改善消费者的品牌态度(Sen et al., 2006;Lafferty & Goldsmith, 2005),进而影响消费者-企业认同(Marin et al., 2009;Bhattacharya & Sen, 2003;Currás-pérez et al., 2009),增加消费者的重购及推荐意愿等(Sen & Bhattacharya, 2001;Brown & Dacin,

1997；刘凤军和李敬强，2011；周延风等，2007；顾浩东和宋亦平，2009；谢佩洪和周祖城，2009；田志龙等，2011；马龙龙，2011），最终降低企业特质风险（Luo & Bhattacharya，2009）和提高企业市场价值（李敬强和刘凤军，2010）。然而，企业社会责任与消费者的响应之间的关系，并非只是简单的相关关系，不同类型的消费者对企业社会责任的响应不完全相同。企业社会责任与消费者购买意向的关系受到消费者个人特征的调节，受消费者对企业社会责任与企业能力的信任程度（简称"消费者信任"）、消费者对企业社会责任行为的支持程度（简称"消费者支持"）的调节（Sen & Bhattacharya，2001）。关于消费者信任和消费者支持在企业社会责任影响中的调节机制分析也在我国学者周延风（2007）、马龙龙（2011）、刘凤军（2012）、郭晓凌和陈可（2011）的研究中得到部分证实。另外，Becker-Olsen等（2006）的研究表明，当消费者认为企业社会责任的动机是利他动机时，则会增加对企业的正面评价，并产生更高的实际购买意愿；反之，当消费者认为企业社会责任行为的动机是利己动机时，则会降低对企业的喜爱感觉，并降低即时购买意愿。尽管现有研究表明，企业社会责任对消费者的购买意向确实存在一些消费者个体特征因素的调节作用，但其研究背景仅局限于线下情境，有关在线情境中在线零售企业社会责任与消费者响应之间的调节效应还缺乏深入分析。

迄今为止，学界直接对在线零售企业社会责任的研究较少，已有文献主要集中在互联网企业对社会责任的表述、企业网络营销的道德分类、在线零售商道德方面。其中，在线零售商道德问题得到了较多关注和专门研究。过去的研究表明，消费者在线购物时所担心的道德问题是财务信息的隐私、网络安全、欺诈、在线零售商可靠性、质量，其中，隐私和安全（Bush et al.，2000；Miyazaki & Fernandez，2001；Singh & Hill's，2003）多被视为在线消费者最看重的道德问题。Roman（2007）提出了消费者感知的在线零售商道德的具体框架和测量内容由安全、隐私、非欺诈、履行/可靠性四个维度构成，Nardal和Sahin（2011）又在土耳其在线零售市场对这一维度体系做了进一步检验。国内的阎俊等（2008）构建了消费者对本土B2C网站营销道德的评价模型和指标。另外，也有一些研究从消费者响应的角度分析了在线零售商道德行为的影响效应，主要包括在线零售商道德对满意、信任、忠诚、口碑和购买意愿的影响（Yang et al.，2009；Roman，2010；Limbu et al.，2011，2012；Arjoon et al.，2011；Roman & Cuestas，2008；Adam et al.，2007）。但这些研究关注的只是在线零售企业的道德责任与消费者响应之间的关系，并没有对在线零售企业社会责任的其他责任内容进行全面分析，没有全面分析在线零售企业社会责任行为对消费者响应的影响机理，关于为什么不同的消费者会对在线零售企业社会责任行为产生不同的响应还没有得到深入分析。

7.2.2 在线零售企业社会责任行为对消费者响应的影响

消费者作为在线零售市场中的重要主体，具有"经济人"的特征，其决策在一定程度上是基于"经济理性"的。在线零售企业社会责任作为对消费者在线购买决策构成影响的外部因素，其发生作用的前提之一是触发了消费者的经济理性。在线零售企业承担社会责任的行为要为消费者创造利益或让消费者主观上感觉到企业正在向自己让渡利益，才能让消费者产生积极响应。在线零售企业社会责任具备营销效应、声誉效应和公关效应，是影响消费者购买决策的重要外部因素之一。大多研究证实了企业社会责任会对消费者响应产生积极的影响。Creyer和Ross（1997）发现消费者愿意通过支付更高的价格来奖励那些在社会责任方面表现得较好的企业，而通过支付更低的价格来惩罚那些在企业社会责任方面表现得不好的企业；Sen和Bhattacharya（2001）则发现企业社会责任既可以通过提高消费者的组织认同来积极地影响消费者的产品反应，又可以直接对消费者反应产生正面的影响；其他一些研究也证实了消费者会通过积极的响应来奖励那些在企业社会责任上表现得很好的企业（Ellen等，2000；Sen et al.，2006；Du，2007；Sen & Bhattacharya，2007）。良好的企业社会责任形象会正向影响消费者对品牌声望、品牌区分性及品牌吸引力的评价，以及消费者-企业认同、品牌态度和购买意愿（Marin et al.，2009），积极的企业社会责任信息会显著影响消费者的购买意愿及推荐意愿（Vlachos et al.，2009），并且随着消费者对企业社会责任知晓度的增加，消费者对企业的态度有显著改善，购买意愿显著增加（Sen et al.，2006）。另外，在线零售企业社会责任中的道德责任与消费者响应变量的关系已经得到了研究支持。Limbu等（2011）检验了在线零售商道德对消费者满意和忠诚的影响。Surendra Arjoon等（2012）的研究，证实了在线零售商道德与消费者忠诚有直接的积极关系。另外，一些研究发现，在线零售商道德不仅对口碑推荐有积极影响（Roman & Cuestas，2008；Yang et al.，2009），在线零售商营销道德通过企业道德识别和消费者-企业认同还对口碑产生间接影响（蒋侃，2012）。Adam（2007）的研究表明，在线零售商道德中的隐私和安全维度对消费者购买意愿有积极影响。基于上述分析，建立如下假设：

H1：在线零售企业社会责任行为对消费者响应有正向影响。

7.2.3 消费者信任和消费者支持的调节作用

消费者对企业社会责任的反应因人而异。Sen 和 Bhattaeharya（2001）的研究证明，企业社会责任水平对消费者购买行为的影响受到消费者个体特质的调节，其中，消费者对企业社会责任与企业能力的信任程度（简称"消费者信任"）、消费者对企业社会责任行为的支持程度（简称"消费者支持"）是影响消费者响应企业社会责任的两个重要调节变量。消费者信任是指消费者通常在多大程度上相信企业的社会责任贡献是对发展企业能力的减损还是强化，消费者支持强调消费者在多大程度上支持企业的社会责任行为。本研究将进一步探讨消费者信任和消费者支持在在线零售企业社会责任行为影响中的调节效应。消费者对企业的社会责任努力的反应依赖于消费者自身在多大程度上相信企业的这种付出是在损耗或是在强化企业能力的发展。如果消费者认为两者是交换关系而不是双赢关系，则对从事社会责任行为的企业反应要比持相反信念的消费者弱，给予更低品牌评价及购买意愿（Sen & Bhattacharya, 2001；周延风等，2007）。因此，在持有交换关系信念的消费者看来，在线零售企业履行社会责任就是在浪费那些本可以提升企业能力的有限资源，从而降低了企业为消费者提供更好产品的能力，而对持有双赢关系信念的消费者来说，在线零售企业履行社会责任可以为企业获得更高的企业能力，有利于为消费者提供更好的产品，所以其评价更趋向积极的一面。另外，希望得到消费者回报的企业在从事社会责任活动时，必须与其营销目标人群保持高度一致，而消费者也更加重视所感知到的企业社会责任与其自身的一致性。Moh 和 Deborah（2005）的研究结果显示，对企业社会责任支持程度不同的消费者对产品的购买意愿不尽相同，高支持消费者对企业的社会责任行为更为敏感，表现出更强的购买意愿。基于上述分析，提出如下研究假设：

H2: 消费者信任对在线零售企业社会责任行为与消费者响应有调节作用，即高信任消费者的响应程度对在线零售企业社会责任行为更为敏感。

H3: 消费者支持对在线零售企业社会责任行为与消费者响应有调节作用，即高支持消费者的响应程度对在线零售企业社会责任行为更加敏感。

7.2.4 消费者感知动机的调节作用

随着消费意识的增强，当企业从事企业社会责任活动时，一些消费者甚至会对企业的这一行为加以质疑。企业要想成功地通过实施企业社会责任行为获益，就必须尽量减少消费者的质疑。因为这种转换很有可能会随着消费者对企业社会责任行为潜在动机的归因而变化,并且先前的研究认为消费者在获知企业从事企业社会责任的信息时会频繁地产生归因(Forehand & Gier, 2003)。根据归因理论,消费者在获知企业社会责任信息后,会进一步推论企业行为背后隐藏的动机,不同的动机判断会使他们做出不同的响应(卢东等,2010)。消费者对企业的社会责任行为存在两种可能的归因:迫于社会压力和自身利益的利己归因和企业自身道德素质表现的利他归因。消费者对企业社会责任的不同归因,会影响消费者对企业的不同评价,从而影响其对产品的态度和购买行为。Yoon等(2006)认为消费者会推断企业的社会责任行为动机是否真诚,当消费者对企业社会责任行为隐藏的动机产生怀疑时,消费者可能会推测企业行为目的是迫于社会压力和提高企业形象,从而弱化其感知的企业社会责任绩效,当消费者把企业的社会责任行为看作一种利他行为时,会认为企业具有高尚的道德水平,从而强化其感知的企业社会责任绩效。Becker-Olsen等(2006)认为,当消费者认为企业社会责任的动机是与社会责任相联系时,即感知动机为利他,则会增加对企业的正面评价,并产生更高的实际购买意愿;反之,当消费者认为企业社会责任行为的动机是与利润相联系时,即感知动机为利己,则会降低对企业的喜爱感觉,并降低即时的购买意愿。邓新明(2012)也研究了企业伦理利他动因,结果表明持负响应态度的消费者认为企业从事伦理活动的动机是为了自己的商业利益,只是在"做秀",或者只是为了标榜自己而已。另外,从企业的角度而言,内部动机也能够驱动企业履行社会责任,企业管理者如果具有关注他人的利他性,认为企业社会责任是一种道德责任应该遵守,那么他们从企业社会责任行为中就能够获得满足(Bronn & Vidaver-Cohen, 2009)。随着企业不断发展和壮大,企业面临越来越多的来自消费者、政府部门、社区、员工和股东等利益相关者的社会压力(Graafland, 2012)。利益相关者的社会压力促进了企业利他性动机的形成,而利他性动机进一步引导企业进行社会责任行为(姜雨峰和田虹,2015)。基于上述分析,提出如下假设:

H4: 消费者感知动机对在线零售企业社会责任行为与消费者响应有调节作用。相比感知利己动机的消费者,感知利他动机消费者的响应程度对在线零售企业社会责任行为更加敏感。

7.2.5 店铺形象的调节作用

关于企业社会责任与消费者行为的研究多事先假设或者人工设定了消费者对企业社会责任的感知,事实上,消费者对企业社会责任的感知水平很低

（Pomering & Dolnicar，2009；Sen et al.，2006）。由于只有消费者知晓企业参与的社会责任活动，才可能对企业社会责任产生积极响应。因此，在线零售企业加强与消费者的社会责任信息沟通，让消费者充分知晓企业社会责任行为十分必要，有助于提高消费者对在线零售企业社会责任绩效的准确感知。然而，在线零售情境中，由于缺乏身体接触和互动，消费者很难判断在线零售企业的社会责任行为。Boulstridge 和 Carrigan（2000）发现，大部分消费者均缺乏足够的信息去辨识哪一家企业有或没有从事过伦理活动。根据线索利用理论，可以推断消费者对在线零售企业社会责任水平不知晓和不熟悉时，网络店铺形象作为重要线索和信息有助于判断在线零售企业社会责任水平，并做出在线购买决策。消费者在购买产品之前通常会搜寻各种高质量的信息，因此网站形象也是消费者网络购物时参考的一个重要因素（吴秋琴等，2012）。在一定程度上，网络店铺形象反映了在线零售企业履行社会责任的一些信息，从而增加了消费者对在线零售企业社会责任活动的知晓程度。网络店铺形象是消费者对网店不同属性评估和感知的态度组合，也是顾客感受在线零售商营销组合因素所产生的重要营销刺激的整体构架。研究表明，网络商店形象的维度包括网站设计、订单履行、沟通、商品、安全/保密性、促销等（Jin & Park，2006；吴锦峰，2013），实体和网络商店印象一样直接影响消费者在线购买意愿（Verhagen & Dolen，2009）。传统行业的研究也表明，企业的绩效水平源于其企业的社会形象对社会公众所产生的吸引力，企业形象的建立依靠企业积极履行其各项社会责任（朱文敏和陈小愚，2004），产品品牌形象直接或间接地影响顾客的在线购买意愿（Aghekyan-Simonian et al.，2012）。另外，从理论上说，好的网络店铺形象面向更为挑剔和严苛的目标消费群体，他们对在线零售企业社会责任水平支持程度更高，并提出相对较高的企业社会责任要求。因此，消费者在高形象的网络店铺浏览和购买时，企业社会责任更易左右其购买决策。相反，低形象网络店铺的受众往往是那些"随遇而安"的消费者，他们对网络店铺形象的诉求尚且没有严格的要求，对企业承担社会责任的行为表现出更少的关注。因此，消费者在低形象的网络店铺购买时，其购买意愿对企业社会责任的敏感程度显著下降。基于上述分析，本文提出如下假设：

H5：网络店铺形象对在线零售企业社会责任行为与消费者响应有调节作用。即在网络店铺形象高时，消费者对在线零售企业社会责任行为的响应更加敏感。

综合上面的文献回顾和假设依据，本文提出如下研究模型，如图7-1所示。

第 7 章　在线零售企业社会责任行为与消费者响应

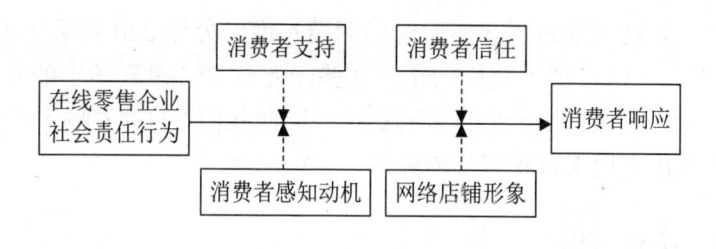

图 7-1　理论模型

7.3　研究设计

7.3.1　实验设计

由于消费者购买决策往往受到外因和内因的双重影响，因此本实验设计的基本思路是分为两个主要环节对外因和内因进行控制和测量。在外因方面，模型中涉及的主要外因是在线零售企业社会责任水平和网络店铺形象。由于采用现实企业作为研究对象很难克服消费者存在的偏见（Mohr & Webb, 2005），我们选择了一个从事网络零售业务的虚拟电子商务公司作为研究对象。实验设定消费者针对虚拟的电子商务公司进行在线购物和消费的情境，通过问卷向受访者传递该电子商务公司的社会责任水平及网络店铺形象情况，要求受访者对自己的响应程度（主要包括购买意愿和口碑传播）作出评价。实验情境采用 2（在线零售企业社会责任行为）× 2（网络店铺形象）的组间设计，其中，在线零售企业社会责任行为包括积极水平和消极水平两档，网络店铺形象包括高和低两档。同时，为准确甄别积极与消极的在线零售企业社会责任行为是否对消费者响应真正发生影响，我们设计了两个控制组（不提及在线零售企业社会责任行为的信息，仅对网络店铺形象进行介绍，网络店铺形象水平同样分别为高和低两档）对消费者响应进行测量。

7.3.2　实验对象

总共有来自南昌市、武汉市和长沙市四所大学的 288 名高年级本科学生参加了我们的实验研究，其中有 68 名学生（女性 40 人，男性 28 人）参加了实验的操控检验部分，以保证对在线零售企业社会责任行为和网络店铺形象进行成功的操控，并同时缩短正式实验时的问卷长度。另外220名学生（女性127人，男性95人）则参加了我们的正式实验。此外，考虑到学生的专业因素可能会对网络店铺形象感知产生显著的影响，因此我们在样本的选择中控制了专业因素，所有样本均来自管理学专业。

7.3.3 实验过程

实验过程包括预实验和正式实验两个阶段。预实验目的是检验实验情景设计是否合理，以及量表信度是否达到要求，一共有68名被访者在课堂上参与了预实验。被访者被要求认真阅读一个模拟的在线购物情景，在这篇由研究人员撰写的模拟的在线购物情景短文中，描述了一家零售企业Hotbuying（该企业是虚拟的）进入电子商务市场，并在中国广泛开展营销活动的信息。在整篇短文中，Hotbuying的企业社会责任信息和网络店铺形象信息与其他的电子商务公司、营销活动信息融合在一起，这一方面是为了避免被访者猜测实验的真实目的，另一方面也使整个实验过程更加贴近现实。阅读完该篇短文之后，被访者被要求填写问卷。数据分析结果显示，积极的在线零售企业社会责任行为、消极的在线零售企业社会责任行为与控制组三个组别的消费者响应存在显著性差异（$p<0.001$），说明操作变量确实发生作用。在变量量表的信度方面，消费者信任、消费者支持和消费者感知动机的内部一致性信度都达到要求（Cronbach's $\alpha>0.70$）。受访者基本能够理解问卷情境和问题，一些受访者对问卷的部分措辞提出了修改意见。笔者针对反馈意见修改了问卷，修改了个别信度较低的指标，进入正式实验阶段。在正式的实验过程中，220名被访者被随机地划分到积极在线零售企业社会责任和高网络店铺形象、积极在线零售企业社会责任行为和低网络店铺形象、消极在线零售企业社会责任行为和高网络店铺形象、消极在线零售企业社会责任行为和低网络店铺形象四个实验组之中，并按照与操控检验中先同的要求阅读一篇模拟的在线购物情景短文。阅读完该篇模拟的在线购物情景短文之后，被访者被要求回答几个关于消费者响应的问题。最后，研究者要求被访者完成一份用于测量消费者个人特征（主要包括消费者信任、消费者支持和消费者感知动机）的量表。整个实验过程耗时大约20分钟，所有参与我们实验的学生都收到一份由研究者发放的小礼物，作为奖励。

7.3.4 变量测量

在线零售企业社会责任行为和网络店铺形象作为外部影响因素变量采取

虚拟变量的设计形式，根据不同问卷的情境设计，分别赋值 0 或 1。同时，为了对在线零售企业社会责任行为和网络店铺形象进行操控检验，我们专门设计了 4 个在在线零售企业社会责任行为题项和 5 个网络店铺形象题项。消费者响应为因变量，采用 Likert 七点评分尺度进行测量，参考 Zeithaml 等（1996）、Vlachos 等（2009）、刘凤军和李敬强（2011）研究，共设计了 4 个题项来测量。消费者信任、消费者支持和消费者感知动机作为内部影响因素变量，采取了 Likert 七点评分尺度进行测量，其中，消费者信任和消费者支持的测量参考了 Sen 和 Bhattacharya（2001）、周延风等（2007）、Webb 等（2008）的研究，共由 9 个题项构成，消费者感知动机包括利他动机和利己动机，其测量参考了 Rifon 等（2005）和卢东等（2010）的研究，共由 6 个题项构成。

7.4 数据分析和假设检验

7.4.1 样本构成

在进行数据处理之前，发现 220 名被访者参加的实验中，有 12 份问卷所填写信息不全，判为无效问卷处理。因此，实验的最终有效问卷 208 份（其中男生 88 份，女生 120 份；平均年龄 20.37 岁）进入数据分析。具体分布情况：第一组 52 份（积极在线零售企业社会责任行为和高网络店铺形象）、第二组 48 份（积极在线零售企业社会责任行为和低网络店铺形象）、第三组 53 份（消极在线零售企业社会责任行为和高网络店铺形象）及第四组 55 份（消极在线零售企业社会责任行为和低网络店铺形象）。如表 7-1 所示。

表7-1 样本分别

网络店铺形象	在线零售企业社会责任行为	
	积极	消极
高	52	53
低	48	55

由于对因变量（消费者响应）和调节变量（消费者信任、消费者支持、

消费者感知动机、网络店铺形象）的测量采取了 Likert 七点评分尺度形式。因此，利用 SPSS18.0 计算本实验中因变量和调节变量的 Chronbach's α 值，表 7-2 中量表的 α 值均在 0.7 以上，说明具有较好的信度水平。我们将分别采用因变量和调节变量的得分的平均值进行方差分析，并验证有关假设。

表7-2　量表Chronbach's α 值

量表名称	测项数数目	Chronbach's α
消费者响应	4	0.845
消费者信任	4	0.801
消费者支持	5	0.788
消费者感知动机	6	0.826

7.4.2　操纵检验

首先，对在线零售企业社会责任行为的操纵进行检验。对 5 个题项的得分取平均值，进行方差分析发现，被访者对在线零售企业社会责任行为两个水平的认知差异显著，$F(1, 68) = 115.026$，$p<0.001$，对积极在线零售企业社会责任行为认知的平均得分（$M=5.395$）显著高于对消极在线零售企业社会责任行为认知的平均得分（$M=2.624$）。这说明对在线零售企业社会责任行为不同水平的操控是成功的。其次，对网络店铺形象高低的操纵进行检验。同样，对检验网络店铺形象的 5 个题项得分进行平均化处理，通过方差分析发现，被访者对网络店铺形象高低两个水平的认知差异显著，$F(1, 68)=72.751$，$p<0.001$，被访者对网络店铺形象高的认知平均得分（$M=4.662$）显著高于对网络店铺形象低的认知平均得分（$M=2.218$）。这说明实验对网络店铺形象高低水平的操控也是成功的。

7.4.3　假设检验

（1）主效应检验。通过方差分析，对消极组、积极组和控制组三个组别在消费者响应、消费者信任、消费者支持、消费者感知动机四个变量上差异的显著性进行了检验，结果如表 7-3 所示。其中，积极组、消极组和控制组的消费者响应存在显著差异，具有积极的在线零售企业社会责任行为的消费

第 7 章 在线零售企业社会责任行为与消费者响应

者响应都要显著地高于消极的在线零售企业社会责任行为的消费者响应（积极均值 4.972，消极均值 2.848，$p<0.001$），这说明当在线零售商实施了积极的社会责任行为时，确实会提高消费者响应程度；而当消费者知道在线零售企业社会责任行为的消极报道时，响应程度要明显地降低，从而假设 H1 得到检验。另需指出的是，消费者信任、消费者支持、消费者感知动机这三个反映个人特征的变量在不同的组别并没有显著的差异（$p>0.1$），这说明被访者对在线零售企业社会责任行为的态度并没有受到实验情景的影响，而是较为客观地反映了受访者的人格特质，而这符合研究目的与实验设计的初衷。

表7-3 主效应检验

	不同组别的均值			F 值	p 值
	积极社会责任	消极社会责任	控制组		
消费者响应	4.972	2.848	4.207	51.373	0.000***
消费者信任	4.526	4.243	4.492	1.485	0.256
消费者支持	4.712	4.504	4.536	0.973	0.482
消费者感知动机	5.083	4.946	4.872	0.651	0.677

（2）调节效应检验。在检验调节效应时，将控制组样本去除，仅保留消极组和积极组的有效样本共计 208 个进行数据分析。在此基础上，对在线零售企业社会责任行为、消费者信任、消费者支持、消费者感知动机、网络店铺形象与消费者响应进行方差分析，分别检验了在线零售企业社会责任行为和消费者信任、在线零售企业社会责任行为和消费者支持、在线零售企业社会责任行为和消费者感知动机、在线零售企业社会责任行为和网络店铺形象对消费者响应的交互影响效用。从表 7-4 可以看到，在线零售企业社会责任行为与消费者信任之间存在交互效应（$p<0.001$），在线零售企业社会责任行为与消费者支持之间存在交互效应（$p<0.05$），在线零售企业社会责任行为与消费者感知动机之间存在交互效应（$p<0.01$），在线零售企业社会责任行为与网络店铺形象之间不存在交互效应（$p>0.1$）。

表7-4 调节效应检验结果

自变量	F 值	P 值
在线零售商营销道德行为	42.336	0.000***
在线零售企业社会责任行为 × 消费者信任	21.727	0.000***
在线零售企业社会责任行为 × 消费者支持	7.135	0.012*
在线零售企业社会责任行为 × 消费者感知动机	10.816	0.002**
在线零售企业社会责任行为 × 网络店铺形象	0.927	0.545

注：* 表示 $P<0.05$ 水平下显著；** 表示 $P<0.01$ 水平下显著；*** 表示 $P<0.001$ 水平下显著

结果表明，模型中消费者信任在 0.001 的置信水平上存在显著的调节效应（p 值为 0.000），消费者支持在 0.05 的置信水平上均存在显著的调节效应（p 值为 0.012），消费者感知动机在 0.01 的置信水平上存在显著的调节效应（p 值为 0.002）。另外，模型中网络店铺形象不存在显著的调节效应（p 值为 0.545）。因此，假设 H2、H3、H4 得到支持，但 H5 没有得到支持。

为了确定消费者信任、消费者支持、消费者感知动机调节效应的方向，一种比较直观的方式是绘制调节效应示意图（图 7-2 至图 7-4）。

图 7-2 显示，无论是低信任消费者，还是高信任消费者，在面对积极的在线零售企业社会责任行为时，均表现出更高的响应程度。然而，这两类消费者响应对在线零售企业社会责任行为的响应程度却有所不同。高信任消费者在面对积极的在线零售企业社会责任行为时，表现出更高的响应程度；即在高信任水平下消费者响应对在线零售企业社会责任行为的敏感程度显著提高。而低信任消费者的响应程度受在线零售企业社会责任行为的影响却不大，即在低信任水平下，消费者响应对在线零售企业社会责任行为相对不敏感。这表明，消费者信任的调节作用方向为正，从而假设 H2 得到了支持。

第 7 章　在线零售企业社会责任行为与消费者响应

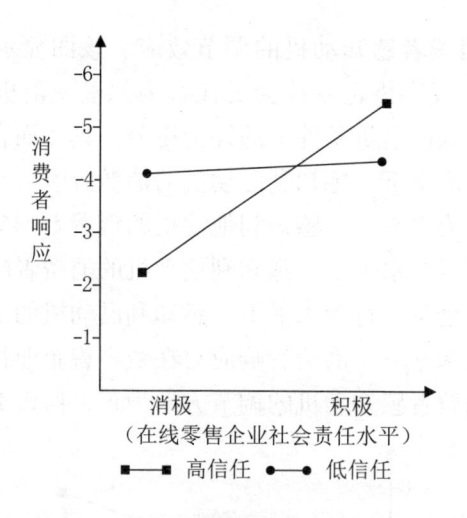

图 7-2　消费者信任的调节效应

图 7-3 反映了消费者支持的调节效应。该图显示，无论是低支持消费者，还是高支持消费者，在面对积极的在线零售企业社会责任行为时，均表现出更高的响应程度。然而，两类消费者响应对在线零售企业社会责任行为的响应程度却有所不同。高支持消费者在面对积极的在线零售企业社会责任行为时，表现出更高的响应程度；即在高支持水平下消费者响应对在线零售企业社会责任行为的敏感程度显著提高。而低支持消费者的响应程度受在线零售企业社会责任行为的影响不大，即在低支持水平下，消费者响应对在线零售企业社会责任行为相对不敏感。这表明，消费者支持的调节作用方向为正，从而假设 H3 得到了支持。

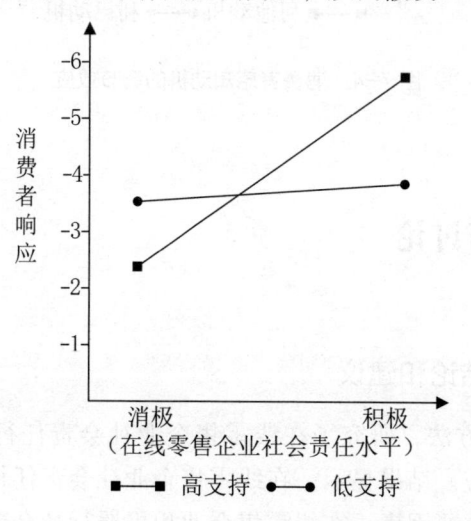

图 7-3　消费者支持的调节效应

图 7-4 反映了消费者感知动机的调节效应。该图显示，在消费者利他动机的条件下，无论在线零售企业社会责任行为积极或消极，消费者响应得分都显著地高于消费者利己动机条件下的评价得分。具体而言，在积极的在线零售企业社会责任行为水平下，感知利己动机的消费者响应会低；在积极的在线零售企业社会责任行为水平下，感知利他动机的消费者响应会高；在消极的在线零售企业社会责任行为水平下，感知利他动机的消费者响应仍然会高；在消极的在线零售企业社会责任行为水平下，感知利己动机的消费者响应会低。因此，在感知利他动机水平下，消费者响应对在线零售企业社会责任行为的敏感程度更高，可见，消费者感知动机的调节方向为正，假设 H4 获得支持。

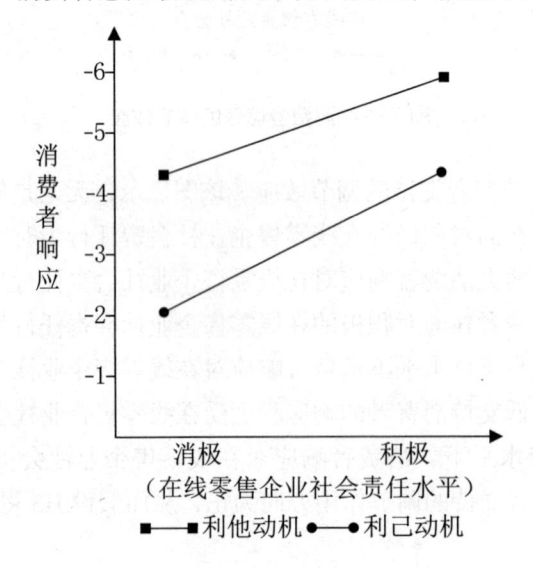

图 7-4 消费者感知动机的调节效应

7.5 结论与讨论

7.5.1 研究结论和建议

本书通过实验方法，研究了在线零售企业社会责任行为对消费者响应的影响机制及调节效应。结果显示，在线零售企业社会责任行为是影响消费者做出在线购买决策的重要因素。在线零售企业积极履行社会责任行为能够引起消

第 7 章　在线零售企业社会责任行为与消费者响应

费者积极的响应，当在线零售企业社会责任行为表现好时，会引起消费者更高水平的响应程度；而当在线零售企业社会责任行为表现差时，消费者会倾向于更低水平的响应程度。然而，本书的研究结论还涉及国外现有研究尚未深入探讨和关注的问题，即在线零售企业社会责任行为对消费者响应的影响边界和条件。本研究发现，在线零售企业社会责任行为与消费者响应之间的关系，并非只是简单的相关，消费者对在线零售企业社会责任行为的响应是有条件的，受到了消费者类型的调节。对于高信任或高支持的消费者，当在线零售商积极承担社会责任时，他们的响应都显著高于低信任或低支持的消费者；对于感知利他的消费者，无论在线零售企业社会责任行为积极或消极，消费者响应都显著高于感知利己的消费者。本研究明确了不同类型的消费者对在线零售企业社会责任行为的响应差异及原因，对推进在线零售商业市场的社会责任建设和培育有重要启示。

第一，在线零售企业应积极承担和履行企业社会责任行为，维系和满足消费者及其他利益相关者的利益诉求。在线零售企业在履行社会责任的过程中应重点考虑消费者责任，将企业利益优先让渡给消费者，从而获得消费者的回报。这就要求在线零售企业应积极保护消费者的隐私不受侵犯，未经消费者允许不要出于商业利润目的非法收集、使用、泄露和传播消费者的个人信息，特别是将消费者个人信息出售给其他商家来盈利，并且不要随意向消费者发送垃圾邮件。在交易过程中，要加强网络购物体系的安全性和提供安全的支付方式，及时回应和处理消费者的投诉，在网站界面尽可能详细地描述产品和服务信息，保证商品及时发货和交货及其在物流配送中不损坏或丢失，提供周到的售后服务。在线零售企业应始终坚持诚信经营的理念和行为，不做虚假广告，不随意隐瞒瑕疵信息和夸大产品功效，不销售假货，不通过违规"刷"信誉度和虚构交易记录或交易评价的手段来误导消费者。并且，在线零售企业也应该积极承担员工责任、法律责任和经济责任。运用现代经营理念和手段科学管理在线零售企业，不断提高网站规模和吸引流量，创造更大的网络零售市场份额和利润，提高品牌形象和价值；实施内部营销，提高内部员工的工资收入和福利待遇，加强员工的教育和培训服务，促进员工的成长和晋升，从而提高员工的满意度和忠诚度，提高员工服务顾客的积极性和能动性；在线零售企业应坚持公平竞争原则，不应进行恶意价格竞争和贬低竞争对手，以不正当手段获得竞争对手的知识产权和商业秘密，遵纪守法，按期纳税，不进行虚假广告宣传和提供假冒伪劣产品。另外，在线零售企业应承担更为高级的慈善公益责任。为社会提供和创造更多就业机会，积极参加公益事业和捐赠活动，帮助社会弱势群体，促进环境保护、绿色消费和社会可持续发展。总之，我国在线零售商应全面实施企业社会责任营销战略，满足包括消费者在内的多元利益相关者的需求。

第二，在线零售企业社会责任效应的发挥有赖于真正赢得消费者的信任和支持。在激烈的市场竞争中，企业产品和服务越来越同质化，企业社会责任作为企业开展差异化战略的手段，可以帮助企业获得竞争优势。而在人们对企业承担社会责任的要求不断提高的今天，消费者的压力也是企业采取企业社会责任行为的重要因素。如果消费者关心企业的社会责任行为，他们将支持更具有社会责任的竞争者，而那些缺乏社会责任的企业可能会受到消费者抵制。在线零售企业应在量力而行的前提下努力提高企业社会责任水平，拓展社会责任营销范围，并积极主动实践社会责任活动。企业社会责任水平体现了在线零售企业在社会责任活动中资源投入的多少，这些资源包括物质资源、时间资源和知识资源，是在线零售企业为社会责任活动付出的绝对量。但消费者除了关心在线零售企业付出努力程度的绝对值外，更看重企业努力程度的相对值，所以在线零售企业在投入时要考虑现在的投入与过去的投入之比、企业社会责任投入与财务利润之比、与社会责任活动推广费用之比，企业自身投入与竞争对手之比，等等。通过合理运作，使消费者相信在线零售企业的社会责任贡献是对发展企业能力的强化，企业是有能力承担和履行社会责任活动的。另外，信息披露的内容一定要与在线零售企业实际的企业社会责任活动相一致，如果企业在信息披露中声明要做什么但并没有做，就会使消费者产生在线零售商伪善的认知，不利于建立消费者对在线零售企业社会责任行为的信任与支持。通过在制度范围及流程允许的范围内，积极主动从事企业社会责任活动，在消费者心目中建立先动优势，抢占消费者的心智资源，树立良好的在线零售企业形象，从而赢得消费者对在线零售企业履行社会责任的支持度，激发消费者的在线购买决策。

第三，本研究从归因理论出发，认为消费者对企业社会责任行为存在两种不同的归因，即利他归因和利己归因。企业社会责任行为对消费者的企业评价和购买意愿也可能产生消极的影响，这源于消费者对企业社会责任行为的利己动机判断。虽然企业作为市场经济的主体，获取利润是最主要的责任，而且经济动因才是企业承担社会责任的最根本的内在动因，但是如果消费者将经济动因视为企业承担社会责任的唯一原因，消费者就会作出企业利己的归因，企业不但不能从社会责任行为中获益，反而会损害消费者对企业的评价和产品购

第 7 章　在线零售企业社会责任行为与消费者响应

买意愿。由此，企业在开展企业社会责任活动时，需要更多地从道德动机出发，使消费者相信企业是真诚地承担社会责任，让消费者对企业社会责任行为的动机作出利他主义的判断。企业从事社会责任的出发点应该是真诚的而不是迫于社会压力。这需要企业不断提高自身的道德水平，使企业行为符合作为社会成员的要求，减少消费者对企业行为动机的质疑。为了使消费者将企业社会责任行为动机判断为利他主义，企业应该更多地通过第三方机构和媒体来发布其社会责任信息，企业在进行社会责任活动时需要更多地通过第三方媒体而不是企业的广告来让消费者知晓企业的社会责任活动，因为有研究表明企业在广告中过多地强调其社会责任行为会使消费者怀疑其动机，并作出利己的归因（Yoon et al., 2006）。社会责任水平高的企业在开展捐赠等慈善活动时，应该更多地采取无条件捐赠而不是基于销售收入比例的捐赠方式，因为消费者容易将前者归因于利他而将后者归因为利己（Dean, 2003）。不同的消费者对不同领域的社会责任活动支持度不一样，消费者对某个领域的社会责任支持度越高，企业社会责任对消费者响应的效应越强。由此，首先，企业应该了解细分市场的消费者更支持哪方面的企业社会责任活动，使开展的社会责任活动做到有的放矢，提高社会责任活动的效果。在线零售企业应丰富并科学化企业社会责任信息的传播渠道，保证披露信息与在线零售企业社会责任活动的一致性。通过拓展在线零售企业社会责任信息披露的渠道和增加对在线零售企业社会责任信息的广告宣传，增加在线零售企业社会责任信息在消费者中间的曝光率，从而提高消费者对在线零售企业社会责任的认知度和社会责任消费意识。其次，企业社会责任应该达到社会期望的水平。企业需要识别社会对其承担社会责任的要求，开展符合消费者期望的企业社会责任活动，提高消费者的满意度。同时，企业应该将其承担的社会责任纳入战略规划，使企业社会责任成为适应动态环境的主动行为，而不是简单地对社会问题的被动反应。再次，中国的消费者需要提高社会责任消费意识，强化对企业的社会责任监督行为，从而驱动企业树立正确的企业社会责任价值观，出于维护广大利益相关者的利益而真诚地承担社会责任。通过引导我国消费者提高企业社会责任消费行为的意识，可使消费者的选择对在线零售企业社会责任行为的"软约束"发挥更大的效力。除此之外，企业还需要加强与消费者的责任互动，如扩大自己的慈善目标，包括提高公众对社会需求的意识、鼓励消费者和合作伙伴采取行动以及踊跃捐款等。从这个意义上讲，责任型企业的培育与责任型消费者的培养同等重要。

7.5.2 研究局限和进一步研究方向

本书的研究还存在一定的局限性：第一，本书的实证研究采用了实验研究和学生样本。尽管在实验设计中，我们试图通过各种手段来提高整个实验过程的内部效度，但实验结果的外部效度很难保证。因此，在未来的研究中可以通过准实验研究、问卷调查和案例研究等多样化的研究方法来验证在线零售企业社会责任行为与消费者响应之间的关系。未来的研究可以试图通过不同的研究方法来验证本文得出的结论，并对本研究进行扩展和延伸。第二，本研究虽然通过构建定量模型与引入调节变量，对在线零售企业社会责任行为与消费者响应的关系做了一些探讨，但是是将一个模拟的在线购物环境与电子商务企业作为研究对象。因此，在未来研究中需要进一步分析在真实在线零售市场环境下的企业社会责任行为与消费者响应的关系是怎样的，以及不同类型的在线企业社会责任行为对消费者响应的影响为什么存在差异，另外，还存在哪些调节变量与中介变量会影响在线零售企业社会责任行为与消费者响应之间的关系。

第8章 在线零售企业社会责任管理模式、实现机制与推进路径

在线零售企业社会责任建设是一个系统工程，需要探索在线零售企业社会责任管理的有效模式，深入挖掘其实现机制，并选择合适的推进路径。因此，本章对在线零售企业社会责任管理模式、实现机制与推进路径进行分析，旨在为在线零售企业社会责任培育提供启示。

8.1 在线零售企业社会责任管理的内涵、模式和系统框架

8.1.1 在线零售企业社会责任管理内涵

虽然国内外学者从不同角度对企业社会责任管理进行了大量研究，但研究企业社会责任的管理问题在企业社会责任领域中占比并不大，大量研究仍集中于回答企业社会责任是什么、社会责任的现状和规律等，并没有任何一个理论流派系统明确定义企业社会责任管理的内涵并给出解释。定义企业社会责任管理，其实质就是回答企业社会责任管理"是什么"。从企业管理理论发展沿革看，这也是对企业管理理论的充实、完善和发展，因此应该遵循企业管理的一般原理、方法，体现企业管理的特点。这是定义企业社会责任管理的一个基本前提。同时，回答企业社会责任管理"是什么"，就是为企业社会责任管理的推进提供依据，也即为企业社会责任管理"如何做""怎么样"提供依据。在线零售企业社会责任管理可以从管理的一般属性和自身的独特属性两个方面来理解。在线零售企业社会责任管理的一般属性是符合企业管理 PDCA 循环理论的，它是一种有目标、有计划、有执行、有评估、有改进，系统地对在线

零售企业社会责任实践活动进行管理的过程。在线零售企业社会责任的本质属性是企业有效管理其决策和活动所带来的经济、环境和社会影响，是一个提升责任竞争力，最大化地为利益相关方创造经济、环境和社会综合价值的过程，是对企业管理理念、管理目标、管理对象和管理方法等进行重新塑造。从本质属性来看，在线零售企业社会责任管理不同于现有的各种管理。首先，它是一种对企业决策和活动所带来影响的管理，特别是关注这种影响的实质性，这从根本上来讲是对社会可持续发展的实质性影响。社会责任管理更要关注产品从开发到消费的全过程对客户的影响，以及对其他利益相关方的影响，是从社会可持续发展的角度来与客户探讨更加可持续的消费过程和消费方式。其次，它是提升企业责任竞争力这种新的企业核心竞争力的管理。在线零售企业社会责任管理不是简单的责任履行的管理，而是要实现对各个利益相关方责任履行和市场竞争力的统一，这能够使企业提升竞争力，而企业的责任竞争力提升又是以对相关方负责为前提的。总之，本书将在线零售企业社会责任管理定义如下：在线零售企业社会责任管理是在线零售企业根据其内外环境特征及要求，整合企业内部资源，制定其社会责任目标，依靠企业机制，有效履行企业的经济责任、法律责任、道德责任和自行裁量责任，对实施过程和实施结果进行控制与评价，达到企业内部资源与责任能力相匹配、企业责任能力与社会期望相协调，最终达到经济、社会与环境"多赢"的动态管理过程。在线零售企业社会责任管理强调在充分考虑内外部环境的影响下，针对企业应当承担的经济、社会和环境可持续发展责任，管理者通过管理职能的应用，充分利用组织资源和协调他人业务活动以保障目标实现的管理活动和过程。这不仅完整体现了管理的计划、组织、领导、控制、协调、创新等基本职能，完整表述了企业社会责任管理的内容、过程和目标以及管理的路径和管理的机制保障，还阐述了管理的本质要求。即企业社会责任管理有其特定的对象和内容，以企业制度为保障的、沿着一定的路径开展的、动态多维的活动和过程。在线零售企业社会责任管理具有管理目标多元同等化、管理对象相关扩展化、管理过程多方参与化的特征。管理目标多元同等化更强调将经济、环境和社会效益目标放到同等地位考虑，社会、环境效益不是约束企业经济效益的限制因素，而是相互促进的，社会、环境效益的提升，能够促进经济效益的提升，反过来经济效益的提升，也能促进社会、经济效益的提升。管理对象相关扩展化就是指企业的利益相关方变多了，要管理的对象扩大了。管理过程多方参与化是指企业通过不断加强对利益相关方的沟通及其关系管理，创造更多的形式感关系、利益关系、价值关系的管理，可以通过责任来界定管理的内容。

8.1.2 在线零售企业社会责任管理模式

零售企业社会责任的履行有三个基本的行为要素：市场行为、监督行为、零售企业自愿行为。在美国，零售企业行为的规范基本上是以这三个要素为基础的企业社会责任管理模式进行的。这三种模型在我国在线零售企业社会责任管理实践中也有一定适用性。

（1）市场行为要素管理模式。市场行为要素管理模式又称企业主导或市场引导的在线零售企业社会责任管理模式。企业要生存和发展，就必须提升其竞争力，这些可以通过扩大生产规模、提高服务质量来实现；在企业扩大利润的同时，政府的税收也得以增加，同时股东的利益得到了保障。因此，市场行为是企业履行社会责任的基本行为。可见，追求利润和承担社会责任之间并不矛盾，企业的长期生存有赖于其社会责任的履行，而社会责任又有赖于企业的盈利和责任心。

（2）自愿行为要素管理模式。自愿行为要素管理模式是指在线零售企业自愿去承担相关的社会责任。在线零售企业将社会责任明确地写进企业的规章制度，并严格执行，切实落实企业在经济、社会和环境方面的责任。在线零售企业应把企业社会责任作为一种企业文化提升到战略的高度。之所以某些社会责任需要通过在线零售企业自愿来履行是由于种种社会条件的限制。比如，某些高层次的社会责任问题通过法律要求在线零售企业履行是不合适的，只能通过制定合理的激励措施来促进在线零售企业加强自律和自愿行为。另外，非政府组织对在线零售企业的监督作用也是有限的，所以在这方面来讲还得通过企业自愿行为来实现。

（3）监督行为要素管理模式。监督行为要素管理模式又称为政府主导的在线零售企业社会责任管理模式。监督行为包括来自企业自身的监督，也包括来自政府机构和非政府组织的监督。一些在线零售企业通过设置直属董事会领导下的企业道德委员会或道德责任者等专门机构来监督企业社会责任管理的相关问题。除了企业对自身的社会责任履行情况进行监察外，政府也不断通过制定相关法律法规来加强对在线零售企业社会责任的外部监督，如建立发达的信用管理机制和完善的在线零售企业社会责任审计机制。针对目前普遍存在的在线零售企业社会责任意识普遍不强、有关零售业立法体系不够完善、非政府组织的作用没得到充分发挥的现象，所以政府主导型的在线零售企业社会责任管理模式是当前我国在线零售业发展阶段的必然要求。应当把企业社会责任建设提升到经济增长的战略高度，使之成为我国网络零售市场发展的重要组成部分。作为在线零售企业社会责任的主要监管者和扶持者，政府部门可以通过加强法规建设、政策引导、适当的行政干预及提供相关服务，推动在线零售企业社会责任绩效的提升，形成在线零售企业社会责任体系建设的示范区。

8.1.3 在线零售企业社会责任管理的系统框架

促进人类社会可持续发展是 21 世纪企业应当承担的责任和义务。企业要保持竞争力，就必须对不断变化的可持续发展环境约束做出回应，CSR 管理策略就是与其他利益相关方建立联系的有效手段和平台。然而，当下在 CSR 管理方面的研究还很薄弱，尽管一些企业已经开始探索 CSR 管理的实践，但还没有形成 CSR 管理的系统理论和思想体系。因而，构建一个指导实践发展的 CSR 管理系统是促进中国企业 CSR 管理实践和国际化进程必不可少的理论基础。针对 CSR 管理的研究，是 21 世纪以来学术界关注的热点问题，形成了一些理论成果。具有代表性的包括借鉴全面质量管理提出的全面责任管理概念模型、基于 CSR 管理的过程模型、其他基于经营哲学的 CSR 管理模式、基于 CSR 管理动因和绩效分析的整合性 CSR 管理框架、基于社会价值实现提出的全面 CSR 管理"3C+3T"模型。这些研究虽然有各自的特点和风格，但总体上可以概括为"从战略管理、管理过程、管理内容等视角，将 CSR 融入企业现有经营管理的理念和操作规范"。Jutterstrm（2014）认为，CSR 应被视为促进效率和/或合法性的组织变革，CSR 管理的核心思想不应当是如何来管理 CSR 的操作规范，而应当被视为一种系统管理的理念和逻辑框架，它能从根本上解决管理思想的统一问题。CSR 管理是指在充分考虑内外部环境的影响下，针对企业应当承担的经济、社会和环境可持续发展责任，管理者通过管理职能的应用，充分利用组织资源和协调他人业务活动以保障目标实现的管理活动和过程。

为了给 CSR 管理的实践提供理论指导，学者们从不同的角度提出了一些学术思想。Waddock 等（2002）在借鉴全面质量管理，通过将社会责任融入企业的愿景和价值观、战略和流程、改进和学习的管理系统，提出了全面责任管理思想。文彦和蓝海林（2006）在分析我国 CSR 管理现状的基础上，提出了从强化责任文化理念、参照国际标准、设立管理职能机构、建立责任报告制度和价值链责任管理等方面加强我国 CSR 管理的建议；刘宝（2009）提出了类似 PDCA（计划—执行—检查—行动）循环的管理模式，认为这种循环过程可以使企业的全面责任管理得到不断改进和提高；侯仕军（2009）基于 CSR

第8章 在线零售企业社会责任管理模式、实现机制与推进路径

管理的动因、模式和绩效分析，提出了一个通过环境扫描、责任沟通、战略行动、内协外联、积极应对的整合性 CSR 管理框架；李伟阳和肖红军（2010）则认为，CSR 管理是以实现社会价值为目标的新的管理模式，提出了全面 CSR 管理的"3C+3T"模型；还有一些研究者对 CSR 管理的过程模型进行了探讨，比较有代表性的是 Oleander 等认为 CSR 管理的过程包括识别利益相关者、确定利益相关者权益和影响、预测利益相关者行为、确定 CSR 的战略、实施 CSR 管理的策略等。已有的研究主要是针对 CSR 管理的理念和理论探讨，虽然国际标准化组织消费者政策委员会以及各国都在积极讨论有关 CSR 管理体系标准的可行性。但将 ISO9001、ISO14000、ISO50001、ISO/IEC27001、OHSAS18001 等相关管理体系以及全球契约十项原则、ISO26000 指南等整合到一体化框架下的有关研究还很少，这也是导致中国 CSR 管理实践多样性的原因之一。由此，本文对 CSR 管理以及相关管理体系的整合进行了研究，提出了在线零售企业社会责任管理的系统架构（图 8-1），以期为中国在线零售企业社会责任管理实践和标准化建设提出建议。

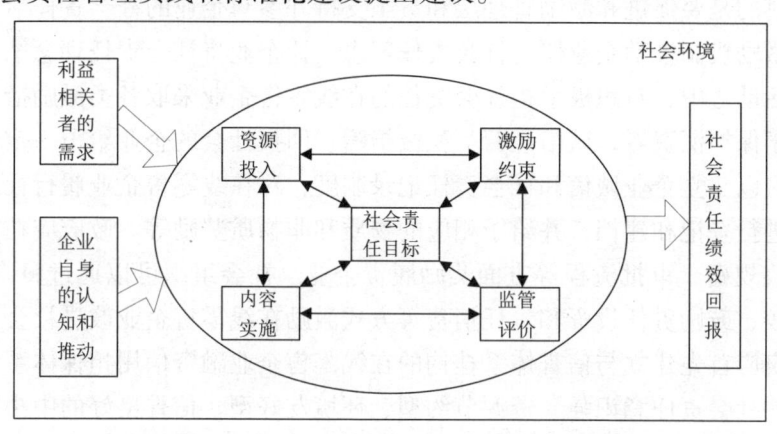

图 8-1 在线零售企业社会责任管理的系统架构

由上图可知，在利益相关者社会责任需求的激发以及企业自身的认知和推动下，在线零售企业投入一定的资源用于计划、组织和实施企业社会责任行为，通过一定的激励约束手段，实现在线零售企业对利益相关者社会责任内容的满足，并基于持续的监督评价不断改进在线零售企业社会责任行为，从而实现在线零售企业社会责任目标，最终促进在线零售企业社会责任绩效回报。

8.2 在线零售企业社会责任的实现机制

在线零售企业社会责任的实现是一个系统、长期和动态的过程，需要利益相关者的共同参与，需要充分发挥经济、社会、市场、制度和道德等多种因素的共同驱动作用。

8.2.1 激励机制

根据信息经济学理论，要使代理人采取有利于委托人目标实现的行为，就必须对代理人的行为进行有效激励，其核心是要满足参与约束和激励相容的条件。在企业内部，应该根据管理层和员工的履责情况，给予经济或非经济方面的奖励或惩罚，如岗位和职务调整、聘用与解聘、培训安排、物质奖励与惩罚等，目的是要促进和激励管理层和员工支持并参与企业的社会责任活动。政府通过激励机制推动企业树立社会责任理念，让企业将社会责任理念纳入自己的经营活动之中，对积极承担社会责任的在线零售企业采取各类激励措施。例如，对于保护消费者、诚信经营、积极捐赠、回报社会的企业给予一定的税费优惠。可以建立企业诚信和社会责任记录制度，对在线零售企业履行社会责任的情况进行登记和建档，并给予相应的物质和非物质奖励等。政府应在市场准入、税收规费、审批流程等方面奖励履责企业。社会组织可以通过舆论宣传、同行比较、鼓励责任投资和责任消费等方式激励在线零售企业改进社会责任绩效。政府应首先建立与信誉体系挂钩的在线零售企业融资信用担保体系，优先解决那些社会责任意识强、资源节约型、环境友好型、信誉良好的中小企业融资难的问题，在招商引资上给予它们政策倾斜和便利，引导社会资金及投资基金流入其中，解决其生存的后顾之忧。对社会责任达标企业，政府还应在税收减免、政府采购、技改贴息等方面给予优先考虑和其他政策上的帮扶支持，引导和鼓励企业承担社会责任，继而通过政策的导向作用，促使企业改善员工工作环境，保障员工、消费者等利益相关者的权益。

8.2.2 协调机制

履行社会责任的过程中存在诸多不确定性，并涉及众多利益相关方主体，因此协调是在线零售企业社会责任治理的重要任务。根据参与协调的主体，在线零售企业社会责任治理中的协调可分为企业内部协调、企业外部协调和社会协调三个层面。企业内部协调包括企业、部门及员工就在线零售企业社会责任的内涵、议题、行动计划、责任绩效考核与评价等所进行的沟通与协调，以提高对社会责任及相关活动的总体认知和支持。企业外部协调包括企业与外部利益相关方就各自的利益与期望、共识与分歧所进行的沟通与协调，以提高外部利益相关方对企业行为的支持。在线零售企业应与政府、社区、消费者、非政府组织等利益相关方进行协调，表明企业履行社会责任承诺的具体过程，并对利益相关方的利益和社会期望做出回应。在不确定性情况发生时，在线零售企业应当确保利益相关方了解情况并向其提供适当的活动信息。社会协调包括政府、社会组织以及其他利益相关方就经济、社会和环境方面共同关注的事宜所进行的各种沟通与协调，以促进经济、社会和环境利益的最大化。由于在线零售企业利益、利益相关方利益和社会整体期望之间可能存在冲突，有效的社会沟通与协调能够为平衡各方利益和期望、制定政策和寻求解决方案提供一种机制。另外，在企业社会责任协调中，可以采取形式化协调与非形式化协调两种协调方式。形式化协调主要是根据预先确定的标准、制度、计划，用形式化信息进行沟通与协调的方式。例如，通过听证会制度、制度化的投诉反馈与信息披露、定期会议等为基础的沟通与协调。非形式化协调是经常性和及时性的沟通，不需要以形式化的规定为基础，包括经常性的电话、传真、E-mail 联系、互联网聊天工具、论坛、博客等多层次和多渠道的沟通等。

8.2.3 信息机制

信息机制的设计目标就是要建立一个高效的责任信息网络，使在线零售企业、员工、消费者、社会组织、政府部门及其他利益相关方能从网络中，低成本、高效率地获取责任信息，为在线零售企业社会责任管理提供信息基础。信息机制主要包括信号发送机制、信息甄别机制、社会责任信息网络三个方面的内容。信号发送机制是拥有信息优势的一方能够通过信号发送机制主动对外向信息劣势的一方提供与在线零售企业社会责任相关的信息。在企业内部，管理层主动向董事会、股东会、员工等报告社会责任绩效信息，员工主动向管理层报告履责信息，这是一种主动性、自愿性的报告，可通过报告、电话、邮件、谈话等沟通方式进行。在企业外部，在线零售企业通过发布企业社会责任报告、会议、论坛、对话、广告等方式主动发布责任信息。信息甄别机制是信息劣势的一方能够通过信息甄别机制迫使信息优势的一方及时提供完善的真实信息。在企业内部，通过责任绩效奖励方案、非责任行为的惩戒措施、内部评价体系等，董事会和股东会可以使管理层、管理层可以使员工提供完善真实的责任信息。在企业外部，利益相关方，特别是政府和社会组织可以通过设定社会责任信息强制披露标准、第三方履责认证与监督、企业社会责任征信体系等迫使企业提供完善真实的责任信息；在线零售企业也可通过一定的奖励机制，鼓励利益相关方，特别是消费者，表达对在线零售企业的不满和期待。社会责任信息网络的建立就是要解决责任信息与知识的搜寻问题。通过信息网络，可低成本地获取有关在线零售企业社会责任的信息和知识，有利于增强企业社会责任理念，降低履责成本。责任信息的快速传播有利于企业、员工、消费者、社会组织、政府部门及其他利益相关方等形成共同价值观和群体准则，从而形成抗衡败德行为的力量。

8.2.4 监管约束机制

政府规制是政府或国家，在企业行为与社会共同目标不一致时，所采取的纠偏措施和行为限制。目前，我国现行的法律法规对企业社会责任的部分内容作了相应规定，如《中华人民共和国劳动法》《中华人民共和国消费者权益保护法》《中华人民共和国环境保护法》《中华人民共和国妇女权益保障法》《中华人民共和国公司法》《中华人民共和国公益事业捐赠法》等法律法规，然而没有专门的法规对企业社会责任问题作出系统规定。政府要专门针对企业社会责任进行相关的立法规制，具体包括《中华人民共和国消费者权益保护法》《中华人民共和国产品质量法》《中华人民共和国劳动法》《中华人民共和国环境保护法》等。同时，政府要积极引导社会建立中介组织，强化企业间的交流与合作，推动企业建立企业社会责任信息披露制度、责任采购与责任投资制度。此外，政府要在税收与补贴政策中加强对企业社会责任的调节作用，并逐步建立责任审计、责任标签和信息备查制度。政府相关管理部门建立健全相应的法律法规，明确企业对各利益相关者的责任，从制度动因上促进企业主动承担社会责任。当前，我国规范社会责任的法律法规建设远远滞后于经济发展的需要，因此必须完善相应的法律法规，把企业社会责任理念融入其中，甚至制定专门的《企业社会责任法》，同时司法部门必须加强相关法律法规的宣传和执法监管的力度。我国地方政府和相关管理部门从自身利益出发，过于注重企业的利润和税收情况，缺乏对社会责任问题的引导和监督。监管部门应该制定社会责任评价体系，科学评价企业社会责任状况，并定期向社会公布。目前，我国政府还没有制定企业社会责任准则，公众无法借助客观的评价标准来评价在线零售企业的社会责任承担情况。可由政府出面，组织理论界与实务界人士组建机构制定在线零售企业社会责任的评价标准，以方便第三方评价。在线零售企业社会责任标准的具体内容，可考虑以经济状况、消费关系、制度压力、促进社会可持续发展方面的指标作为依据进行编制。政府应该把推进社会责任列为重要的考核内容，对履行社会责任的单位和个人给予奖励。企业社会责任问题如果仅仅依靠政府的管理，只能引起恶性循环的发生，因此必须重视行业自律和社会监督的积极作用（张维迎，2001）。应积极发挥新闻媒体、行业协会、消费者协会、环保协会等社会团体的作用，弥补政府客观上存在的监督失灵问题，构建立体化、多层次、多渠道的社会监督体系。通过新闻媒体强化对在线零售企业社会责任的科学宣传，颂扬大力践行社会责任的企业和公开揭露、谴责不履行企业社会责任的不法行为和不正当行为，引导社会、企业、个人树立道德和责任观念。行业协会应充分发挥其在引导、监督、协调、服务、自律方面的作用，规范在线零售行业的企业行为，这也是行业组织推动企业履行社会责任的重要职责。

8.2.5 治理机制

公司治理结构是一种对公司进行管理和控制的体系，是由股东、董事会和经理三者所构成的组织结构。良好的企业治理与企业履行社会责任的水平显著正相关。而良好的企业治理标准应主要包括两方面内容：一是改变治理结构，引入利益相关方，实行多边治理模式，即要求企业权力机关的成员具有广泛的代表性。二是权力机关的决策程序和决策结果要做到公开、透明，要求实施企业社会责任信息的强制披露和强制审计，尽快出台《公司社会责任报告准则》及其操作指南。在线零售企业履行社会责任的治理实践中，要建立企业社会责任规章制度和组织体系，并且设计在线零售企业社会责任工作程序，如内部审核控制程序、内部沟通、紧急事件应变程序、外部评价控制程序、社会责任对话机制等。同时，有必要强调企业社会责任实现的"社会约束"，强调通过外部治理的方式创造一种能够促进企业选择参与企业社会责任活动的外部环境，形成企业履行社会责任的强大外部驱动力，从而改变企业理性决策的约束条件，影响企业的决策行为，内化企业行为的外部性，促进企业在追求利益最大化的同时，考虑经济社会环境的综合利益。可以从硬法规则、软法规则和外部非正式治理三个方面构建在线零售企业的外部治理结构。硬法规则是由政府主导所建立起来的、具有强制约束力的法律法规，用于规范企业必须履行的最低社会责任标准。软法规则是指原则上没有法律约束力，却具有实际效力的行为规则，是由一些权威社会组织有意识颁布和实施的成文规则。外部非正式治理机制主要是指用于约束企业社会责任行为的伦理道德规范，体现为一种经社会长期形成的惯例和准则,并主要通过社会舆论监督机制约束企业行为,是一种不成文的非正式制度。应对在线零售企业社会责任外部治理机制的执行情况进行定期或不定期的评价,发现问题并及时解决。

8.2.6 市场引导机制

发挥市场的作用,引导和激励在线零售企业主动履行社会责任,是企业社会责任实现的基本途径。构建在线零售企业社会责任实现的市场引导机制,不仅要进一步完善支撑市场经济运行的现代产权制度、现代企业制度,以及各种交易、定价制度,还要大力提升制度的执行效能,强化"创造更大的社会价值,将带来更高的企业回报"的社会责任行为收益预期。构建企业社会责任声誉机制,是发挥市场引导作用的另一重要制度安排。在线零售企业履行社会责任,如诚实守信、合法经营,多行慈善之举,可以打造优质品牌,获得公众认可和社会美誉,吸引消费者和客户,赢得合作伙伴甚至政府的支持,从而增加盈利并保持基业长青。从长期看,这是以社会责任换取更高层次的市场回报。企业社会责任声誉机制的有效运行,要建立在良好的社会价值观基础上,以信息渠道畅通、传播真实为保障条件,这与在线零售企业社会责任评判紧密结合在一起。在线零售企业的主动参与是提高企业社会责任绩效的有力保证。企业内部决策者出于关注竞争优势、品牌形象、可持续发展以及降低成本等战略考虑,是市场机制推动企业自愿履行社会责任的无形力量。政府可借助如价格调节、税收优惠、绿色信贷、责任投资、绿色公共购买等市场手段约束企业有害社会的"逐利行为"。另外,消费者通过追求公平、道德的消费实践,如购买经过认知的商品以及拒绝购买存在道德问题的产品等,也是一种有效的市场调节力量。

8.3 在线零售企业社会责任的推进路径

在线零售企业对其主要利益相关者负有社会责任,而这些社会责任的实现需要政府、企业、社会多方面的共同努力,通过三方的互动与合作,形成一套由在线零售企业自律、社会监督、法律强制等方式相结合的多层次的约束和监督体系,为在线零售企业真正承担起社会责任营造良好的社会环境。

第8章 在线零售企业社会责任管理模式、实现机制与推进路径

8.3.1 强化在线零售企业社会责任的制度路径选择

（1）完善和落实企业社会责任的法律规范。法律的制度规定是在线零售企业社会责任规范化、制度化的基本前提和制度表现。既要针对不同的权利主体规定其承担不同性质的法律义务和责任的制度化要求，也要合理配置在线零售企业承担社会责任的基本类型，将在线零售企业合理、合法地承担社会责任纳入法治轨道。法律意义上的在线零售企业社会责任要得到履行，首先应使在线零售企业对自身的行为限度有明确的知晓，应当对在线零售企业履行社会责任的权利主体予以明确。在企业社会责任培育中，各社会主体都要强化在线零售企业社会责任的法律意识，并自觉执行法律关于在线零售企业社会责任的规定，在法律要求的责任范围内积极行动起来，并通过实践来不断完善在线零售企业社会责任的相关法律规定。法律和制度的规范，为在线零售企业履行社会责任创造了切实的外部约束机制和保障。要加快社会责任法律法规体系的建设，确保企业有法可依，并加大执法力度。制定符合在线零售企业、行业和产业发展的社会责任标准体系，在推动企业社会责任法制化时强调对利益相关者的法律保护。强化在线零售企业社会责任也是一个长久的系统工程，当前最有效的措施应该是督促各社会主体按法律行事，在法律框架下逐步规范企业承担社会责任的法律行为。在线零售企业履行社会责任的法律义务，关键是法律意识的真正树立要靠法律宣传的真正到位。法律宣传要注重实效性，不是单单宣传法律规定的具体内容，而应该结合立法精神及文化，从意识层面慢慢渗透直至被接受。另外，完善企业社会责任的相关立法，将有关企业社会责任的要求转化为详尽的成文法律。对某些不宜作强制性规定的社会责任，如慈善捐助等，在一些规章制度或舆论传媒中予以引导，或在政策上有所倾斜，通过税收减免政策、定向采购、物质奖励等经济手段来激发企业自愿承担的良好动机，从而引导在线零售企业更好地履行社会责任。

（2）建立多元化监管机制，确保企业切实履行社会责任。政府应针对在线零售企业社会责任履行情况的信息，建立系统化、制度化的监管措施体系，不仅使行政主体的执法行为有法可依，也有利于行政主体及时地采取应对措施，对社会责任履行较好的在线零售企业加以肯定，对履行情况不佳的在线零售企业进行纠正甚至惩罚，借以增强其社会责任意识，促进社会责任的履行。政府创造良好的法制环境，重视法律程序，完善听证制度，严格依法行政，强化政府监管要完善对在线零售企业社会责任的政府监督，对企业社会责任履行

情况进行定期或不定期的监督检查，促使企业承担社会责任。政府作为公众监护人和协调企业利益与社会利益的仲裁人，应以政府管制和宏观调控为手段，积极引导、监督企业履行社会责任的程度和方向。政府应积极引导企业参与国际及国内社会责任认证活动。要想提升企业社会责任，没有社会的广泛参与和积极配合，往往事倍功半。因此，要充分发挥媒体、劳动者和消费者等各方面的力量，形成多层次、多渠道的监管体系，以塑造企业承担社会责任的良性外部环境；充分发挥社会团体的引导和监督作用，形成与法律监督相对应的社会公众监督体系。媒体应当如实报道，客观评价，发挥监督作用。行业协会应结合本行业，制定具体的行业规范和社会责任标准，指导企业参照执行。消费者要善于运用法律维权，从而起到监督作用。要完善在线零售企业社会责任的监督机制，也要建立适合中国国情的在线零售企业社会责任审计制度，加强企业社会责任的信息披露工作。企业应根据相关规定定期发布年度社会责任报告，向政府和社会公众汇报社会责任的实施成果、存在问题和解决措施，自觉接受社会公众和利益相关者的监督。在现有社会责任信息披露制度的基础上，逐步完善在线零售企业信息披露机制，扩大信息披露的企业范围和责任内容，通过企业间的比较和竞争，找出企业履行社会责任的不足并及时制定改进方案。应该充分发挥政府的推动作用，在政府政策的引导下，多方面齐抓共管，实现在线零售企业社会责任法律化、制度化、常态化。

8.3.2　强化在线零售企业的自律行为

（1）应加强对在线零售企业管理者的社会责任教育和培训。在线零售企业是企业社会责任履行的主体，但做出决策的是在线零售企业的管理层，管理者社会责任意识的强弱决定了在线零售企业履行社会责任的程度。应通过 MBA 或 EMBA 培养方案把商业伦理、管理道德或其他类似课程都列入核心课程，并通过开展研讨会、专题讨论会及类似的道德培训项目来鼓励道德行为。对在线零售企业管理者进行社会责任的教育和培训，无疑将有助于增强在线零售企业履行社会责任的内部动力。

（2）加强在线零售企业伦理文化建设，提高在线零售企业自觉履行社会责任的意识。在线零售企业应树立以人为本的经营思想，把社会责任的理念引入企业文化建设中来。通过建立高效的社会责任信息沟通系统、开展有效的社会责任培训计划及建立可靠的社会责任保障系统等措施，可以提高在线零售企业的社会责任意识和执行能力，促使在线零售企业自愿、主动地承担起应有的企业社会责任。

第8章　在线零售企业社会责任管理模式、实现机制与推进路径

（3）树立正确的责任观。企业社会责任水平归根到底取决于企业的意愿和能力。在线零售企业应该认识到，企业是社会的一员，不能脱离社会单独存在，因此企业必须对社会负责。对社会责任的认识有多高，在线零售企业就能在履行社会责任方面走多远。在线零售企业应确定符合社会责任的基本经营理念，认真学习、研究国家法律法规和政府各项政策，并加强对企业员工的宣传教育，使社会责任的理念成为每一个管理者和员工的共同认识，并用于约束自己的行为。可以依托行业协会、媒体和企业组织的力量，针对企业的具体情况，开展社会责任理念、管理体系建设和信息披露的培训，注意引导企业量力而行地履行社会责任，以便于企业家接受并认可这一理念。利用示范效应，加强对自觉履行企业社会责任的企业和企业家典范的宣传，建议政府设立"企业社会责任贡献奖"，媒体大力宣传获得年度最具责任感的企业和企业家名单，使更多的企业家认识到履行企业社会责任的必要性。

（4）在线零售企业应将社会责任融入管理体系和日常的经营活动中，使其成为企业经营的有机组成部分。企业要加快现代企业制度建设，不断完善和强化内部管理，创造更多的利润，从而更好地履行社会责任。在对企业管理者进行考评时，不仅要以经济指标作为标准，还要按照企业的长远目标，形成和完善对经营管理者的职业道德考评体系。在线零售企业要以积极的心态承担社会责任，把承担社会责任主动纳入企业发展的中长期目标。在制定企业发展战略时，除了利润目标外，要明确企业的社会责任目标，并及时根据企业社会责任战略调整企业内部组织结构，将其作为工作计划落实到具体经营和管理活动中去。将社会责任融入管理体系，就是树立现代企业管理理念，调整、改革企业管理中与法律法规、社会道德观念不相符的内容，使企业的行为符合现代企业公民的要求。企业的发展战略、经营模式与业务流程需要在社会责任与可持续发展理念下重新审视与考察，在企业的管理系统中充分考虑在线零售企业对利益相关者的影响、对自然环境与资源的影响。企业也需要与自身上下游的供应链进行合作，加强社会责任管理，实现企业与供应链的共同发展与成长。企业要在将社会责任融入企业发展战略时，着重关注消费者的认知，针对不同利益相关者履行不同社会责任。企业还可以推行责任企业导向的人力资源管理与文化建设，招聘具有社会责任意识的员工、提供社会责任专题的培训、进行与社会责任指标挂钩的薪酬与绩效管理以及责任导向的劳动关系管理，在企业内部逐步培育企业的责任文化。

8.3.3 从消费者和员工层面促进在线零售企业社会责任行为

首先，消费者应提高自身素质，认识和了解所购买的产品，增加对产品的辨别能力，并增强维权意识和能力。消费者要提高社会责任意识，在购买产品时，将企业社会责任情况纳入购买决策中来，优先购买有社会责任感的企业的产品，使有社会责任意识的企业能够获得经济回报，增加企业继续承担社会责任的动力和能力。要使更多消费者认识到责任消费是公民的义务，培育消费者超越"产品服务的安全质量"之上的"责任认知"，引导消费者利用自己的购买行为来支持和回馈那些积极履行社会责任的企业，惩罚不承担社会责任的企业。积极探索有效保障消费者投诉效果的渠道，鼓励消费者对违法、不良企业进行举报，并使其获得物质和精神收益。也要鼓励消费者多接近、了解与参与企业社会责任实践活动，理解、支持和帮助企业更好地履行社会责任。其次，在线零售企业要切实贯彻"以人为本"的经营理念，保障员工的休息休假权，提高其生活质量；关心员工身心健康发展，改善工作环境，定期组织开展各种文体活动，为员工展现才华搭建平台；妥善处理劳资关系，确保员工取得劳动报酬的权利；关注员工职业生涯规划，为员工创造各种学习和培训机会；消灭各种形式的职业歧视，确保平等就业和公平发展的机会，缓解社会的就业压力。

8.3.4 从社会层面深入推进在线零售企业社会责任行为

（1）民众和非政府组织要积极参与对在线零售企业履责的监督。对在线零售企业社会责任的监督，只靠政府是远远不够的，需要广大社会公众的参与，并形成长效监督机制。鼓励建立民间企业社会责任监管机制，前期由政府来协助组建，后期逐渐转移到社会组织，由社会组织通过设置奖项和荣誉、评定等级等措施，建立激励机制，引导在线零售企业履行社会责任，对未履行责任或未按时提交履责报告的企业予以披露。

（2）发挥新闻媒体的推动和监督作用。尤其是随着信息技术和互联网的发展，新闻媒体和社会公众的舆论监督作用日益增大。新闻媒体首先应加大对在线零售企业社会责任的宣传和引导工作，新闻媒体要追踪曝光一些置社会责任于不顾、一味追求利润最大化的违规操作的在线零售企业，让它们承担因此而造成的损失。对积极参与公益事业，主动履行社会责任的在线零售企业进行正面报道，提升这些企业的知名度和信誉度。要通过媒体报道丰富消费者的消费知识，增强消费者的识别能力，特别是要引导消费者树立权益保护意识，用

第8章 在线零售企业社会责任管理模式、实现机制与推进路径

法律武器保护自身的合法权益,给在线零售企业以必要的监督。

(3)发挥行业协会的自律和约束机制。行业协会在在线零售企业社会责任实现过程中可发挥重要作用,不仅可以对行业内企业进行就近监督,还能为企业开展社会责任培训和咨询等提供服务。根据行业特点制定本行业行为准则,是行业组织推动企业社会责任的重要职责。覆盖行业的行为准则应突出行业实施社会责任的优先重点,以便于行业内各企业共同遵守实施。应积极发挥行业协会的社会责任宣传作用。在线零售企业行业协会可以通过办好内部刊物,积极宣传社会责任,对社会责任表现良好的企业进行正面报道,鼓励企业积极履行社会责任。发挥在线零售行业协会在履行社会责任过程中的作用,前提是行业协会要具备履行各种职责的条件,其内部要有完善的治理机构,和较强的治理能力。因此,也要求政府要引导在线零售行业协会的发展,重视行业协会在在线零售企业社会责任实现过程中的作用。政府应鼓励和支持在线零售行业协会的发展,在线零售行业协会也要加强自身和行规的建设,提高自身的管理水平、公信力和影响力,充分发挥行业协会作为政府和在线零售企业之间桥梁的作用,向政府传达在线零售企业的共同要求,同时协助政府制定和实施行业发展规划、产业政策、行政法规及其他相关法律。发挥在线零售行业协会对本行业产品和服务质量、竞争手段、经营作风的监督职能,维护行业信誉,鼓励公平竞争,打击违法、违规行为。

(4)发挥消费者组织、环境保护组织和其他非政府组织在推动社会责任方面的作用。当前,消费者行为已不是简单的个人行为,而是对社会产生影响的行为。负责任消费是指消费者通过购买向企业发出了一种信号,即如果在线零售企业不遵守法律,侵害职工权益,污染环境,即便企业产品质量、价格都可接受,消费者也会拒绝购买该产品。因此,我国消费者组织在维护消费者权益方面也进行了卓有成效的工作,促进了在线零售企业履行对消费者的责任。我国消费者组织在促进在线零售企业社会责任方面还应扩大工作范围,把工作方向从针对产品的信息发布,向鼓励消费者购买承担社会责任企业的产品方向发展,倡导消费者树立负责任消费的理念。另外,通过非政府组织的努力,促进在线零售企业履行社会责任,也是重要的。特别是一些环境保护组织的工作,对全社会环境保护意识的提高起到了积极的推动作用。从建立在线零售企业社会责任机制角度看,鼓励更多社会组织参与到活动中,有利于在更大范围和更深层次上推动在线零售企业社会责任的发展。并且,为了使在线零售企业社会责任活动正常发展,也应要求这些参与活动的非政府组织履行社会责任。

附录1：在线零售企业社会责任行为测量问卷

尊敬的女士/先生：

您好！我们正在进行一项关于在线零售企业社会责任行为的研究，需了解您对我国在线零售企业社会责任行为的一些看法和感受。本调查采用匿名方式，其结果仅用于学术研究。请您根据自己的真实体会，回答下列问题，并在选定的数字上打"√"。答案无对错之分，写出您的真实想法即可。对于您的支持，我们表示衷心感谢！

Q1. 您最近一次是在哪家在线零售企业进行的购物活动？（　　　）

第一部分：下面是关于在线零售企业社会责任行为内容的描述，请根据您对这家在线零售企业社会责任的实际感受回答每个题项（题项后的数字表示您对该说法的同意程度，请选择一个数字）。

题号	题项	完全同意	同意	基本同意	说不清	基本不同意	不同意	完全不同意
1	该零售网站规模和流量大	7	6	5	4	3	2	1
2	该零售网站创造了利润	7	6	5	4	3	2	1
3	该零售商扩大了网络零售市场份额	7	6	5	4	3	2	1
4	该零售商促进了网络平台商家共同获利	7	6	5	4	3	2	1
5	该零售网站的品牌形象和价值得到提升	7	6	5	4	3	2	1

附录1：在线零售企业社会责任行为测量问卷

续 表

题 号	题 项	完全同意	同意	基本同意	说不清	基本不同意	不同意	完全不同意
6	该零售网站的商品发货和交货及时可靠	7	6	5	4	3	2	1
7	该零售商网站不非法收集、使用和泄露消费者个人信息	7	6	5	4	3	2	1
8	该零售网站垃圾邮件泛滥侵犯了消费者隐私权	7	6	5	4	3	2	1
9	该网络购物系统和支付方式有安全保证	7	6	5	4	3	2	1
10	该零售网站及时回应和处理消费者投诉	7	6	5	4	3	2	1
11	该零售网站提供隐私保护声明	7	6	5	4	3	2	1
12	该零售网站不虚构交易记录或交易评价误导消费者	7	6	5	4	3	2	1
13	该零售网站兑现促销承诺	7	6	5	4	3	2	1
14	该零售网站售后服务周到	7	6	5	4	3	2	1
15	该零售商为员工提供教育和培训	7	6	5	4	3	2	1
16	该零售商关注员工个人发展和晋升	7	6	5	4	3	2	1
17	该零售商的员工有较好的工资收入	7	6	5	4	3	2	1
18	该零售商为员工提供了福利保障	7	6	5	4	3	2	1
19	该零售网站不进行虚假广告宣传	7	6	5	4	3	2	1
20	该零售网站不提供假冒伪劣商品	7	6	5	4	3	2	1
21	该零售网站参与公平竞争	7	6	5	4	3	2	1
22	该零售网站按期纳税	7	6	5	4	3	2	1
23	该零售网站参加慈善捐赠公益事业	7	6	5	4	3	2	1

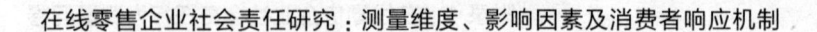

续表

题 号	题 项	完全同意	同意	基本同意	说不清	基本不同意	不同意	完全不同意
24	该零售网站促进环境保护和社会可持续发展	7	6	5	4	3	2	1
25	该零售网站积极帮助弱势群体	7	6	5	4	3	2	1
26	该零售网站扩大社会就业	7	6	5	4	3	2	1

第二部分：以下是关于您个人的一些基本信息，请选择：

1. 您的性别：□男　　　　□女
2. 您的年龄：□18岁以下　　□18～30岁　　□31～40岁
　　　　　　□41～50岁　　□51～60岁　　□60岁以上
3. 您的受教育程度：□中学以下　□中学或中专　□大专
　　　　　　　　　□本科　　　□硕士及以上
4. 您的职业：□公司职员　□政府机关或事业单位职工　□个体工商户
　　　　　　□学生　　　□自由职业者　　　　　　　□其他
5. 您的家庭月收入：□2 000元以下　　　□2 000～4 000元
　　　　　　　　　□4 000～6 000元　　□6 000～8 000元
　　　　　　　　　□8 000元以上
6. 您是否经常惠顾百货商店？□经常　　□不经常
7. 您平均每次在百货商店的消费金额是多少？
　　□100元以下　　□100～300元　　□300～500元
　　□500～700元　　□700元以上

附录2：在线零售企业社会责任行为对在线顾客忠诚影响的调查问卷

尊敬的女士/先生：

您好！我们正在进行一项关于在线零售企业社会责任行为影响在线顾客忠诚的研究，需了解您对我国在线零售企业社会责任行为的一些看法和感受。本调查采用匿名方式，其结果仅用于学术研究。请您根据自己的真实体会，回答下列问题，并在选定的数字上打"√"。答案无对错之分，写出您的真实想法即可。对您的支持，我们表示衷心感谢！

第一部分：下面是关于在线零售企业社会责任行为对在线顾客忠诚影响的变量描述，请根据您对我国在线零售企业社会责任的实际感受回答每个题项（题项后的数字表示您对该说法的同意程度，请选择一个数字）。

题号	题项	完全同意	同意	基本同意	说不清	基本不同意	不同意	完全不同意
1	该在线零售商不非法收集、使用和泄露消费者个人信息	7	6	5	4	3	2	1
2	该在线零售商不虚构交易记录或交易评价误导消费者	7	6	5	4	3	2	1
3	该在线零售商的网络购物系统和支付方式有安全保证	7	6	5	4	3	2	1
4	该零售网站提供隐私保护声明	7	6	5	4	3	2	1
5	该在线零售商不采用违规方式在网站上"刷"信誉度	7	6	5	4	3	2	1

续 表

题 号	题 项	完全同意	同意	基本同意	说不清	基本不同意	不同意	完全不同意
6	该在线零售商的网上产品与订购是一致的	7	6	5	4	3	2	1
7	该在线零售商不在网上销售假冒伪劣商品	7	6	5	4	3	2	1
8	该在线零售商在网络零售市场中参与公平竞争	7	6	5	4	3	2	1
9	该在线零售商不非法诱导消费者在线购买	7	6	5	4	3	2	1
10	该在线零售商的员工福利待遇是令人羡慕的	7	6	5	4	3	2	1
11	该在线零售商的网站流量和利润保持稳定增长	7	6	5	4	3	2	1
12	该在线零售商积极参加慈善捐赠公益事业	7	6	5	4	3	2	1
13	该在线零售商是值得信赖的	7	6	5	4	3	2	1
14	该在线零售商是成功的	7	6	5	4	3	2	1
15	该在线零售商为顾客提供了卓越的价值	7	6	5	4	3	2	1
16	我的个性与该在线零售商的个性相符	7	6	5	4	3	2	1
17	我认为我和该在线零售商所代表的形象相似	7	6	5	4	3	2	1
18	我怎么评价自己就如同我如何评价该在线零售商	7	6	5	4	3	2	1
19	该在线零售商给我印象与我的个人形象相呼应	7	6	5	4	3	2	1
20	该在线零售商主营业务与其社会责任活动的结合是合适的	7	6	5	4	3	2	1

附录2：在线零售企业社会责任行为对在线顾客忠诚影响的调查问卷

续 表

题 号	题 项	完全同意	同意	基本同意	说不清	基本不同意	不同意	完全不同意
21	该在线零售商主营业务与其社会责任活动的结合是一致的	7	6	5	4	3	2	1
22	该在线零售商主营业务与其社会责任活动的结合是符合逻辑的	7	6	5	4	3	2	1
23	该在线零售商的形象与其社会责任活动的形象是合适的	7	6	5	4	3	2	1
24	该在线零售商的形象与其社会责任活动的形象是一致的	7	6	5	4	3	2	1
25	该在线零售商的形象与其社会责任活动的形象是符合逻辑的	7	6	5	4	3	2	1
26	该在线零售商不只追求利润，也尽到了社会成员责任，符合我的期望	7	6	5	4	3	2	1
27	该在线零售商对整个社会的贡献与我的期望相符	7	6	5	4	3	2	1
28	我在该零售网站有强烈的在线搜索意图	7	6	5	4	3	2	1
29	我在该零售网站有强烈的在线购买意愿	7	6	5	4	3	2	1
30	我下次还会重复惠顾该零售网站	7	6	5	4	3	2	1
31	我会向亲朋好友积极推荐该零售网站	7	6	5	4	3	2	1

第二部分：以下是关于您个人的一些基本信息，请选择：

1. 您的性别：□男　　　　□女
2. 您的年龄：□18岁以下　　□18～30岁　　□31～40岁
　　　　　　　□41～50岁　　□51～60岁　　□60岁以上

3. 您的受教育程度：□中学以下　□中学或中专　□大专
　　　　　　　　　□本科　　　□硕士及以上
4. 您的职业：□公司职员　□政府机关或事业单位职工　□个体工商户
　　　　　　　□学生　　　□自由职业者　　　　　　　□其他
5. 您的家庭月收入：□2 000元以下　　　□2 000~4 000元
　　　　　　　　　□4 000~6 000元　　□6 000~8 000元
　　　　　　　　　□8 000元以上
6. 您是否经常惠顾百货商店？□经常　　□不经常
7. 您平均每次在百货商店的消费金额是多少？
　　□100元以下　　　□100~300元
　　□300~500元　　　□500~700元
　　□700元以上

参考文献

[1] ABRATT R, KLEYN N.Corporate identity, corporate branding and corporate reputations: Reconciliation and integration[J].European Journal of Marketing, 2012, 46(7/8): 1048-1063.

[2] ADAM A M, ADERET A, SADEH A.Does ethics matter to e-consumers[J].Journal of Internet Commerce, 2007, 6(2): 19-34.

[3] AGHEKYAN-SIMONIAN M, FORSYTHE S, KWON S W, et al.The role of product brand image and online store image on perceived risks and online purchase intentions for apparel[J].Journal of Retailing and Consumer Services, 2012, (19): 325-331.

[4] AGLE B R, MITCHELL R K, SONNENFELD J A.Who matters to CEOs ? An investigation of stakeholder attributes and salience, corporate performance and CEO values[J].Academy of Management Journal, 1999, 42(5): 507-525.

[5] AGUILERA R V, RUPP D E, WILLIAMS C A, Ganapathi J.Putting the S back in corporate social responsibility: A multilevel theory of social change in organization[J].Academy of Management Review, 2007, 32(3): 836-863.

[6] ALCAÑIZ E B, CÁCERES R C, PÉREZ R C.Alliances between brands and social causes: The influence of company credibility on social responsibility image[J].Journal of Business Ethics, 2010, 96(2): 169-186.

[7] ALONSO-ALMEIDA M D M, PERRAMON J, BAGUR-FEMENIAS L.Leadership styles and corporate social responsibility management: Analysis from a gender perspective[J].Business Ethics: A European Review, 2017, 26(2): 147-161.

[8] ANGELIDIS J P, MASSETTI B L, MAGEE-EGAN P.Does corporate social responsibility orientation vary by position in the organizational hierarchy？[J].Review of Business, 2008, 28（3）：23-32.

[9] ARJOON S, RAMBOCAS M.Ethics and customer loyalty: Some insights into online retailing services [J].International Journal of Business and Social Science, 2011, 2（14）：135-142.

[10] AUGER P, DEVINNEY T M, LOUVIERE L L.Consumer Social Beliefs: An international investigation using best-worst scaling methodology？[R].Working Paper of Melbourne Business School, 2004.

[11] BADEN D A, HARWOOD I A, WOODWARD D G.The effect of buyer pressure on suppliers in SMEs to demonstrate CSR practices: An added incentive or counter productive？[J].European Management Journal, 2009, 27（6）：429-441.

[12] BANSAL P.Evolving sustainability: A longitudinal study of corporate sustainable development [J].Strategic Management Journal, 2005, 26（3）：197-218.

[13] BARON R A.Opportunity recognition as pattern recognition: How entrepreneurs "connect the dots" to identify new business opportunities[J].Academy of Management Perspectives, 2006, 20（1）：104-119.

[14] BASU K, PALAZZO G.Corporate social responsibility: A process model of sensemaking[J]. Academy of Management Review, 2008, 33（1）：122-136.

[15] BAUCUS M S, NEAR J P.Can illegal corporate behavior be predieted？An event history analysis[J].Academy of Management Journal, 1991, 34（1）：9-36.

[16] BECKER-OLSEN K L, CUDMORE B A, HILL R P.The impact of perceived corporate social responsibility on consumer behavior[J].Journal of Business Research, 2006, 59（1）：46-53.

[17] BERENS G, VAN RIEL C B M, VAN BRUGGEN G H.Corporate associations and consumer product responses: The moderating role of corporate brand dominance[J].Journal of Marketing, 2005, 69（3）：35-48.

[18] BERGAMI M, BAGOZZI R.Self-categorization, affective commitment and group self-esteem as distinct aspects of social identity in the organization[J].British Journal of Social Psychology, 2000, 39（4）: 555-577.

[19] BHATTACHARYA C B, S SEN. Doing better at doing good: When, why, and how consumers respond to corporate social initiatives[J].California Management Review, 2004, 47（1）: 9-24.

[20] BHATTACHARYA C B, SEN S. Consumer-company identification: A framework for understanding consumers' relationships with companies[J].Journal of Marketing, 2003, 67（2）: 76-88.

[21] BOULSTRIDGE E, CARRIGAN M.Do consumers really care about corporate responsibility？Highlighting the attitude-behavior gap[J].Journal of Communication Management, 2000, 4（4）: 355-368.

[22] BOWEN H R.Social responsibilities of the businessman[M].New York: Harper&Row, 1953.

[23] BRAMMER S, WILLIAMS G, ZINKIN J.Religion and attitudes to corporate social responsibility in a large cross-country sample[J].Journal of Business Ethics, 2007, 71（3）: 229-243.

[24] BRANCO M C , RODRIGUES L L.Factors influencing social responsibility disclosure by Portuguese companies[J].Journal of Business Ethics, 2008, 83（4）: 685-701.

[25] BRICKSON S L.Organizational identity orientation: The genesis of the role of the firm and distinct forms of social value[J].Academy of Management Review, 2007, 32（3）: 864-888.

[26] BRONN P S, VIDAVER-COHEN D. Corporate motives for social initiative: Legitimacy, sustainability, or the bottom Line？[J].Journal of Business Ethics, 2009, 87（suppl1）: 91-109.

[27] BROWN M E, TREVIÑO L K.Ethical leadership: A review and future directions[J].The leadership Quarterly, 2006, 17（6）: 595-616.

[28] BROWN T J, DACIN P A.The company and the product: Corporate associations and consumer product responses[J].Journal of Marketing, 1997, 61（1）:

68-84.

[29] BROWN S E.Determinants of corporate social performance: An exploratory investigation of top management teams, CEO compensation, and CEO power[D].Fort Lauderdale: Nova Southeastern University, 2003.

[30] BUCHHOLTZ A K, AMASON A C, RUTHERFORD M A. Beyond resources: The mediating effect of top management discretion and values on corporate philanthropy[J]. Business and Society, 1999, 38（2）: 167-187.

[31] BUSH V S, VENABLE B T, BUSH A J.Ethics and marketing on the internet: Practitioners' perceptions of societal, industry and company concerns[J]. Journal of Business Ethics, 2000, 23 (3): 237-248.

[32] CAMPBELL J L. Institutional analysis and the paradox of corporate social responsibility[J]. American Behavioral Scientist, 2006, 49（7）: 925-938.

[33] CAMPBELL J L.Why would corporations behave in socially responsible ways？ An institutional theory of corporate social responsibility[J]. Academy of Management Review, 2007, 32（3）: 946-967.

[34] CARROLL A B. A three-dimensional conceptual model of corporate performance[J]. Academy of Management Review, 1979, 4（4）: 497-505.

[35] CHENG H-F, YANG M-H, CHEN K-Y, et al. Measuring perceived EC ethics using a transaction-process-based approach: Scale development and validation[J]. Electronic Commerce Research and Applications, 2014, 13 （1）: 1-12.

[36] CHRISTENSEN L J, MACKEY A, WHETTEN D.Taking responsibility for corporate social responsibility: The role of leaders in creating, implementing, sustaining, or avoiding socially responsible firm behaviors[J]. Academy of Management Perspectives, 2014, 28（2）: 164-178.

[37] CLARKSON M. A stakeholder framework for analyzing and evaluating corporate social performance[J]. Academy of Management Review, 1995, 20 （1）: 92-117.

[38] CREYER E H.The influence of firm behavior on purchase intention: Do consumers really care about business ethics？ [J]. Journal of Consumer Marketing, 1997, 14（6）: 421-432.

参考文献

[39] DAVIS K. Can business afford to ignore corporate social responsibility? [J]. California Management Review, 1960, 2（3）: 70-76.

[40] DAWKINS J, LEWIS S. CSR in stakeholder expectations: And their implication for company strategy[J]. Journal of Business Ethics, 2003, 44（2/3）: 185-193.

[41] DU S, BHATTACHARYA C B, SEN S. Reaping relational rewards from corporate social responsibility: The role of competitive positioning[J]. International Journal of Research in Marketing, 2007, 24（3）: 224-241.

[42] EISENHARDT K M. Building theories from case study research[J]. Academy of Management Review, 1989, 14（4）: 532-550.

[43] FREESTONE O, MITCHELL V W. Generation Y attitudes towards e ethics and internet-related misbehaviours[J]. Journal of Business Ethics, 2004, 54（2）: 121-128.

[44] FOREHAND M R, GIER S. When is honesty the best policy? The effects of stated company intent on consumer skepticism[J]. Journal of Consumer Psychology, 2003, 13（3）: 349-356.

[45] FOURNIER S. Consumers and their brands: Developing relationship theory in consumer research[J]. Journal of Consumer Research, 1998, 24（4）: 343-373.

[46] GARCÍA DE LOS SALMONES M M, PÉREZ A, RODRÍGUEZ DEL BOSQUE I. The social role of financial companies as a determinant of consumer behavior[J]. International Journal of Bank Marketing, 2009, 27（6）: 467-485.

[47] GEVA A. Three models of corporate social responsibility: Interrelationships between theory, research and practice[J]. Business and Society Review, 2008, 113（1）: 1-41.

[48] GINO F, AYAL S, ARIELY D. Contagion and differentiation in unethical behavior: The effect of one bad apple on the barrel[J]. Psychological Science, 2009, 20（3）: 393-398.

[49] GINO F, GU J, ZHONG C B. Contagion or restitution? When bad apples can motivate ethical behavior[J]. Journal of Experimental Social Psychology, 2009, 45（6）: 1299-1302.

[50] GIVEL M. Motivation of chemical industry social responsibility through responsible care[J]. Health Policy, 2007, 81 (1): 85-92.

[51] GLASER B G, STRAUSS A L. The discovery of grounded theory[M]. New York: Aldine Publishing Company, 1967.

[52] GODFREY P C. The relationship between corporate philanthropy and shareholder wealth: A risk management perspective[J]. Academy of Management Review, 2005, 30 (4): 777-798.

[53] GONZÁLEZ M, MARTINEZ C. Fostering corporate social responsibility through public initiative: From the EU to the Spanish case[J]. Journal of Business Ethics, 2004, 55 (3): 275-293.

[54] GRAAFLAND J, MAZEREEUW-VAN DER DUIJN SCHOUTEN C. Motives for corporate social responsibility [J]. De Economist, 2012, 160 (4): 377-396.

[55] GRUNWALD G, Hempelmann B. Impacts of reputation for quality on perceptions of company responsibility and product-related dangers in times of product-recall and public complaints crises: Results from an empirical investigation[J]. Corporate Reputation Review, 2010, 13 (4): 264-283.

[56] HAMBRICK D C, MASON P A. Upper echelons: the organization as a reflection of its top managers[J]. Academy of Management Review, 1984, 9 (2): 193-206.

[57] HANIFFA R, HUDAIB M. Exploring the ethical identity of islamic banks via communication in annual reports[J]. Journal of Business Ethics, 2007, 76 (1): 97-116.

[58] HART S L. A natural-resource-based view of the firm[J]. Academy of Management Review, 1995, 20 (4): 986-1014.

[59] HE H, MUKHERJEE A. I am, ergo I shop: Does store image congruity explain shopping behavior of Chinese consumer? [J]. Journal of Marketing Mangement, 2007, 23 (5/6): 443-460.

[60] HEMINGWAY C A, MACLAGAN P W. Managers', personal values as drivers of corporate social responsibility [J]. Journal of Business Ethics, 2004, 50 (1): 33-44.

[61] HERHAUSEN D, BINDER J, SCHOEGEL M, HERRMANN A. Integrating bricks with clicks: Retailer-level and channel-level outcomes of online-offline channel integration[J]. Journal of Retailing, 2015, 91（2）: 309-325.

[62] HILLENBRAND C, MONEY K. Corporate responsibility and corporate reputation: Two separate concepts or two sides of the same coin?[J]. Corporate Reputation Review, 2007, 10（4）: 261-277.

[63] Hillman A J, Keim G D.Shareholder value, stakeholder management, and social issues: What's the bottom line [J]. Strategic Management Journal, 2001, 22（2）: 125-139.

[64] DEN HOND F, DENBAKKER F G A. Ideologically motivated activism: How activist groups influence corporate social change activities[J]. Academy of Management Review, 2007, 32（3）: 901-924.

[65] HUANG H, ZHAO Z. The influence of political connection on corporate social responsibility——evidence from Listed private companies in China[J].International Journal of Corporate Social Responsibility, 2016, 1（1）: 1-19.

[66] HUSTED B W, ALLEN D B. Strategic corporate social responsibility and value creation among large firms: Lessons from the Spanish experience[J]. Long Range Planning, 2007, 40（1）: 594-610.

[67] HUSTED B W, ALLEN D B. Corporate social strategy in multinational enterprises: Antecedents and value creation[J]. Journal of Business Ethics, 2007, 74（4）: 345-361.

[68] HUSTED B W, ALLEN D B. Corporate social responsibility in the multinational enterprise: Strategic and institutional approaches[J]. Journal of International Business Studies, 2006, 37（6）: 838-849.

[69] IBRAHIM N A, ANGELIDIS J P. The Corporate social responsiveness orientation of board members: Are there differences between inside and outside directors？[J]. Journal of Business Ethics, 1995, 14（5）: 405-410.

[70] IBRAHIM N A, HOWARD D P, ANGELIDIS J P. Board members in the service industry: An empirical examination of the relationship between corporate social responsibility orientation and directorial type[J]. Journal of

Business Ethics, 2003, 47（4）: 393-401.

[71] JIN B, PARK J Y. The moderating effect of online purchase experience on the evaluation of online store attributes and the subsequence impact on market response outcomes[J]. Advances in Consumer Research, 2006, 33(1): 203-211.

[72] JO H, SONG M H, TSANG A. Corporate social responsibility and stakeholder governance around the world[J]. Global Finance Journal, 2015, 27: 18-45.

[73] JONES M T. The institutional determinants of social responsibility[J]. Journal of Business Ethics, 1999, 20（2）: 163-179.

[74] Jones T M, Wicks A C. Convergent stakeholder theory[J]. Academy of Management Review, 1999, 24（2）: 206-214.

[75] KAYMAK T, BEKTAS E. Corporate social responsibility and governance: Information disclosure in multinational corporations[J]. Corporate Social Responsibility & Environmental Management, 2017, 24（6）: 555-569.

[76] KIRMANI A, RAO A R. No pain, no gain: A critical review of the literature on signaling unobservable product quality[J]. Journal of Marketing, 2000, 64（2）: 66-79.

[77] KLEIN J, DAWAR N. Corporate social responsibility and consumers' attributions and brand evaluation in a product-harm crisis[J]. International Journal of Research Marketing, 2004, 21（3）: 203-217.

[78] LAFFERTY B A. The relevance of fit in a cause-brand alliance when consumers evaluate corporate credibility[J]. Journal of Business Research, 2007, 60（5）: 447-453.

[79] LEE J H, BYUN H S, PARK K S. Product market competition and corporate social responsibility activities: Perspectives from an emerging economy[J]. Pacific-Basin Finance Journal, 2018（49）: 60-80.

[80] LEE E M, PARK S Y, RAPERT M I, et al. Does perceived consumer fit matter in corporate social responsibility issues？[J]. Journal of Business Research, 2012, 65（11）: 1558-1564.

[81] LIAO L, LIN T, ZHANG Y. Corporate board and corporate social responsibility

assurance: Evidence from China[J].Journal of Business Ethics, 2018, 150（1）: 211-225.

[82] LICHTENSTEIN D R, BRAIG B M.The effect of corporate social responsibility on customer donations to corporate supported nonprofits[J]. Journal of Marketing, 2004, 68（4）: 16-32.

[83] LIMBU Y B, WOLF M, LUNSFORD D.Perceived ethics of online retailers and consumer behavioral intentions: The mediating roles of trust and attitude[J]. Journal of Research in Interactive Marketing, 2012, 6（2）: 133-154.

[84] LIMBU Y B, WOLF M, LUNSFORD D L. Consumers' perceptions of online ethics and its effects on satisfaction and loyalty[J]. Journal of Research in Interactive Marketing, 2011, 5（1）: 71-89.

[85] LIMBU Y B, WOLF M, LUNSFORD D.Perceived ethics of online retailers and consumer behavioral intentions: The mediating roles of trust and attitude[J]. Journal of Research in Interactive Marketing, 2012, 6（2）: 133-154.

[86] LOPATTA K, JAESCHKE R, CHEN C.Stakeholder engagement and corporate social responsibility （CSR）performance: International evidence[J]. Corporate Social Responsibility&Environmental Management, 2017, 24（3）: 199-209.

[87] LUO X, BHATTACHARYA C B.Corporate social responsibility, customer satisfaction, and market value[J]. Journal of Marketing, 2006, 70（4）: 1-18.

[88] MAHONEY L S, THOME L.An examination of the structure of executive compensation and corporate social responsibility: A Canadian investigation [J]. Journal of Business Ethics, 2006, 69（2）: 149-162.

[89] MAIGNAN I, FERRELL O C, FERRELL L.A stakeholder model for implementing social responsibility in marketing[J].European Journal of Marketing, 2005, 39（9）: 956-977.

[90] MARIN L, RUIZ S, RUBIO A.The role of identity salience in the effects of corporate social responsibility on consumer behavior[J]. Journal of

Business Ethics, 2009, 84(1): 65-78.

[91] MCCARTHY S, OLIVER B, SONG S.Corporate social responsibility and CEO confidence[J]. Journal of Banking & Finance, 2017(75): 280-291.

[92] MCWILLIAMS A, VAN FLEET D, CORY K.Raising rivals' costs through political strategy: An extension of resource-based theory[J].Journal of Mangement Studies, 2002, 39(5): 707-724.

[93] Miles M B, Huberman A M. Qualitative Data Analysis: An Expanded Sourcebook[M]. Thousand Oaks, CA: Sage Publications,1994.

[94] MITCHELL R K, AGLE B R, WOOD D J.Toward a theory of stakeholder identification and salience: defining the principle of who and what really counts[J].Academy of Management Review, 1997, 22(4): 853-886.

[95] MIYAZAKI A D, FERNANDEZ A.Consumer perceptions of privacy and security risks for online shopping[J].The Journal of Consumer Affairs, 2001, 35(1): 27-44.

[96] MOHR L A, WEBB D J.The effects of corporate social responsibility and price on consumer responses[J].Journal of Consumer Affairs,2005,39(1): 121-147.

[97] MUDRACK P.Individual personality factors that affect normative beliefs about the rightness of corporate social responsibility[J]. Business&Society, 2007, 46(1): 33-62.

[98] MUTTAKIN M B, KHAN A, MIHRET D G.The effect of board capital and CEO power on corporate social responsibility disclosures[J].Journal of Business Ethics, 2018, 150(1): 41-56.

[99] NARDAL S, SAHIN A.Ethical issues in e-commerce on the basis of online retailing[J].Journal of Social Sciences, 2011, 7(2): 190-198.

[100] OBERSEDER M, SCHLEGELMILCH B B, MURPHY P E, et al.Consumers' perceptions of corporate social responsibility: Scale development and validation[J].Journal of Business Ethics, 2014, 124(1): 101-115.

[101] OLIVER R L.A cognitive model of the antecedents and consequences of satisfaction decisions[J]. Journal of Marketing Research, 1980, 17(4):

460-469.

[102] PALMER D E. Pop-ups, cookies, and spam: Toward a deeper analysis of the ethical significance of internet marketing practices[J]. Journal of Business Ethics, 2005, 58（1/3）: 271-280.

[103] PARASURAMAN A, ZEITHAML V A, BERRY L L. SERVQUAL: A multiple-item scale for measuring consumer perceptions of service quality[J]. Journal of Retailing, 1988, 64（1）: 12-37.

[104] PARK J, LEE H, KIM S. Corporate social responsibilities, consumer trust and corporate reputation: South Korean consumers' perspective[J]. Journal of Business Research, 2014, 67（3）: 295-302.

[105] PASRICHA P, SINGH B, VERMA P. Ethical leadership, organic organizational cultures and corporate social responsibility: An empirical study in social enterprises[J]. Journal of Business Ethics, 2018, 151（4）: 941-958.

[106] PEDRINI M, BRAMANTI V, CANNATELLI B. The impact of national culture and social capital on corporate social responsibility attitude among immigrants entrepreneurs[J]. Journal of Management & Governance, 2016, 20（4）: 759-787.

[107] PÉREZ A.BOSQUE I R D. Corporate social responsibility and customer loyalty: exploring the role of identification, satisfaction and type of company[J]. Journal of Services Marketing, 2015, 29（1）: 15-25.

[108] PÉREZ R C. Effects of perceived identity based on corporate social responsibility: The role of consumer identification with the company [J]. Corporate Reputation Review, 2009, 12（2）: 177-191.

[109] PORTER M E, KRAMER M R. The competitive advantage of corporate philanthropy[J]. Harvard Business Review, 2002, 80（12）: 57-68.

[110] POST E, PRESTON E, SACHS S. Managing the extended enterprise: The new stakeholder view[J]. California Management Review, 2002, 45（1）: 6-28.

[111] PURUSHOTHAMAN M, TOWER G, HANCOCK R, TAPLIN R. Determinants of corporate social reporting practices of listed Singapore companies[J]. Pacific Accounting Review, 2000, 12（2）: 101-133.

[112] RANGANATHAN C, GANAPATHY S.Key dimensions of business-to-consumer web sites[J]. Information &Management, 2002, 39(2): 457-465.

[113] RASHID M Z, IBRAHIM S.Executive and management attitudes towards corporate social responsibility in Malaysia[J]. Corporate Governance: The International Journal of Effective Board Performanee, 2002, 2(4): 10-16.

[114] REINHARDT F.Market failure and the environmental policies of firms: Economic rationales for beyond compliance behavior[J]. Journal of industrial ecology, 1999, 3(1): 9-21.

[115] RIFON N J, CHOI S M, TRIMBLE C S, et al.Congruence effects in sponsorship: The mediating role of sponsor credibility and consumer attributions of sponsor motive[J]. Journal of Advertising, 2004, 33(1): 29-42.

[116] RIVERA J, LEON P D.Is greener whiter? Voluntary environmental performance of western ski areas[J]. The Policy Studies Journal, 2004, 32(3): 417-437.

[117] ROMAN S, CUESTAS P J.The perceptions of consumers regarding online retailers' ethics and their relationship with consumers' general internet expertise and word of mouth: A preliminary analysis [J]. Journal of Business Ethics, 2008, 83(4): 641-656

[118] ROMAN S.Relational consequences of perceived deception in online shopping: The moderating roles of type of product, consumer's attitude toward the internet and consumer's demographics[J]. Journal of Business Ethics, 2010, 95(3): 373-391.

[119] ROMAN S.The ethics of online retailing: A scale development and validation from the consumers' perspective[J]. Journal of Business Ethics, 2007, 72(2): 131-148.

[120] SCOTT W R.Institutions and Organizations (2nd ed.)[M]. Thousand Oaks, CA: Sage Publications, 2001.

[121] SEN S, BHATTACHARYA C B, KORSCHUN D.The role of corporate social responsibility in strengthening multiple stakeholder relationships:

A field experiment[J]. Journal of the Academy of Marketing Science, 2006, 34(2): 158-166.

[122] SEN S, BHATTACHARYA C B. Does doing good always lead to doing better? Consumer reactions to corporate social responsibility[J]. Journal of Marketing Research, 2001, 38(2): 225-243.

[123] SHAUKAT A, QIU Y, TROJANOWSKI G. Board Attributes, Corporate social responsibility strategy, and corporate environmental and social performance[J]. Journal of Business Ethics, 2016, 135(3): 56-585.

[124] SHELDON, O. The social responsibility of management, the philosophy of management[M]. London: Sir Isaac Pitman and Sons Ltd, 1924.

[125] SHERGILL G S, CHEN Z B. Web-based shopping: Consumers' attitudes towards online shopping in New Zealand[J]. Journal of Electronic Commerce Research, 2005, 6(2): 79-93.

[126] BECKER-OLSEN K L, SIMMONS C J. When do social sponsorship enhance or dilute equity: Fit, message source and the persistence of effect[J]. Working Paper, 2004, 29(1): 287-289.

[127] SINGH T, HILL M E. Consumer privacy and the internet in Europe: A view from Germany[J]. Journal of Consumer Marketing, 2003, 20(7): 634-651.

[128] SMAIZIENE I, JUCEVICIUS R. Corporate reputation: Multidisciplinary richness and search for a relevant definition[J]. Inzinerine Ekonomika-Engineering Economics, 2009, 2(1): 91-100.

[129] SOUSA R, VOSS C. The impacts of e-service quality on customer behaviour in multi-channel e-services[J]. Total Quality Management, 2012, 23(7): 789-806.

[130] STRAUSS A L. Qualitative analysis for social scientists[M]. New York: CamAridge University Press, 1987.

[131] STRIKE V M, GAO J, BANSAL P. Being good while being bad: social responsibility and the International diversification of US firms[J]. Journal of International Business Studies, 2006, 37(6): 850-862.

[132] Tsui A S, Zhang Z X, Wang H, Xin K R, Wu J B, Unpacking the relationship

between CEO leadership behavior and organizational culture[J].Leadership Quarterly,2006,17(2):113-137.

[133] ARJOON S, RAMBOCAS M. Ethics and customer loyalty: Some insights into online retailing services[J]. International Journal of Business and Social Science, 2012, 2（14）: 135-142.

[134] SWANSON D L. Addressing a theoretical problem by reorienting the corporate social performance model[J]. Aceademy of Management Review, 1995, 20（1）: 43-64.

[135] TAGHIAN M, D'SOUZA C, POLONSKY M. A stakeholder approach to corporate social responsibility, reputation and business performance[J]. Social Responsibility Journal, 2015, 11（2）: 340-363.

[136] TRIMBLE C S, RIFON N J. Consumer perceptions of compatibility in cause-related marketing messages[J]. International Journal of Nonprofit and Voluntary Sector Marketing, 2006, 11（1）: 29-47.

[137] ULLMANN A. Date in search of a theory: A critical examination of the relationship among social performance, social disclosure and economic performance[J]. Academy of Management Review, 1985, 10（5）: 78-89.

[138] VARADARAJAN P R, MENON A. Cause related marketing: A co-alignment of marketing strategy and corporate philanthropy[J]. Journal of Marketing, 1988, 52（3）: 58-74.

[139] VAZQUEZ D A, LISTON C. Stakeholders pressures and strategic prioritization: An empirical analysis of environmental responses in Argentinean firms[J]. Journal of Business Ethics, 2010, 91（2）: 171-192.

[140] VERHAGEN T, DOLEN W V. Online purchase intentions: A multi-channel store image perspective[J]. Information&Management, 2009, 46（2）: 77-82.

[141] VLACHOS P A, TSAMAKOS A, VRECHOPOULOS A P, Avramidis P K. Corporate social responsibility: Attributions, loyalty, and the mediating role of trust[J]. Journal of the Academy of Marketing Science, 2009, 37（2）: 170-180.

[142] WADDOCK S A, GRAVES S B. The corporate social performance-financial

performance link[J]. Strategies Management Journal, 1997, 18（4）: 303-319.

[143] WADDOCK S A. The multiple bottom lines of corporate citizenship: Social investing, reputation, and responsibility audits[J]. Business and Society Review, 2000, 105（3）: 323-345.

[144] WALSH G, MITCHELL V W, JACKSON P R, et al. Examining the antecedents and consequences of corporate reputation: A customer perspective[J]. British Journal of Management, 2009, 20（2）: 187-203.

[145] WEAVER G R, TREVINO L K, PHILIP L C. Integrated and decoupled corporate social performance: Management commitments, external pressures, and corporate ethics practices[J]. Academy of Management Journal, 1999.42（5）: 539-552.

[146] WEBB D J, MOHR L A, HARRIS K E. A re-examination of socially responsible consumption and its measurement[J]. Journal of Business Research, 2008, 61（2）: 91-98.

[147] WERNERFELT B. The resource-based view of the firm[J]. Strategic management Journal, 1984, 5（2）: 171-180.

[148] WILLIAMS R J, BARRETT J D. Corporate philanthropy, criminal activities and firms reputation: Is there a link？ [J]. Journal of Business Ethics, 2000, 26（4）: 341-350.

[149] WOJCISKE B, BAZINSKA R, JAWORSKI M. On the dominance of moral categories in impression formation[J]. Personality& Social Psychology Bulletin, 1993, 24（12）: 1251-1263.

[150] WOOD D J, JONES R E. Stakeholder Mismatching: A theoretical problem in empirical research on corporate social performance[J]. International Journal of Organizational Analysis, 2013, 3（3）: 229-267.

[151] WU C F, WU W K. Ethical issues in electronic commerce: A study of travel websites in Taiwan[J]. Journal of Technology Management, 2006, 11（1）: 63-94.

[152] YANG M N, CHANDLREES N, LIN B, et al. The effect of perceived ethical performance of shopping websites on consumer trust[J]. Journal of

Computer Information Systems, 2009, 50(1): 15-24.

[153] YASSER Q R, MAMUN A AL, AHMED I. Corporate social responsibility and gender diversity: insights from Asia pacific[J]. Corporate Social Responsibility and Environmental Management, 2017, 24(3): 210-221.

[154] YIN R. Case study research: Design and methods (3rd Edition)[M]. Thousand Oaks: Sage Publications, 2002.

[155] YOON Y, GURHAN-CANLI Z, SCHWARZ N. The effect of corporate social responsibility (CSR) activities on companies with bad reputations[J]. Journal of Consumer Psychology, 2006, 16(4): 377-390.

[156] 陈贵梧,胡辉华,陈林.行业协会提高了企业社会责任表现吗?——来自中国民营企业调查的微观证据[J].公共管理学报,2017,14(4):102-117.

[157] 陈炜,王茂祥.我国企业社会责任管理体系的构建[J].管理现代化,2008,31(2):4-5,8.

[158] 陈文军.论企业战略管理中的伦理决策[J].北京工商大学学报(社会科学版),2011,26(3):99-104.

[159] 陈迅,韩亚琴.企业社会责任分级模型及其应用[J].中国工业经济,2005(9):99-105.

[160] 陈晓萍,徐淑英,樊景立.组织与管理研究的实证方法[M].北京:北京大学出版社,2012.

[161] 常亚平,阎俊,方琪.企业社会责任行为、产品价格对消费者购买意愿的影响研究[J].管理学报,2008,5(1):110-117.

[162] 邓德军,蒋侃.消费者预期的企业社会责任的内涵研究[J].中国软科学,2011(10):93-101.

[163] 杜兰英,杨春方,吴水兰,等.中国企业社会责任博弈分析[J].当代经济科学,2007,29(1):95-98.

[164] 邓新明,田志龙,陈璐.中国情景下企业伦理行为的消费者响应研究[J].中国软科学,2011(2):132-153.

[165] 冯臻,于保平.基于多层面的企业社会责任行动实施动因的研究[J].上海管理科学,2009,31(3):88-92.

[166] 甘碧群,廖以臣.透视网络中的道德[J].中国国情国力,2004(8):57-60.

[167] 甘碧群,曾伏娥.企业营销行为的道德感知与测度:消费者视角[J].管理世界,2004(7):86-92.

[168] 甘碧群,曾伏娥.企业营销道德测评体系的确立与模糊评价——来自外部顾客的数据分析[J].系统工程理论与实践,2006,26(2):68-76.

[169] 高洁,孔东民,王瑞敏.社会幸福度、媒体关注与企业社会责任[J].浙江社会科学,2016(4):79-89,126.

[170] 郭晓凌,陈可.零售企业战略性企业社会责任与消费者响应[J].山西财经大学学报,2011(7):92-100.

[171] 高勇强.西方企业社会责任理论体系研究述评[J].当代经济管理,2010,32(7):13-19.

[172] 黄保亮,侯文涤.公司治理、业绩变化与企业社会责任[J].山东社会科学,2018(2):129-134.

[173] 胡大立,邓玉华.中小企业社会责任实现机制探究[J].中国流通经济,2013,27(7):70-74.

[174] 贺立龙,朱方明.企业社会责任之存在缘由及实现路径[J].求索,2012(9):9-11.

[175] 侯仕军.企业社会责任管理的一个整合性框架[J].经济管理,2009(3):153-158.

[176] 黄伟.企业社会责任——内涵、机制与表现[J].世界经济文汇,2013(3):105-120.

[177] 洪雁,王端旭.管理者真能"以德服人"吗?——社会学习和社会交换视角下伦理型领导作用机制研究[J].科学学与科学技术管理,2011,32(7):175-179.

[178] 黄益方,孙永波.零售企业社会责任评价指标体系研究——以苏宁电器为例[J].中国流通经济,2015(1):68-76.

[179] 何志毅.CSR中国发展剪影[J].北大商业评论特刊,2007(voo):110-114.

[180] 荆丰.消费者响应视角下的企业社会责任实现路径[J].齐鲁学刊,2015(6):115-120.

[181] 蒋侃.在线零售商营销道德与口碑的关系研究[J].企业经济,2012(6):84-89.

[182] 金立印.企业社会责任运动测评指标体系实证研究——消费者视角[J].中国

工业经济, 2006 (6): 114-120

[183] 蒋明, 乔秀丽. 企业社会责任的实践路径 [J]. 党政论坛, 2014 (7): 49-51.

[184] 靳小翠. 企业文化会影响企业社会责任吗?——来自中国沪市上市公司的经验证据 [J]. 会计研究, 2017 (2): 56-62.

[185] 贾兴平, 刘益, 廖勇海. 利益相关者压力、企业社会责任与企业价值 [J]. 管理学报, 2016, 13 (2): 267-274.

[186] 姜雨峰, 潘楚林. 战略性企业社会责任的边界、评价与价值实现 [J]. 南京审计学院学报, 2016, 13 (5): 37-44.

[187] 姜雨峰, 田虹. 利益相关者压力对企业社会责任影响研究——一个调节中介效应模型 [J]. 苏州大学学报（哲学社会科学版）, 2015 (2): 110-118.

[188] 林琳. 国有金融企业社会责任: 内涵界定与路径选择 [J]. 福州党校学报, 2011 (1): 55-60.

[189] 李彬, 谷慧敏, 高伟. 制度压力如何影响企业社会责任: 基于旅游企业的实证研究 [J]. 南开管理评论, 2011, 14 (6): 67-75.

[190] 罗伯特·K.殷. 案例研究: 设计与方法 [M]. 周海涛, 译. 重庆大学出版社, 2010.

[191] 刘聪粉, 郭彬, 仲伟周. 我国电子商务零售企业履行社会责任的协同机制 [J]. 经济问题, 2014 (4): 60-63.

[192] 卢东, 寇燕. 基于消费者视角的企业社会责任综合解析 [J]. 软科学, 2009 (3): 99-103.

[193] 卢东, Samart Powpaka. 消费者对企业社会责任行为的评价研究——基于期望理论和归因理论的探讨 [J]. 管理评论, 2010, 22 (12): 70-78.

[194] 刘凤军, 李敬强, 李辉. 企业社会责任与品牌影响力关系的实证研究 [J]. 中国软科学, 2012 (1): 116-132.

[195] 李国平, 韦晓茜. 企业社会责任内涵、度量与经济后果——基于国外企业社会责任理论的研究综述 [J]. 会计研究, 2014 (8): 33-40.

[196] 刘俊海. 公司的社会责任 [M]. 北京: 法律出版社, 1999.

[197] 刘建花. 我国企业社会责任的缺失与推进路径研究 [J]. 济南大学学报（社会科学版）, 2013, 23 (1): 92-96.

[198] 林建宗. 企业社会责任综合治理机制研究 [J]. 经济管理, 2011 (11):

174-183.

[199] 李维安, 徐建. 董事会独立性、总经理继任与战略变化幅度——独立董事有效性的实证研究[J]. 南开管理评论, 2014, 17 (1): 4-13.

[200] 李卫斌. 企业社会责任履行机制的构建与实施[J]. 江西社会科学, 2012 (5): 214-217.

[201] 刘文彬. 基于效率内涵的企业社会责任边界假说[J]. 科技进步与对策, 2007, 24 (11): 135-138.

[202] 刘文纲, 梁征伟, 唐立军. 我国零售企业社会责任指标体系的构建[J]. 北京工商大学学报（社会科学版）, 2010, 25 (1): 11-17.

[203] 刘万杰. 企业社会责任的内涵与外延的伦理考量[J]. 河池学院学报, 2006, 26 (6): 122-123.

[204] 卢勇, 贾创雄. 企业社会责任管理: 定义与探讨[J]. 企业经济, 2011 (2): 132-135.

[205] 黎友焕, 刘延平, 陈小平, 等. 中国企业社会责任建设蓝皮书 (2010) [M]. 北京: 人民出版社, 2010.

[206] 马龙龙. 企业社会责任对消费者购买意愿的影响机制研究[J]. 管理世界, 2011 (5): 120-126.

[207] 买生, 李俊亭, 杨英英. 企业社会责任管理系统构成研究[J]. 科研管理, 2015, 36 (3): 145-151.

[208] 买生, 汪克夷, 匡海波. 一体化企业社会责任管理体系框架研究[J]. 科研管理, 2012, 33 (7): 153-160.

[209] 彭泗清, 李兰, 潘建成, 等. 企业家对企业社会责任的认识与评价——2007年中国企业经营者成长与发展专题调查报告[J]. 管理世界, 2007 (6): 75-85.

[210] 祁怀锦, 刘艳霞. 管理者自信会影响企业社会责任行为吗?——兼论融资融券制度的公司外部治理效应[J]. 经济管理, 2018 (5): 141-156.

[211] 齐丽云, 李腾飞, 尚可. 企业社会责任的维度厘定与量表开发——基于中国企业的实证研究[J]. 管理评论, 2017, 29 (5): 143-152.

[212] 屈晓华. 企业社会责任演进与企业良性行为反应的互动研究[J]. 管理现代化, 2003 (5): 13-16.

[213] 秦续忠, 王宗水, 赵红. 公司治理与企业社会责任披露——基于创业板的中

小企业研究[J].管理评论,2018,30(3):188-200.

[214] 时刚强,薛永基,苗泽华.企业网络营销道德问题研究[J].商业研究,2006(9):113-116.

[215] 苏敬勤,刘静.案例研究规范性视角下二手数据可靠性研究[J].管理学报,2013,10(10):1405-1409.

[216] 孙乃娟,由莉颖.零售企业社会责任评价体系及结构模型分析[J].黑龙江社会科学,2011(4):71-74.

[217] 沈奇泰松,蔡宁,孙文文.制度环境对企业社会责任的驱动机制——基于多案例的探索分析[J].自然辩证法研究,2012,28(2):113-119.

[218] 沈鹏熠.基于企业社会责任的零售公司品牌权益驱动模型研究[J].大连理工大学学报(社会科学版),2012,33(1):65-71.

[219] 沈鹏熠.零售企业社会责任行为对企业形象及顾客忠诚的影响机制[J].北京工商大学学报(社会科学版),2012(3):23-28.

[220] 沈鹏熠.基于消费者预期的在线零售企业社会责任行为研究——量表开发与验证[J].财经论丛,2016(10):96-104.

[221] 孙永波,李振国.首都零售企业社会责任管理模式研究[J].北京工商大学学报(社会科学版),2011,26(1):21-27.

[222] 沙彦飞.基于企业生命周期的企业家社会责任及精神耦合研究[J].管理学报,2012(7):1078-1083.

[223] 寿志钢,甘碧群.企业营销道德的测评维度及其在道德总体感知中的作用[J].南开管理评论,2008,11(3):80-88.

[224] 徐召红,李秀荣.企业社会责任的耦合推进机制设计[J].宏观经济研究,2018(1):146-155.

[225] 沈中印,王军.旅游企业社会责任:利益相关者分析与履行路径[J].江西社会科学,2011(10):250-254.

[226] 田虹,姜雨峰.网络媒体企业社会责任评价研究[J].吉林大学社会科学学报,2014,54(1):150-158.

[227] 田虹,潘楚林,姜雨峰.企业社会责任可见性和透明度对竞争优势的影响——基于企业声誉的中介作用及善因匹配的调节效应[J].南京社会科学,2015(10):17-25.

[228] 谭瑾,罗正英.高管变更、竞争战略与企业社会责任——基于战略耦合的视

角[J].山西财经大学学报,2017,39(5):82-93.

[229] 谭雪.行业竞争、产权性质与企业社会责任信息披露——基于信号传递理论的分析[J].产业经济研究,2017(3):15-28.

[230] 谭亚莉,廖建桥,李骥.管理者非伦理行为到组织腐败的衍变过程、机制与干预:基于心理社会微观视角的分析[J].管理世界,2011(12):68-77.

[231] 田志龙,贺远琼,高海涛.中国企业非市场策略与行为研究——对海尔、中国宝洁、新希望的案例研究[J].中国工业经济,2005(9):82-90.

[232] 田志龙,王瑞,樊建锋,等.消费者CSR反应的产品类别差异及群体特征研究[J].南开管理评论,2011,14(1):107-118.

[233] 王昶,周登,Daly S P.国外企业社会责任研究进展及启示[J].华东经济管理,2012,26(3):150-154.

[234] 吴德军.公司治理、媒体关注与企业社会责任[J].中南财经政法大学学报,2016(5):110-117.

[235] 王林萍,施婵娟,林奇英.农药企业社会责任指标体系与评价方法[J].技术经济,2007,26(9):98-102.

[236] 吴锦峰,常亚平,侯德林.网络商店形象对情感反应和在线冲动性购买意愿的影响[J].商业经济与管理,2012,250(8):35-44.

[237] 吴秋琴,许元科,梁佳聚,等.互联网背景下在线评论质量与网站形象的影响研究[J].科学管理研究,2012,30(1):81-88.

[238] 王少杰.中国企业社会责任模型探索——对企业社会责任层次论的反思[J].管理案例研究与评论,2014,7(3):208-222.

[239] 文雯,宋建波.高管海外背景与企业社会责任[J].管理科学,2017,30(2):119-131.

[240] 王阳.系统构建我国企业社会责任管理体系[J].学术论坛,2008,31(3):110-113.

[241] 王勇,李文静.零售企业社会责任的消费者认知和响应的关系研究[J]哈尔滨商业大学学报(社会科学版),2016(1):72-79.

[242] 辛杰.企业社会责任对品牌资产的影响:消费者期望与动机的作用[J].当代财经,2012(10):70-79.

[243] 辛杰.企业文化对企业社会责任的影响:领导风格与高管团队行为整合的作用[J].上海财经大学学报,2014,16(6):30-39.

[244] 夏立军,陈信元.市场化进程、国企改革策略与公司治理结构的内生决定[J].经济研究,2007（7）：82-95.

[245] 谢佩洪,周祖城.中国背景下CSR与消费者购买意向关系的实证研究[J].南开管理评论,2009,12（1）：70-83.

[246] 薛琼,肖海林.制度环境、组织资源与中小企业社会责任——基于北京市中小企业的经验数据[J].山西财经大学学报,2016,38（10）：89-101.

[247] 徐尚昆,杨汝岱.企业社会责任概念范畴的归纳性分析[J].中国工业经济,2007（5）：71-79.

[248] 徐淑英,刘忠明.中国企业管理的前沿问题研究[M].北京：北京大学出版社,2004.

[249] 薛天山.企业社会责任的动力机制研究——经济驱动抑或制度推进[J].软科学,2016（8）：88-91.

[250] 许延明,吴丽梅.我国煤炭企业社会责任评价指标探析[J].山东工商学院学报,2008,22（1）：14-16.

[251] 殷格非.企业社会责任管理（一）：概念、特征[J].WTO经济导刊,2017（3）：48-53.

[252] 阎俊,陈丽瑞.本土B2C网站营销道德的量化评价体系研究[J].管理学报,2008,5（6）：871-886.

[253] 叶俊宇,梅强.舆论环境影响中小企业社会责任行为的探索性研究——以安全生产为例[J].经济管理,2018（2）：89-103.

[254] 尹奎杰.企业社会责任的规范属性及制度路径[J].社会科学家,2015（12）：100-104.

[255] 杨柳婧,杨欢进.企业社会责任：必要、内涵与规范[J].河北经贸大学学报（综合版）,2012,12（4）：50-53.

[256] 赵德志.企业社会责任的理论基础研究：视角与贡献[J].辽宁大学学报（哲学社会科学版）,2014,42（6）：123-128.

[257] 张帆.基于效率内涵演进的企业社会责任边界研究[J].湖北经济学院学报,2006,4（5）：45-49.

[258] 张国宝.网络营销道德评价体系构建[J].商业时代,2009（3）：96-97.

[259] 赵红,孙键,胡锋,等.基于行业内部的企业社会责任评价指标体系构建[J].同济大学学报（自然科学版）,2012（4）：650-656.

[260] 赵海丽.法律视角下强化企业社会责任的路径探索[J].北方经济,2010,(11):67-70.

[261] 张峻峰,张锋.全面实施企业社会责任的原则与机制[J].WTO经济导刊,2007(Z1):106-109.

[262] 张敬伟.扎根理论研究法在管理学研究中的应用[J].科技管理研究,2010,1:235-237.

[263] 朱丽霞.企业社会责任的内涵及其管理[J].企业改革与管理,2007(12):6-7.

[264] 詹姆斯E.波斯特,威廉姆C.弗雷德里克,安妮T.劳伦斯,等.公司与社会(英文版.第8版)[M].北京:机械工业出版社,1998.

[265] 朱文敏,陈小愚.企业社会责任:企业战略性公关的基点[J].当代财经,2004(8):65-73.

[266] 张笑峰,席酉民.伦理型领导:起源、维度、作用与启示[J].管理学报,2014,11(1):142-148.

[267] 郑晓霞,张苏串.企业社会责任动力机制探析[J].中北大学学报(社会科学版),2008,24(5):25-28.

[268] 周延风,罗文恩,肖文建.企业社会责任行为与消费者响应——消费者个人特征和价格信号的调节[J].中国工业经济,2007(3):62-69.

[269] 周友苏,宁全红.公司社会责任本土资源考察[J].北方法学,2010,4(1):55-64.

[270] 周祖城,张漪杰.企业社会责任相对水平与消费者购买意向关系的实证研究[J].中国工业经济,2007(9):111-118.

[271] 周中胜,何德旭,李正.制度环境与企业社会责任履行:来自中国上市公司的经验证据[J].中国软科学,2012(10):59-68.